POLÍTICAS
PÚBLICAS

Conceitos, Casos Práticos,
Questões de Concursos

Dados Internacionais de Catalogação na Publicação (CIP)

S444p Secchi, Leonardo.
  Políticas públicas : conceitos, casos práticos, questões de concursos / Leonardo Secchi, Fernando de Souza Coelho, Valdemir Pires. - 3. ed. - São Paulo, SP : Cengage, 2024.
  272 p. : il. ; 23 cm.

  6. reimp. da 3. ed. de 2019
  Inclui bibliografia.
  ISBN 978-85-221-2896-9

  1. Política pública. 2. Administração pública. 3. Ciências sociais. I. Coelho, Fernando de Souza. II. Pires, Valdemir. III. Título.

  CDU 32:316
  CDD 320.6

Índices para catálogo sistemático:
1. Política pública 32:316
2. Administração pública 351
(Bibliotecária responsável: Sabrina Leal Araujo - CRB 10/1507)

Leonardo Secchi

Fernando de Souza Coelho

Valdemir Pires

POLÍTICAS
PÚBLICAS

3ª EDIÇÃO

Conceitos, Casos Práticos,
Questões de Concursos

Cengage

Austrália • Brasil • Canadá • México • Cingapura • Reino Unido • Estados Unidos

Políticas Públicas – Conceitos, Casos
Práticos, Questões de Concursos
3ª edição

Leonardo Secchi
Fernando de Souza Coelho
Valdemir Pires

Gerente editorial: Noelma Brocanelli

Editora de desenvolvimento: Gisela Carnicelli

Supervisora de produção gráfica: Fabiana Alencar Albuquerque

Copidesque: Tatiana Tanaka

Revisão: Fábio Gonçalves e Fernanda Batista dos Santos

Diagramação: PC Editorial Ltda.

Capa: Buono Disegno

© 2020 Cengage Learning Ltda.
© 2014, 2011 Cengage Learning Ltda.

Todos os direitos reservados. Nenhuma parte deste livro poderá ser reproduzida, sejam quais forem os meios empregados, sem a permissão, por escrito, da Editora. Aos infratores aplicam-se as sanções previstas nos artigos 102, 104, 106 e 107 da Lei nº 9.610, de 19 de fevereiro de 1998.

Esta editora empenhou-se em contatar os responsáveis pelos direitos autorais de todas as imagens e de outros materiais utilizados neste livro. Se porventura for constatada a omissão involuntária na identificação de algum deles, dispomo-nos a efetuar, futuramente, os possíveis acertos.

Para informações sobre nossos produtos, entre em contato pelo telefone
+55 11 3665-9900

Para permissão de uso de material desta obra, envie seu pedido para
direitosautorais@cengage.com

© 2020 Cengage Learning Todos os direitos reservados.

ISBN-13: 978-85-221-2896-9

ISBN-10: 85-221-2896-0

Cengage
WeWork
Rua Cerro Corá, 2175 - Alto da Lapa
São Paulo - SP - CEP 05061-450
Tel.: +55 (11) 3665-9900

Para suas soluções de curso e aprendizado, visite
www.cengage.com.br

Impresso no Brasil.
Printed in Brazil.
6. reimpr – 2024

Sumário

Prefácio e agradecimentos da 3ª edição IX
Sobre os autores XIX

1 Introdução: percebendo as políticas públicas 1

1.1 Definição de política pública 2
1.1.1 Primeiro nó conceitual 3
1.1.2 Segundo nó conceitual 7
1.1.3 Terceiro nó conceitual 9
1.2 O problema público 13
1.3 Exemplos de políticas públicas nas diversas áreas 15
1.4 Minicaso: Estado frágil 17
    Os Médicos Sem Fronteiras 19
    Bibliografia utilizada para a construção do minicaso 20
    Questões do minicaso 20
1.5 Exercícios de fixação 21
1.6 Perguntas de múltipla escolha para revisão conceitual 22
1.7 Questões de concursos públicos e exames nacionais 24

2 Tipos de políticas públicas 29

2.1 Tipologia de Lowi 31
2.2 Tipologia de Wilson 33

2.3	Tipologia de Gormley	34
2.4	Tipologia de Gustafsson	36
2.5	Tipologia de Bozeman e Pandey	38
2.6	Criação de novas tipologias	39
2.6.1	As limitações das tipologias	40
2.7	Minicaso: Raposa Serra do Sol	40
	Contextualização histórica	41
	As coalizões em torno da causa	42
	O período pós-homologação	44
	Bibliografia utilizada para a construção do minicaso	46
	Questões do minicaso	47
2.8	Exercícios de fixação	48
2.9	Perguntas de múltipla escolha para revisão conceitual	48
2.10	Questões de concursos públicos e exames nacionais	50

3 Ciclo de políticas públicas — 55

3.1	Identificação do problema	56
3.2	Formação da agenda	58
3.3	Formulação de alternativas	61
3.4	Tomada de decisão	65
3.5	Implementação da política pública	70
3.6	Avaliação da política pública	79
3.7	Extinção da política pública	84
3.8	Minicaso: Sistema de avaliação das escolas estaduais	87
3.9	Exercícios de fixação	93
3.10	Perguntas de múltipla escolha para revisão conceitual	94
3.11	Questões de concursos públicos e exames nacionais	96

4 Instituições no processo de políticas públicas — 115

4.1	Percebendo as instituições	116
4.2	Como o analista de políticas públicas lida com as instituições?	118
4.3	Esquemas analíticos para análise institucional	120
4.4	Minicaso: Instituições moldando o comportamento	126

	O Plano Gênesis	127
	Consequências não previstas	129
	Bibliografia utilizada para a construção do minicaso	132
	Questões do minicaso	132
4.5	Exercícios de fixação	133
4.6	Perguntas de múltipla escolha para revisão conceitual	133
4.7	Questões de concursos públicos e exames nacionais	135

5 Atores no processo de políticas públicas — 139

5.1	Categorias de atores	140
5.1.1	Políticos	142
5.1.2	Designados politicamente	144
5.1.3	Burocratas	145
5.1.4	Juízes	149
5.1.5	Promotores públicos	150
5.1.6	Grupos de interesse	151
5.1.7	Partidos políticos	153
5.1.8	Meios de comunicação – mídia	154
5.1.9	*Think tanks*	157
5.1.10	*Policytakers*	158
5.1.11	Organizações do terceiro setor	160
5.2	Modelos de relação e de prevalência	161
5.2.1	Modelo principal-agente	161
5.2.2	Redes de políticas públicas	163
5.2.3	Modelos elitistas	165
5.2.4	Modelo pluralista	167
5.2.5	Triângulos de ferro	168
5.3	Minicaso: Atores contagiados pelo pânico	169
	Depois da tempestade, a calmaria	171
	Questões do minicaso	172
5.4	Exercícios de fixação	172
5.5	Perguntas de múltipla escolha para revisão conceitual	173
5.6	Questões de concursos públicos e exames nacionais	176

6 Estilos de políticas públicas — 187

- 6.1 Tipologia de Richardson, Gustafsson e Jordan — 188
- 6.2 Estilo regulatório *versus* estilo gerencial — 190
- 6.3 Participação na construção de políticas — 193
- 6.4 Minicaso: O nível de participação ideal — 197
    - Bibliografia utilizada para construção do minicaso — 200
    - Questões do minicaso — 200
- 6.5 Exercícios de fixação — 201
- 6.6 Perguntas de múltipla escolha para revisão conceitual — 201
- 6.7 Questões de concursos públicos e exames nacionais — 203

7 Políticas públicas, orçamento e o finanças — 207

- 7.1 Intersecção entre o ciclo da política pública e o ciclo orçamentário — 209
- 7.2 Da política pública ao orçamento, do orçamento ao gasto público e deste à solução de problemas — 214
- 7.3 As dimensões orçamentárias e financeiras da política pública e seus desafios — 216
- 7.4 Especificidades no caso das políticas públicas não estatais — 218
- 7.5 Minicaso: Desafios à orçamentação participativa em prefeituras — 219
    - Bibliografia utilizada para a construção do minicaso — 222
    - Questões do minicaso — 222
- 7.6 Exercícios de fixação — 223
- 7.7 Perguntas de múltipla escolha para revisão conceitual — 223
- 7.8 Questões de concursos públicos e exames nacionais — 225

    Glossário de termos de políticas públicas — 229
    Referências bibliográficas — 239

Prefácio e agradecimentos da 3ª edição

A área de políticas públicas consolidou, nos últimos setenta anos, um *corpus* teórico próprio, um instrumental analítico útil e um vocabulário voltado para a compreensão de fenômenos de natureza político-administrativa.

O ano de 1951 pode ser considerado o marco de estabelecimento da área disciplinar de estudos de políticas públicas. Embora já na década de 1930 aparecessem contribuições teóricas da análise racional das políticas (*rational policy analisys*), foi em 1951 que dois livros fundamentais da área de políticas públicas foram publicados. O livro de David B. Truman, *The governmental process* (1951), foi pioneiro sobre grupos de interesses, suas estruturas e as técnicas de influência sobre os processos de políticas públicas no Executivo, Legislativo, Judiciário e no corpo burocrático da administração pública. Já o livro de Daniel Lerner e Harold D. Lasswell, *The policy sciences* (1951), contém um capítulo escrito por Lasswell intitulado "The policy orientation", no qual é discutido o crescente interesse de pesquisadores sobre a formulação e avaliação de impacto das políticas públicas. Neste capítulo, Lasswell delimita o campo do conhecimento multidisciplinar, normativo e orientado para a resolução de problemas públicos concretos.

As *policy sciences* nasceram para ajudar no diagnóstico e no tratamento de problemas públicos, assim como a medicina o faz com problemas do organismo, e a engenharia, com problemas técnicos.

Os fundamentos disciplinares dos estudos de políticas públicas (*policy studies*) estão nas ciências políticas, na sociologia e na economia (SOUZA, 2007). Outras disciplinas que abastecem os estudos de políticas públicas são a administração pública, a teoria das organizações, a antropologia, a psicologia social, o direito, dentre outras.

Os conhecimentos produzidos pela área de políticas públicas vêm sendo largamente utilizados por pesquisadores, políticos e administradores que lidam com problemas públicos em diversos setores de intervenção. O *corpus* teórico, o instrumental analítico e o vocabulário das políticas públicas vêm se mostrando úteis àqueles que estudam ou tomam decisões em políticas de saúde, educação, trabalho e renda, assistência social, cultura, habitação, segurança, justiça e cidadania, defesa nacional, transporte, saneamento, energia, telecomunicações, meio ambiente, gestão pública, economia, indústria e comércio, agricultura, ciência e tecnologia, turismo, entre muitas outras áreas setoriais – além dos recortes transversais como gênero, faixa etária, raça e etnia, diversidade sexual e direitos humanos.

O uso dos conhecimentos produzidos na área de políticas públicas para estudos setoriais, aparentemente distantes uns dos outros, justifica-se pelo compartilhamento transversal de características político-administrativas: a) problemas públicos surgem de forma análoga; b) o estudo de alternativas de solução para problemas públicos ocorre de forma similar; c) os métodos de tomada de decisões são semelhantes; d) os obstáculos de implementação são essencialmente correlatos; e) a avaliação de impacto das políticas públicas nesses setores também pode ser feita de forma analiticamente parecida. Independentemente do setor de intervenção, políticas públicas são desenhadas em contextos institucionais com traços comuns, os atores políticos comportam-se de maneira semelhante, e os conteúdos das políticas públicas podem ser analiticamente reduzidos a poucas categorias gerais. Onde há problemas públicos, a área de políticas públicas dá subsídio para a sua análise e para a tomada de decisão.

No âmbito da atuação profissional nos diversos setores (educação, saúde, habitação etc.), é crescente a demanda por profissionais técnicos com habilidades analíticas próprias da área de políticas públicas. Tanto no Brasil quanto no exterior, esses profissionais trabalham em organizações públicas, organizações do terceiro setor, organismos multilaterais internacionais e até em departamentos de empresas privadas (relações governamentais, responsabilidade social, desenvolvimento comunitário etc.) que buscam pessoal com o seguinte perfil:

- capacidade analítica refinada para entender fenômenos político-administrativos;
- criatividade, a fim de encontrar soluções para problemas públicos que sejam tecnicamente consistentes, socialmente sensíveis e politicamente viáveis;
- conhecimento legal-institucional;
- habilidades de previsão e de antecipação, para vislumbrar possíveis efeitos das políticas públicas sobre comportamentos individuais e coletivos;
- liderança e capacidade empreendedora para catalisar mudanças.

Além de conhecimento sobre restrições legais e financeiras para a ação pública, o analista de políticas públicas deve ser capaz de entender o que levou um problema público a aparecer, a ganhar relevância no seio de uma comunidade política, quais soluções e alternativas existem para mitigar ou extinguir tal problema, por que tais soluções ainda não foram implementadas, quais são os obstáculos para a efetivação de certas medidas, quais são as possibilidades para que certas medidas tragam os resultados esperados, como avaliar o desempenho de uma política pública. Em síntese, o analista de políticas públicas, além de entender restrições sistêmicas e o processo de política pública, também deve ser capaz de vislumbrar novas possibilidades que guiem a ação político-administrativa.

NOTAS SOBRE A ÁREA DE POLÍTICAS PÚBLICAS NO BRASIL

Nos últimos 15 anos, o termo políticas públicas tem se popularizado no Brasil. Historicamente restrita à linguagem de políticos, acadêmicos e gestores públicos, a palavra política pública tornou-se uma expressão recorrentemente empregada pela população em geral. "O governo pode melhorar as políticas A, B ou C", "[...] necessitamos rediscutir as políticas X, Y ou Z", "O que está faltando é uma política pública nessa área", "[...] vamos pressionar para mudar tais políticas públicas" são algumas frases que estão no nosso cotidiano, desde os diálogos entre familiares, amigos, colegas de trabalho, e até os noticiários de TV, pautas de rádio e páginas de jornais.

De fato, os desdobramentos da Constituição Federal de 1988, com a tradução de direitos sociais em políticas públicas, e o binômio democratização-descentralização da gestão pública no país, intensificaram o uso do termo política pública pelos brasileiros como sinônimo tanto para se referir ao "Estado em ação" como para tratar sobre o "interesse público" na sociedade. Direta ou indiretamente, as políticas públicas interessam e/ou afetam a todos!

Esse apogeu das políticas públicas como aprendizagem social no Brasil, neste século XXI, relaciona-se com: o funcionamento de sistemas nacionais de políticas públicas como, por exemplo, o SUS (saúde) e o Suas (assistência social); incontáveis planos setoriais e programas governamentais nos três níveis de governo; a institucionalização da participação nas políticas públicas pelos conselhos, conferências e audiências públicas e o aumento da transparência no setor público; a amplitude de atores não estatais como movimentos sociais, institutos e fundações empresariais, *think tanks* e grupos de pressão na coprodução de políticas públicas; e, igualmente, a formalização do ensino e da pesquisa de políticas públicas na educação superior nacional. Como disciplina, as políticas públicas entraram no currículo de vários cursos superiores em universidades e faculdades do Brasil nos últimos 60 anos. Todavia, seu reconhecimento como formação acadêmica na graduação e como titulação na pós-graduação é recente.

A partir das transformações no papel e no funcionamento do Estado brasileiro, bem como diante da profissionalização gradativa da gestão pública e da ampliação das políticas públicas no país, a formação acadêmica em políticas públicas (re)nasceu nas instituições de ensino superior nos anos 2000. Ao mesmo tempo que os bacharelados de Administração Pública se reestruturaram com a análise de políticas públicas como objeto de estudo, surgiram novos cursos de graduação com *designs* curriculares multi/interdisciplinares como os bacharelados (e graduações tecnológicas) em Gestão Pública, Gestão de Políticas Públicas, Políticas Públicas, Ciências do Estado e Gestão Social. Eis o chamado "Campo de Públicas", reconhecido por Diretrizes Curriculares Nacionais (DCNs) pela Resolução nº 1 do Conselho Nacional de Educação, publicada em 13 de janeiro de 2014.

Atualmente, o Campo de Públicas tem em torno de 250 cursos de graduação (bacharelados e tecnológicos), nas modalidades presencial e a distância, com cerca de 50 mil alunos, de acordo com o Inep/MEC. E no sistema de pós--graduação nacional, além dos cursos de especialização (*lato sensu*), despontaram programas de mestrado e doutorado com área de concentração e/ou linha de pesquisa em políticas públicas em diversas áreas de conhecimento da Capes. Ademais, as políticas públicas perfazem conteúdo programático, tanto na graduação como na pós-graduação, em um sem-número de formações acadêmicas: de política exterior nos cursos de Relações Internacionais, até a política de saúde coletiva nos cursos de Medicina, Odontologia e Enfermagem, passando pelas políticas de infraestrutura nos cursos de Engenharia. Assim, o termo políticas públicas tem sido apropriado por variados ramos da atividade técnico--científica e profissional.

Na ambiência acadêmica do Campo de Públicas, o entendimento – inicial e genérico – de políticas públicas pode ser depurado para uma definição que integra a natureza política das políticas públicas com a sua feição administrativa, tendo como base um *continuum* tecnopolítico. Assim, diferente da separação entre política e administração que marcou os modelos de gestão na Administração Pública no século XX, pode-se conjecturar um amálgama entre o enfoque técnico e o enfoque político, no trato dos problemas públicos, para se conceber a gestão de políticas públicas no século XXI.

A análise de políticas públicas, seja prescritiva ou descritiva, seja pela abordagem racionalista ou argumentativa, justapõe-se à gestão pública pelo *focus* administrativo (estrutura, processos e comportamentos) e pelo *locus* de gestão (planejamento, direção, coordenação e controle) nas organizações públicas.

No ensino e na pesquisa de políticas públicas, na seara do Campo de Públicas, a distinção entre os cunhos técnico e político desfaz o seu habitual contorno dicotômico e assume um modo de interpenetração teórico-conceitual, configurando um modo de aplicação de métodos, instrumentos e ferramentas tecnopolíticos, representado na **Figura 1**, a seguir.

Enfim, essas são breves notas sobre os delineamentos das políticas públicas no Brasil nos anos correntes como uma temática de interesse geral e campo do saber específico. Ambas as perspectivas embasam o objetivo deste livro e justificam a estrutura da obra.

FIGURA 1 — *Continuum* tecnopolítico das Políticas Públicas

OBJETIVO E ESTRUTURA DO LIVRO

O objetivo deste livro é apresentar, de forma simples e direta, conceitos básicos da área de políticas públicas. Esperamos que acadêmicos e profissionais encontrem aqui o vocabulário corrente, os elementos conceituais e o instrumental analítico já consolidados em âmbito nacional e internacional para ajudá-los a descrever e explicar fenômenos de políticas públicas.

Este volume não segue a forma clássica de organização de um livro de políticas públicas. Na literatura desta área, o eixo central de apresentação dos conteúdos é, geralmente, o processo ou ciclo de política pública (*policy cycle*). Com o *policy cycle* dá-se ênfase à separação do processo de elaboração de políticas públicas em fases interdependentes, desde o nascimento até a extinção da política pública. Várias propostas analíticas foram feitas para este ciclo, entre as quais se destacam as de Lasswell (1956), Lindblom (1968), May e Wildavsky (1978) e Jones (1984).

Esse esquema clássico, no entanto, tem a limitação de não colocar em evidência as diversas dimensões analíticas disponíveis para um estudo mais descritivo sobre todos elementos que constituem uma política pública. O presente livro também considera o ciclo de políticas públicas, mas colocando-o como apenas umas das dimensões de análise, ou seja, a *dimensão temporal* das políticas públicas (Capítulo 3).

Além do capítulo introdutório, que trata dos conceitos fundamentais de problema público e política pública, as dimensões de análise que pautam este livro são:

1 — dimensão de conteúdo (Capítulo 2, que trata dos tipos de políticas públicas);
2 — dimensão temporal (Capítulo 3, que trata das fases do *policy cycle*);
3 — dimensão espacial (Capítulo 4, que trata das instituições);
4 — dimensão de atores (Capítulo 5, que trata dos atores no processo de política pública);
5 — dimensão comportamental (Capítulo 6, que trata dos estilos de políticas públicas);
6 — dimensão de recursos (Capítulo 7, que trata do orçamento e finanças, que oferecem meios para a materialização das políticas públicas).

Segundo Regonini (2001), qualquer esforço de análise que queira fazer uma descrição densa e completa de um fenômeno de política pública deve abranger essas dimensões. Elas contemplam todos os traços descritivos de qualquer fenômeno social. Na literatura internacional de administração são expressas pelo acrônimo 5W2H, ou seja, cinco dimensões que começam com a letra W (*what, when, where, who, why*) e duas dimensões que começam com a letra H (*how* e *how much*). Essas mesmas dimensões de análise são utilizadas por um jornalista, quando deve escrever uma matéria, ou um antropólogo, quando deve fazer uma descrição etnográfica. Este livro foi organizado nessas dimensões para que o estudante e o profissional do Campo de Públicas, assim como os demais leitores interessados na temática de políticas públicas, tenham uma trilha para entender os fenômenos político-administrativos em sua completude.

Na primeira e segunda edições deste livro, que tinha como autor original apenas o prof. Leonardo Secchi, as dimensões exploradas eram, na sequência: conteúdo (*what*), temporal (*when*), espacial (*where*), atores (*who*), estilos (*how*). Nesta terceira edição foi adicionada a sexta dimensão (*how much*), que trata dos recursos (Capítulo 7), com a importante contribuição de Valdemir Pires, um dos maiores especialistas de orçamento e finanças públicas do Brasil.

O leitor atento já deve ter percebido que ainda está faltando uma dimensão de análise: o porquê (*why*). Essa dimensão trata das razões, valores e princípios que sustentam uma política pública. Os autores ainda não conseguiram deixar este conteúdo completo para compartilhar nesta edição. Um livro didático é um projeto em permanente construção. Continuaremos investigando e amadurecendo o conteúdo para, no futuro, trazer um debate qualificado sobre as razões e os valores fundantes da política pública.

Em contrapartida, esta terceira edição traz algumas novidades para deixar o livro útil para uma gama ainda maior de leitores. Percebemos, por exemplo, que a primeira e a segunda edições do livro tiveram uma utilização bastante prolífica para elaboração de questões de concursos públicos.

Com base nisso, esta edição também foi desenhada para o segmento de concursandos, visto que hoje o conteúdo de políticas públicas é um requisito indispensável em muitos concursos públicos para a área-meio da Administração Pública (gestão governamental, planejamento e orçamento, fiscalização e tributos, direito, economia e regulação e auditoria/controle), bem como para os certames de empresas, autarquias e fundações públicas, áreas de prestação de serviço público (educação, saúde, assistência, segurança, meio ambiente etc.), das Forças Armadas (Marinha, Exército e Aeronáutica) e na carreira diplomática, além das carreiras de analista, especialista e técnico em políticas públicas nos três níveis de governo.

Para tanto, ao final de cada capítulo, disponibilizamos questões de diversos concursos públicos e alguns exames nacionais – como o Enade de Administração Pública – que espelham o conteúdo e testam o nível de apreensão de conhecimento de políticas públicas pelo leitor. São mais de 100 questões, reproduzidas na íntegra ou com algumas modificações, com as quais os concursandos podem preparar-se melhor e buscar subsídios para o aprimoramento dos seus preparos para os processos de seleção no setor público nacional. Fernando de Souza Coelho, além de intelectual da ação do Campo de Públicas, também compartilha nesta edição a sua vasta bagagem em elaboração de provas de gestão de políticas públicas para certames federais, estaduais e municipais. Outrossim, esse rol de questões selecionadas pelos autores podem servir ao docente como base para estruturar os debates em aula e/ou para a formulação das avaliações de aprendizagem. E pode apoiar os alunos dos cursos de graduação do Campo de Públicas para se prepararem para as questões de políticas públicas do Enade de Administração Pública.

Após a exposição, no Capítulo 1, dos conceitos essenciais de políticas públicas, o livro dedica capítulos individuais para cada uma das dimensões de análise citadas anteriormente. Em todos os capítulos são apresentadas tipologias e categorias analíticas já consolidadas na literatura de políticas públicas, e que poderão servir ao acadêmico ou profissional para mapear um problema, uma solução ou a dinâmica de política pública que este tem em mãos. Os capítulos também trazem, em destaque, alguns exemplos práticos da dinâmica de políticas públicas encontrados na realidade brasileira, em diversos setores de intervenção.

Ao final de cada capítulo, é apresentado um minicaso que coloca o leitor diante de um problema de política pública. Os minicasos foram elaborados de forma a inter-relacionar todo o conteúdo dos capítulos das dimensões, misturando atores com diferentes instituições, estilos, tipos de políticas públicas, nas diversas fases do *policy cycle*. Alguns minicasos foram desenhados para que o leitor entenda uma situação política real e complexa; já outros podem servir para desafiá-lo em uma situação de tomada de decisão ou diante da prospecção de soluções para um problema público concreto. Todos os minicasos terminam com perguntas para resolução e debate. Em adição, cada capítulo traz uma lista com exercícios de fixação e perguntas de múltipla escolha para revisão. A esse conjunto de elementos didáticos somam-se ainda as questões de políticas públicas oriundas de diversos concursos públicos e alguns exames nacionais. Tudo direcionado para potencializar o aprendizado dos capítulos do livro.

No final do livro são encontrados um "Glossário de termos de políticas públicas" e as "Referências bibliográficas" de todo o volume. O "Glossário" é de especial importância, uma vez que constam definições concisas dos termos aqui apresentados, além de "conversar" com o texto dos capítulos, pois os termos aparecem em **negrito** no seu interior. Isso pode ajudar aqueles que estão se iniciando no universo das políticas públicas e ainda não dominam o vocabulário. E, por sua vez, o rol de bibliografias pode servir para pesquisas de aprofundamento dos conceitos e das categorias analíticas apresentadas no livro.

Esperamos que os conhecimentos aqui apresentados sejam úteis para o ensino, a pesquisa e a ação político-administrativa daqueles que lidam com políticas públicas.

AGRADECIMENTOS

Para esta terceira edição, Leonardo Secchi agradece aos dois coautores Fernando de Souza Coelho e Valdemir Pires, que somaram a este projeto de compartilhamento de conteúdo de políticas públicas, de maneira didática, com fundamentação rigorosa e potencialmente útil àqueles que estudam ou atuam profissionalmente na área. O autor também reforça os agradecimentos às pessoas que constam na primeira e segunda edições, em especial aos alunos de graduação e pós-graduação, professores, servidores públicos, políticos e representantes de organizações do terceiro setor que, constantemente, nos procuram para dar *feedback* sobre o conteúdo do livro, elogios, incentivos e críticas que revigoram a vontade de continuar escrevendo.

Fernando de Souza Coelho, por sua vez, agradece pela parceria dos coautores que, além de amigos de longa data, são genuínos *practacademics* da Administração Pública brasileira que – em conjunto com vários docentes, discentes e gestores públicos – edificaram as bases epistemológicas e os processos político-organizativos do movimento Campo de Públicas no país. Igualmente, agradece pela interlocução de Victor Corrêa Silva e Raphael Borella Pereira da Silva, respectivamente, na elaboração de questões de concursos públicos e na organização de banco de dados de exames, provas e testes sobre gestão de políticas públicas no Brasil. Por último, mas não menos importante, agradece a Capes pela bolsa de *visiting scholar*, sob a supervisão do Prof. Dr. Michael Barzelay, na London School of Economics (LSE) em 2019, um período profícuo para se dedicar aos seus afazeres neste livro.

Por fim, Valdemir Pires agradece aos colegas coautores, pela honra e alegria dessa parceria acadêmica em benefício dos cursos e alunos do Campo de Públicas; agradece também aos leitores, estudantes ou profissionais, pela oportunidade de lhes oferecer uma abordagem integradora a respeito do orçamento e das políticas públicas.

Os gabaritos das perguntas de múltipla escolha e das questões de concursos públicos e exames nacionais encontram-se na página deste livro no site da Cengage.

Sobre os autores

Leonardo Secchi é Ph.D. em Estudos Políticos pela Universidade de Milão (Itália) e tem pós-doutorado em Políticas Públicas pela Universidade de Wisconsin-Madison (EUA). Foi pesquisador na Harvard Kennedy School, no Instituto de Gobierno y Políticas Públicas (Universidade Autônoma de Barcelona) e professor convidado na Universidade de São Paulo. É cofundador da Sociedade Brasileira de Administração Pública (SBAP), e é líder de movimentos nacionais de qualificação da política, como Raps, Agora e RenovaBR. Atua como professor de Administração Pública na graduação, mestrado e doutorado da Universidade do Estado de Santa Catarina (Udesc), onde leciona as disciplinas de políticas públicas.

Fernando de S. Coelho é Doutor em Administração Pública pela Fundação Getúlio Vargas (Eaesp-FGV), com extensão no Itam (México) e aperfeiçoamento no Cerur (Israel). Desde 2007 é professor na Escola de Artes, Ciências e Humanidades da Universidade de São Paulo (Each-USP), onde leciona as disciplinas de gestão pública no curso de bacharelado e no curso de mestrado em Gestão de Políticas Públicas. Coordena a Divisão Acadêmica de Administração Pública da Anpad (2018-2020), pertence ao comitê científico do Congresso Consad de Gestão Pública, é editor adjunto da *Revista de Administração Pública* (RAP) e foi presidente da Sociedade Brasileira de Administração Pública (SBAP). Em 2019 foi *visiting scholar* na London School of Economics (Reino Unido), com bolsa de professor visitante júnior da Capes.

Valdemir Pires é economista, professor-doutor do Departamento de Administração Pública e do Programa de Pós-Graduação em Economia da Universidade Estadual Paulista (Unesp). É diretor da Escola de Governo do Município de Araraquara. Foi chefe do departamento e também coordenador do curso de Administração Pública da Unesp, tendo, antes, sido professor e também coordenador do curso de economia da Universidade Metodista de Piracicaba, cidade onde foi Secretário Municipal de Finanças e Patrimônio. Autor de vários livros e artigos em sua área de atuação, ministra cursos rápidos, palestras e conferências em seu campo de especialização. Para mais informações, visite o site https://www.valdemirpires.com.

Introdução: percebendo as políticas públicas

Em línguas neolatinas como o português, espanhol, italiano e francês, alguns termos básicos da ciência política encontram dificuldades de distinção. Na língua portuguesa, por exemplo, diversas conotações podem ser dadas ao termo "política", enquanto na língua inglesa, contudo, essas conotações são diferenciadas pelos termos *polity*, *politics* e *policy*.

Polity refere-se ao ambiente político-institucional onde acontecem os processos sociais. Fazem parte dessa dimensão institucional regras formais (regras, estatutos etc.) e informais (cultura, hábitos etc.) que de alguma maneira condicionam o comportamento das pessoas (FREY, 2000; HAJER, 2003). A dimensão de **polity**, ou em grego *politeia*, é tratada como Instituições no capítulo 4 deste livro.

Politics, na concepção de Bobbio (2002), é a atividade humana ligada à obtenção e manutenção dos recursos necessários para o exercício do poder sobre o homem. Esse sentido de "política" talvez seja o mais presente no imaginário das pessoas de língua portuguesa: o de atividade e competição políticas. Algumas frases que exemplificam o uso desse termo são: "meu cunhado adora falar sobre política", "a política é para quem tem estômago", "a política de Brasília está distante das necessidades do povo".

O terceiro sentido da palavra "política" é expresso pelo termo **policy** em inglês. Essa dimensão de "política" é a mais concreta e a que tem relação com orientações para a decisão e ação. Em organizações públicas, privadas e do terceiro setor, o termo "política" está presente em frases do tipo "nossa política de compra é consultar ao menos três fornecedores", "a política de empréstimos daquele banco é muito rigorosa".

O termo "política pública" (*public policy*) está vinculado a esse terceiro sentido da palavra "política". Políticas públicas tratam do conteúdo concreto e do conteúdo simbólico de decisões políticas, e do processo de construção e atuação dessas decisões. Exemplos do uso do termo "política" com esse sentido estão presentes nas frases "temos de rever a política de educação superior no Brasil", "a política ambiental da Amazônia é influenciada por ONGs nacionais, grupos de interesse locais e a mídia internacional", "percebe-se um recuo nas políticas sociais de países escandinavos nos últimos anos".

1.1 DEFINIÇÃO DE POLÍTICA PÚBLICA

Uma política pública é uma diretriz elaborada para enfrentar um problema público. Vejamos essa definição em detalhe: uma política é uma orientação à atividade ou à passividade de alguém; as atividades ou passividades decorrentes dessa orientação também fazem parte da política pública.

Uma política pública possui dois elementos fundamentais: intencionalidade pública e resposta a um problema público; em outras palavras, a razão para o estabelecimento de uma política pública é o tratamento ou a resolução de um problema entendido como coletivamente relevante.

Qualquer definição de política pública é arbitrária. Na literatura especializada não há um consenso quanto à definição do que seja uma política pública, por conta da disparidade de respostas para alguns questionamentos básicos:

1 – Políticas públicas são elaboradas exclusivamente por atores estatais? Ou também por atores não estatais?
2 – Políticas públicas também se referem à omissão ou à negligência?
3 – Apenas diretrizes estruturantes (de nível estratégico) são políticas públicas? Ou as diretrizes mais operacionais também podem ser consideradas políticas públicas?

A cada uma dessas questões que não encontram homogeneidade de entendimento entre os estudiosos de política pública damos o nome de "nó conceitual", ou seja, divergências ainda não pacificadas na literatura. Vamos tratar de cada um desses questionamentos separadamente e justificar nossos posicionamentos em relação a eles.

1.1.1 PRIMEIRO NÓ CONCEITUAL

Na literatura especializada de **estudos de políticas públicas**, alguns autores e pesquisadores defendem a abordagem estatista, enquanto outros defendem abordagens multicêntricas no que se refere ao protagonismo no estabelecimento de políticas públicas.

A abordagem estatista ou estadocêntrica (*state-centered policy-making*) considera as políticas públicas, analiticamente, monopólio de atores estatais. Segundo essa concepção, o que determina se uma política é ou não "pública" é a personalidade jurídica do ator protagonista. Em pesquisa realizada por Saraiva (2007, p. 31) em dicionários de ciências políticas, o primeiro elemento definidor de política pública é: "a política é elaborada ou decidida por autoridade formal legalmente constituída no âmbito de sua competência e é coletivamente vinculante". Em outras palavras, é política pública somente quando emanada de ator estatal (HECLO, 1972; DYE, 1972; MENY; THOENIG, 1991; BUCCI, 2002; HOWLETT; RAMESH; PEARL, 2013).

A exclusividade estatal no fazer *policies* é derivada da superioridade objetiva do Estado em fazer leis e fazer que a sociedade cumpra as leis. Além desse argumento objetivo, há a argumentação normativa (baseada em valores) que é salutar que o Estado tenha superioridade hierárquica para corrigir desvirtuamentos que dificilmente mercado e comunidade conseguem corrigir sozinhos. Uma terceira razão, mais específica ao caso brasileiro, é a vinculação de política pública com a tradição intervencionista do Estado brasileiro em toda história do pensamento político nacional (MELO, 1999).

A abordagem multicêntrica ou policêntrica, por outro lado, considera organizações privadas, organizações não governamentais, organismos multilaterais, redes de **políticas públicas** (*policy networks*), juntamente com os atores estatais, protagonistas no estabelecimento das políticas públicas (DROR, 1971; KOOIMAN, 1993; RHODES, 1997; REGONINI, 2001, HAJER, 2003). Autores da abordagem multicêntrica atribuem o adjetivo "pública" a uma política quando o problema que se tenta enfrentar é público.

A abordagem multicêntrica toma inspiração em filósofos e cientistas políticos como Karl Polanyi e Elinor Ostrom, que ao longo de suas produções intelectuais estudaram e defenderam interpretações policêntricas da ciência, da política e da economia. Segundo Aligica e Tarko (2012, p. 250), a abordagem policêntrica "envolve a existência de múltiplos centros de tomada de decisão *em um conjunto de regras aceitas*".[1] Em geral, as políticas públicas são elaboradas dentro do aparato institucional-legal do Estado, embora as iniciativas e decisões tenham diversas origens. Relacionadas a essa visão estão as teorias da **governança pública** (RHODES, 1996; GOODIN; REIN; MORAN, 2008), da coprodução do bem público (DENHARDT, 2012) e das **redes de políticas públicas** (BÖRZEL, 1997; KLIJN, 1998), em que Estado e sociedade se articulam espontaneamente e de maneira horizontal para a solução de **problemas públicos**.

A abordagem estatista admite que atores não estatais até tenham influência no processo de elaboração e implementação de políticas públicas, mas não confere a eles o privilégio de estabelecer (decidir) e liderar um processo de política pública. Já acadêmicos da vertente multicêntrica admitem tal liderança a atores não estatais.

Por exemplo, uma organização não governamental de proteção à natureza que lança uma campanha nacional para o replantio de árvores nativas. Essa é uma orientação à ação, e tem o intuito de enfrentar um problema de relevância coletiva. No entanto, é uma orientação dada por um ator não estatal. Aqueles que se filiam à abordagem estatista não a consideram uma política pública, porque o ator protagonista não é estatal. Por outro lado, autores da abordagem multicêntrica a consideram política pública, pois o problema que se tem em mão é público.

Do ponto de vista normativo, compartilhamos da convicção de que o Estado deve ter seu papel reforçado, especialmente para enfrentar problemas distributivos, assimetrias informativas e outras falhas de mercado. No entanto, do ponto de vista analítico, acreditamos que o Estado não é o único a protagonizar a elaboração de políticas públicas. Filiamo-nos, portanto, à abordagem multicêntrica, por vários motivos:

---

1 Tradução livre a partir do original em inglês. O grifo é dos autores.

1 — A abordagem multicêntrica adota um enfoque mais interpretativo e, por consequência, menos positivista, do que seja uma política pública. A interpretação do que seja um problema público e do que seja a intenção de enfrentar um problema público aflora nos atores políticos envolvidos com o tema (os **policymakers**, os **policytakers**, os **analistas de políticas públicas**, a **mídia**, os cidadãos em geral).

2 — A abordagem multicêntrica evita uma pré-análise de personalidade jurídica de uma organização antes de enquadrar suas políticas como sendo públicas. Uma prefeitura tem personalidade jurídica de direito público e, por isso, elabora políticas públicas? A Petrobras tem 60% das ações em mãos privadas, então não elabora políticas públicas? Quem nomeia o presidente da Petrobras é o presidente da República, então suas políticas são públicas? Uma organização que tenha 50% de suas ações controladas pelo Estado passaria a elaborar políticas públicas se o Estado comprasse mais uma ação? Consideramos este tipo de verificação infrutífera.

3 — A abordagem multicêntrica permite um aproveitamento do instrumental analítico e conceitual da área de política pública para um amplo espectro de fenômenos político-administrativos de natureza não estatal.

4 — A distinção entre esfera pública e esfera privada faz mais sentido que a distinção entre esfera estatal e esfera não estatal. O papel do Estado varia em cada país, e muda constantemente dentro de um mesmo país. Estão cada vez mais evidentes as mudanças no papel do Estado moderno e o rompimento das barreiras entre esferas estatais e não estatais na solução de problemas coletivos, tais como o tráfico internacional de drogas, o combate à fome, às mudanças climáticas, e a doenças infectocontagiosas. Uma pluralidade de atores protagoniza o enfrentamento dos problemas públicos (FREDERICKSON, 1999).

5 — Se, por um lado, o Estado tem exclusividade em criar instrumentos legais e usar instrumentos punitivos legítimos sobre aqueles que não cumprem a lei, por outro, os atores societais têm acesso a outros **instrumentos de política pública** (informação, campanhas, prêmios, incentivos positivos, prestação de serviços etc.). Em outras palavras, coerção é um mecanismo de política pública, mas não o único.

Não há dúvida de que o Estado moderno se destaca em relação a outros atores no estabelecimento de políticas públicas. A centralidade atual do Estado no estabelecimento de políticas públicas é consequência de alguns fatores:

1 – a elaboração de políticas públicas é uma das razões centrais do nascimento e da existência do Estado moderno;
2 – o Estado detém o monopólio do uso da força legítima e isso lhe dá uma superioridade objetiva com relação a outros atores;
3 – o Estado moderno controla grande parte dos recursos nacionais e, por isso, consegue elaborar políticas robustas temporal e espacialmente.

Chamamos **políticas governamentais**[2] aquelas elaboradas e estabelecidas por atores governamentais. Dentre as políticas governamentais, estão as emanadas pelos diversos órgãos dos poderes Legislativo, Executivo e Judiciário. Nos dias atuais, as políticas governamentais são o subgrupo mais importante das políticas públicas e são as que recebem maior atenção na literatura da área.

A **Figura 1.1** operacionaliza visualmente a diferenciação entre política pública e política governamental, com base na intencionalidade pública e na resposta a um problema público. Nem toda política pública é política gover-

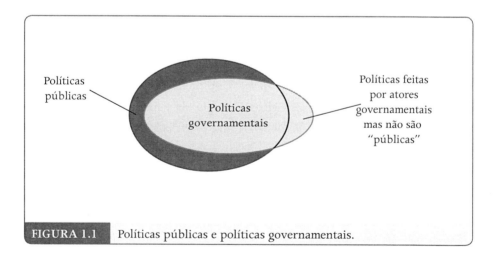

FIGURA 1.1 Políticas públicas e políticas governamentais.

---

2 Há ainda a distinção entre "política de governo" e "política de Estado", a primeira recebendo a conotação de política de um grupo político em mandato eletivo, e a segunda significando aquela política de longo prazo, voltada ao interesse geral da população e independente dos ciclos eleitorais.

namental, visto que existem políticas públicas desenhadas por atores não governamentais. Por outro lado, nem toda política governamental é pública, é só observar os casos em que a *policy* não foi desenhada com intencionalidade pública, como nos casos dos esquemas de corrupção, organizações criminosas dentro do Estado e diretrizes, obras, leis e programas que nasceram precipuamente do interesse privado de atores governamentais.

A frase de Heidemann (2009a, p. 31) ilustra bem essa delimitação: "a perspectiva de política pública vai além da perspectiva de políticas governamentais, na medida em que o governo, com sua estrutura administrativa, não é a única instituição a servir à **comunidade política**, isto é, a promover 'políticas públicas'".

A essência conceitual de políticas públicas é o **problema público**. Exatamente por isso, o que define se uma política é *ou não pública* é a sua intenção de responder a um problema público, e não se o tomador de decisão tem personalidade jurídica estatal ou não estatal. São os contornos da definição de um problema público que dão à política o adjetivo "pública".

1.1.2 SEGUNDO NÓ CONCEITUAL

A exaltação do debate sobre o segundo nó conceitual foi feita por Dye (1972, p. 1) quando afirmou que política pública é "tudo aquilo que os governos escolhem fazer ou não fazer".[3] Com essa concepção, a política pública também passa a significar a omissão ou a negligência. Diversos autores, com competente argumentação, afiliam-se a essa concepção. Para Fernandes (2010, p. 43), "o Governo que não toma uma atitude pública sobre determinado problema também *faz* política". Souza (2007, p. 68), referenciando Bachrach e Baratz (1962), escreve que "não fazer nada em relação a um problema também é uma forma de política pública".

Realmente, a inação de um governante perante um problema público crônico, como a seca no agreste nordestino, gera um questionamento sobre seus interesses na manutenção do *status quo*. Em nossa concepção, no entanto, o que temos nesse caso é uma falta de política pública voltada para a solução do problema da seca do Nordeste ou a vontade do governante de manter uma política pública que já existe, mesmo que falida.

---

3 Tradução livre do original em inglês: *"whatever governments choose to do or not do"*.

A partir da concepção de política como diretriz, é bastante difícil aceitar a omissão como forma de política pública. A lógica desse argumento é: se um problema público é interpretativo, e todos os cidadãos visualizam problemas públicos de forma diferenciada, todo e qualquer **problema**, por mais absurdo que seja, daria à luz a uma política pública. Se todas as omissões ou negligências de atores governamentais e não governamentais fossem consideradas políticas públicas, tudo seria política pública. Ademais, seria impossível visualizar a **implementação** da política pública, bem como seria impossível distinguir entre seus **impactos** e o curso natural das coisas, a casualidade.

Vejamos um exemplo: se, nos dias atuais, um grupo de importadores de produtos chineses pressionasse o governo a criar um sistema de trem de gravidade para que os materiais fossem transportados por um túnel que passasse pelo centro da Terra e ligasse a China ao Brasil em menos de uma hora,[4] o governo provavelmente não acolheria essa demanda por motivos de custos e dificuldade de implementação. Essa recusa de demanda é uma política pública? Outro exemplo: um grupo de religiosos muçulmanos brasileiros pode demandar ao Congresso uma legislação que obrigue a todos frigoríficos adotar o *halal*,[5] método de abate que, entre outras coisas, exige que os animais sejam apontados para a cidade de Meca no momento da degola. A omissão do Congresso brasileiro é uma política pública?

Acreditamos que situações de omissão ou negligência governamental não devam ser consideradas políticas públicas, mas apenas falta de inserção do problema na **agenda formal**.

Esse posicionamento não se confunde com a orientação à inação, ou seja, quando existe uma diretriz (*policy*) para que o agente nada faça, como, por exemplo, quando o comandante da Polícia Militar orienta seus agentes a ignorarem tentativas de negociação com facções criminosas. Também não podemos confundir omissão ou negligência com falha de implementação de uma política pública. Se, por exemplo, os funcionários da área de saúde se recusarem a implementar uma diretriz ministerial de distribuição gratuita de seringas para

---

4 Veja mais detalhes sobre trem de gravidade em Arruda (2012).
5 Veja mais detalhes sobre o *halal* em Espaço do Produtor (2011).

drogados (política de redução de danos), essa inação dos agentes de saúde reflete apenas uma falha de implementação, e não a ausência de política pública.

Em resumo, uma política pública requer a existência de uma diretriz, ou seja, uma orientação de um *policymaker* à atividade ou à passividade de um *policytaker*. O conjunto de ações ou inações derivadas dessa diretriz também faz parte da política pública.

1.1.3 TERCEIRO NÓ CONCEITUAL

Existem posicionamentos teóricos que interpretam as políticas públicas como somente macrodiretrizes estratégicas, ou conjuntos de programas (COMPARATO, 1997; MASSA-ARZABE, 2002). Nessa interpretação, a "política pública" é estruturante, e os programas, planos e projetos são apenas seus elementos operativos, não podendo ser considerados políticas públicas individualmente.

Em nosso entendimento, o nível de operacionalização da diretriz não é um bom critério para o reconhecimento de uma política pública. Se fosse adotada essa delimitação, excluiria da análise as políticas municipais, regionais, estaduais e aquelas intraorganizacionais que também se configuram como respostas a problemas públicos.

Nosso posicionamento é de que as políticas públicas são tanto as diretrizes estruturantes (de nível estratégico) como as diretrizes de nível intermediário e operacional. Aliás, grande parte da construção teórica dos *policy studies* acontece sobre a análise de programas, planos e políticas públicas locais ou regionais.

Para facilitar a compreensão, tomemos o exemplo do combate ao fumo.

> **EXEMPLO** *Níveis de política pública no combate ao fumo*
>
> O Programa Nacional de Combate ao Fumo talvez seja um dos maiores exemplos de efetividade de concepção e implementação de política pública no Brasil. Quando o programa foi iniciado na década de 1980, os fumantes representavam 25% da população brasileira. Nos dias atuais, este número caminha para 10% (PIGNATO; OSTETTI, 2017).
>
> *continua* ▶

> O Programa em seu nível estratégico não teria tido tamanho sucesso se não fossem seus níveis táticos e operacionais. Um conjunto de mesopolíticas foram concebidas e implementadas ao longo dos anos, e por sucessivos governos, nas seguintes áreas: proibição de propaganda de cigarros nos meios de comunicação, proibição de patrocínio de indústrias do tabaco em eventos culturais e esportivos, tributação mais alta para cigarros, campanhas de conscientização dos efeitos nocivos ao fumante e aos fumantes passivos, obrigação à indústria do tabaco de publicar imagens impactantes nos maços de cigarros sobre os efeitos do fumo, proibição de fumar em locais fechados etc.
>
> Por sua vez, cada uma dessas mesopolíticas é implementada por políticas de perfil operacional, como, por exemplo, as alíquotas de ICMS para cigarro nos diferentes estados, as modalidades de fiscalização e multas para os estabelecimentos comerciais que permitem fumar em local fechado.
>
> Esse entrelaçamento entre políticas de nível estratégico, tático e operacional com múltiplos instrumentos de política pública (proibição, sobretaxação, informação) e atores (Ministério da Saúde, governos estaduais e municipais, organizações sociais) é fator determinante sobre a redução no percentual de fumantes no Brasil.

O exemplo anterior mostra que a política pública pode ser composta de mais políticas públicas que a operacionalizam. Para deixar mais claro esse entendimento, relacionaremos o exemplo do combate ao fumo à imagem de um cabo de aço. Veja a **Figura 1.2** a seguir.

O cabo de aço representa a macropolítica chamada de Programa Nacional de Combate ao Fumo. O cabo de aço é formado por várias "pernas", sendo uma delas a tributação do cigarro. A "perna" tributação do cigarro é composta de vários arames, e um deles, a alíquota de ICMS de 35% para o cigarro no estado da Paraíba. E poder-se-ia continuar a destrinchar a política de alíquota de ICMS sobre o cigarro até chegar a níveis de diretrizes ainda mais operacionais.

O uso da metáfora do cabo de aço, composto de "pernas" e arames sistematicamente entrelaçados, pode passar a falsa impressão de que as políticas públicas são coerentes entre si, organizadas, de tamanhos padronizados etc. Pelo contrário. Os próximos capítulos mostram que a irracionalidade e o paradoxo são elementos corriqueiros no processo de política pública.

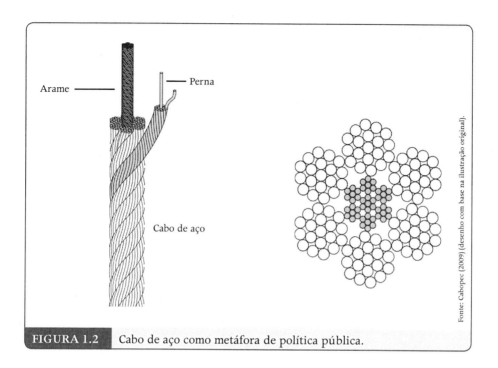

FIGURA 1.2 Cabo de aço como metáfora de política pública.

Uma metáfora mais natural seria a da árvore. A árvore entendida como a macropolítica; a raiz, o tronco e os galhos entendidos como as políticas de nível intermediário; e as folhas e os frutos entendidos como as políticas operacionais.

Essa compreensão de níveis das políticas públicas tem fortalecido, de maneira alargada, a definição de "Gestão de Políticas Públicas", a qual considera a ação e o efeito dos múltiplos atores – do Estado e da sociedade civil – em torno dos problemas públicos. Tal entendimento envolve, tradicionalmente, os aspectos cognitivos (ideias, racionalidades, crenças e valores), um espectro de regras e normas, a mobilização de diferentes recursos e gramáticas políticas, a mediação de conflitos de interesse e a tomada de decisão. Essa natureza política das políticas públicas – que interliga a *polity* (instituições), a *policy* (orientação política) e a *politics* (dinâmica política) – se traduz, então, em artefatos gerenciais como planos (macrodiretriz estratégica), os quais se concretizem em ação por meio de programas (conteúdo tático-gerencial). Estes, por sua vez, se subdividem em projetos e são sustentados por processos (procedimento operacional). Desse modo, pode-se compreender didaticamente a gestão de políticas públicas a partir do esquema dos 8Ps, na **Figura 1.3**.

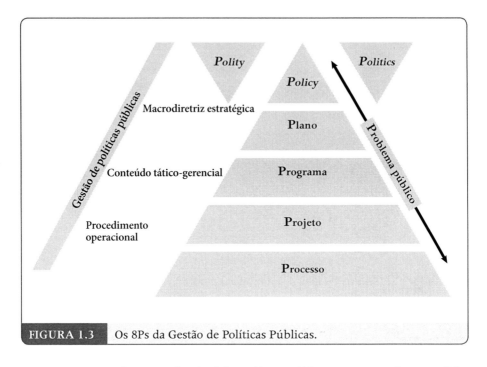

FIGURA 1.3 Os 8Ps da Gestão de Políticas Públicas.

Essa noção implica, a cada nível da política pública, um entendimento diferente dos problemas e das soluções, uma configuração institucional diferente, na qual existem atores e interesses diferentes (GIULIANI, 2005a). O analista de política pública é quem escolhe o nível de análise. A análise de uma política pública é uma tarefa complexa, e é certamente mais complexa nos níveis mais estratégico-estruturais. É muito mais simples mapear atores, interesses, **estilos**, **cultura**, razões de sucesso ou insucesso de uma política pública de nível operacional (arame ou folha) do que uma política pública de nível estratégico (cabo de aço ou árvore).

EXEMPLO *Lei do* Couvert

Bares e restaurantes do estado de São Paulo tinham como hábito oferecer aperitivos para os clientes logo que ocupassem uma mesa. O atrito surgia na hora de pagar a conta. Muitos clientes reclamavam que não haviam solicitado o aperitivo e pensavam ser uma oferta da casa. Outros clientes reclamavam que a quantidade,

continua ▶

qualidade e preço do aperitivo não eram explicitados no momento em que o garçom colocava o *couvert* sobre a mesa. O que também gerava confusão é que o preço do *couvert* vinha dividido pelo número de ocupantes da mesa, mas nem todos haviam consumido a "oferta" da casa.

Essas reiteradas insatisfações com a postura de bares e restaurantes entraram na **agenda da mídia**, na **agenda política** e, finalmente, na **agenda formal**. Como solução a esse **problema público**, foi elaborado projeto de lei na Assembleia Legislativa do Estado de São Paulo, que teve como objetivo coibir o abuso dos bares e restaurantes. A chamada Lei do *Couvert* foi sancionada em 2011 e regulamentou a prática do *couvert* obrigando bares e restaurantes a informar preço e composição dos aperitivos para que os clientes possam escolher se querem ou não o que é oferecido. Também ficou estabelecido que os estabelecimentos que não cumprirem a lei serão multados, e a fiscalização ficaria a cargo da Fundação de Proteção e Defesa do Consumidor (Procon).

A Lei do *Couvert* tem todos os elementos de uma política pública: um **problema público** percebido, uma proposta de solução ao problema público, **atores** envolvidos, **instituições** formais e informais que moldam o comportamento dos atores, as fases de **formação da agenda**, **formulação de alternativas**, **tomada de decisão**, implementação da política pública etc. Certamente essa **política regulatória** deve respeitar políticas regulatórias mais amplas (como o Código de Defesa do Consumidor) e gerar consequências para políticas públicas mais operacionais (como as diretrizes sobre o método de fiscalização).

Independentemente do nível de análise, ou do nível de operacionalização, o conceito de política pública está vinculado à tentativa de enfrentamento de um problema público.

1.2 O PROBLEMA PÚBLICO

Um estudo de políticas públicas não prescinde do estudo de um problema que seja entendido como coletivamente relevante. Sjöblom (1984) dá uma definição prática para o "problema": a diferença entre a situação atual e uma situação ideal possível. Um problema existe quando o *status quo* é considerado inadequado e quando existe a expectativa do alcance de uma situação melhor (**Figura 1.4**).

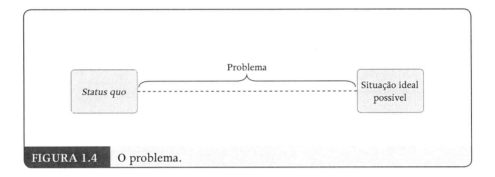

FIGURA 1.4 O problema.

Tomando esse entendimento, o problema público é a diferença entre a situação atual e uma situação ideal possível para a realidade pública.

Naturalmente, a definição do que seja um "problema público" depende da interpretação normativa de base. Para um problema ser considerado "público", este deve ter implicações para uma quantidade ou qualidade notável de pessoas. Em síntese, um problema só se torna público quando os atores políticos intersubjetivamente o consideram **problema** (situação inadequada) e público (relevante para a coletividade).

Apesar dessa tentativa de objetivação do que seja um problema público, a quantidade e a qualidade de pessoas que acarretam uma política pública também é suscetível à interpretação. Um exemplo: a situação de desamparo de 3 mil trabalhadores demitidos de uma empresa privada é geralmente interpretada como problema público por algumas vertentes políticas, enquanto outras consideram esse mesmo desamparo um problema particular de cada um dos trabalhadores.

Outro exemplo: o suporte financeiro a um atleta que vai representar um país em uma competição internacional pode ser considerado um problema público, enquanto o patrocínio público das férias de luxo de um grupo de deputados dificilmente é considerado um problema público. Como visto, o limite para conferir a adjetivação "público" a um problema é quase sempre nebuloso, uma vez que envolve interpretações político-normativas dos próprios atores políticos envolvidos com o tema.

1.3 EXEMPLOS DE POLÍTICAS PÚBLICAS NAS DIVERSAS ÁREAS

Política pública é um conceito abstrato que se materializa por meio de instrumentos variados. Para aqueles que acreditam em espírito, é como dizer que a política pública é a alma, e esta precisa de um corpo para tomar vida. Políticas públicas tomam forma de programas públicos, projetos, leis, campanhas publicitárias, esclarecimentos públicos, inovações tecnológicas e organizacionais, subsídios governamentais, rotinas administrativas, decisões judiciais, coordenação de ações de uma rede de atores, gasto público direto, contratos formais e informais com *stakeholders*, entre outros. Toda a discussão teórica sobre **instrumentos de políticas públicas** será feita no Capítulo 3, na seção de **implementação de políticas públicas**.

Talvez a forma mais didática de esclarecer um conceito é utilizar exemplos. A seguir são dados exemplos de operacionalizações de políticas públicas nas diversas áreas de intervenção:

Saúde: programa de distribuição gratuita de medicamentos em uma parceria entre municípios, estados e Governo Federal por meio do Sistema Único de Saúde (SUS).

Educação: programa de reforço escolar para alunos com dificuldades de aprendizado nas disciplinas de Língua Portuguesa e Matemática do ensino fundamental do estado do Amazonas.

Segurança: instalação de Unidades de Polícia Pacificadora (UPPs) em comunidades carentes do Rio de Janeiro.

Gestão: portal da transparência da Universidade Estadual do Centro-Oeste (Unicentro) do Paraná.

Meio ambiente: Agenda 21 de desenvolvimento sustentável, que consolida programas de ações para os diversos países nas áreas de preservação ambiental, combate à pobreza, planejamento demográfico, mudança nos padrões de consumo, dentre outros.

Saneamento: Política Nacional de Resíduos Sólidos (Lei n. 12.305/2010).

Habitação: Programa Minha Casa Minha Vida do Governo Federal em parceria com estados, municípios, bancos públicos e organizações da sociedade civil.

Emprego e Renda: programa Jovem Cidadão – Meu Primeiro Trabalho, do Governo do estado de São Paulo, voltado para estudantes das escolas públicas conseguirem inserção no mercado de trabalho.

Previdência social: legislação especial que permite que mulheres possam se aposentar, por idade, cinco anos antes que os homens.

Planejamento urbano: Plano Diretor de Desenvolvimento Territorial do Município de Chapecó, em Santa Catarina.

Justiça e cidadania: portaria emitida pelo Juiz da Comarca do município de José de Freitas, no Piauí, que proíbe o funcionamento de bares, restaurantes e boates após a meia-noite.

Economia: regime de câmbio flutuante definido pelo Banco Central, o qual permite que a taxa cambial do país varie de acordo com a oferta e a demanda de moeda.

Assistência social: campanha do agasalho feita por organizações da sociedade civil, meios de comunicação, universidades, empresas, Defensoria Pública do Rio Grande do Sul, Ministério Público e Prefeitura Municipal de Porto Alegre.

Relações internacionais: princípio da reciprocidade diplomática na exigência de visto de turista para cidadãos norte-americanos entrarem no Brasil.

Cultura e esporte: programa de fomento a projetos artísticos e culturais com recursos do Fundo de Apoio à Cultura do Distrito Federal.

Ciência, tecnologia e inovação: Lei Municipal de Inovação de Florianópolis, que institui um fundo para projetos de inovação e um programa de incentivo à inclusão digital e capacitação tecnológica.

Infraestrutura e transportes: Plano Nacional de Logística e Transportes (PNLT), elaborado pelo Ministério dos Transportes em parceria com o Ministério da Defesa.

Como visto, o conceito de política pública é transversal a diversas áreas ou setores de intervenção pública. No entanto, essa lista não é exaustiva. As áreas de políticas públicas são muitas, e nelas existem temas específicos (*issues*), que também demandam políticas específicas. Um exemplo disso seria um programa de cadastro bovino para ajudar no combate à febre aftosa, que é a operacionalização de uma política específica dentro de uma política agrícola mais genérica.

A classificação das políticas públicas nas áreas de intervenção também merece uma relativização. Algumas vezes uma política pública se enquadra em várias dessas áreas, como uma política de transferência de renda para pequenos produtores agrícolas conservarem as nascentes de rios, que pode ser simultaneamente uma política agrícola, uma política ambiental e uma política de cunho social. Outras vezes uma política pública não se enquadra em nenhum setor de intervenção propriamente dito. Exemplo disso são as políticas constitutivas, ou *meta-policies*, que definem regras da disputa política, jurisdições e competências dos poderes e das esferas de governo. Esse tema será tratado no Capítulo 2.

1.4 MINICASO: ESTADO FRÁGIL

A Somália é um país com 637 mil km² (um pouco maior que o estado de Minas Gerais), localizado no extremo leste do continente africano (**Figura 1.5**). A população da Somália é de quase 15 milhões de pessoas (similar à população da Bahia). A Somália é um dos países mais pobres do mundo e, por causa de uma guerra civil endêmica, partes de seu território não possuem governo operante. Está na segunda pior colocação do Fragile States Index, um índice que classifica os países de acordo com sua fragilidade institucional, falta de segurança, falta de legitimidade governamental e incapacidade de prestação de serviços públicos (FUND FOR PEACE, 2018).

A Somália conseguiu sua independência da Grã-Bretanha em 1961, e, com o território de Somaliland (ex-colônia italiana), constituiu a República da Somália. A partir de então a história do país tem sido de regimes autoritários seguidos de golpes de Estado, luta entre clãs, guerra civil e uma população desassistida. Em outubro de 2004, foi formado um Governo Federal de Transição (GFT) para tentar construir uma estrutura governamental. Em agosto de 2012 a Somália finalmente aprovou uma Constituição e o Governo Federal foi instalado.

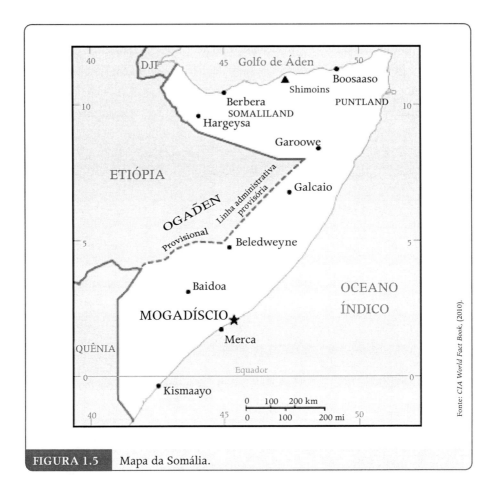

FIGURA 1.5 Mapa da Somália.

No entanto, em algumas regiões do país a presença governamental segue muito precária, e a sociedade civil, bastante desorganizada. No norte da Somália estão as regiões Somaliland e Puntland, regiões de clima desértico onde faltam serviços de saúde, educação, telecomunicações, energia, transportes etc. A polícia e as forças armadas nacionais da Somália não cobrem essa parte do território. Com presença de guerrilhas islâmicas, ataques suicidas e assaltos piratas às embarcações que passam no Golfo de Áden, Puntland e Somaliland são o que podemos chamar "terra de ninguém". A população, por consequência, não consegue sair da pobreza, doença e fome.

Mesmo com esse panorama, organizações não governamentais e organismos multilaterais estão presentes na Somália para tentar prover necessidades básicas da população. Entre eles cabe destacar a Organização Mundial da Saúde (OMS), a Organização para a Agricultura e a Alimentação (FAO), a Cruz Vermelha e os Médicos Sem Fronteiras.

Os Médicos Sem Fronteiras

Os Médicos Sem Fronteiras (MSF) são uma organização não governamental internacional que oferece serviços de saúde para populações carentes, de forma gratuita e baseada no voluntariado. Com sede na França, os MSF enviam médicos, enfermeiros e sanitaristas para locais afetados por calamidades naturais ou sociais.

A presença dos MSF na Somália começou em 1979, época em que ainda havia estabilidade política garantida pelas forças do ditador Siad Barre. A partir de 1991 o cenário mudou: um golpe de Estado depôs o ditador e mergulhou o país em uma de suas guerras civis mais sangrentas. Apesar de toda insegurança, os MSF se estabeleceram em nove cidades da Somália, onde ofereceram assistência médica primária e secundária, programas de prevenção e tratamento da Aids, da tuberculose e da leishmaniose, programas de enfrentamento da desnutrição e, até, distribuição de água potável. Os MSF sempre trataram os feridos da criminalidade urbana e da guerra civil que chegam às suas estruturas, sem distinção de clã ou religião.

Um dos exemplos de atuação do MSF foi o combate ao sarampo. A organização mobilizou recursos internacionais para estruturar um programa de intensificação da vacinação das crianças sadias e o isolamento e tratamento das crianças contagiadas na Somália. Os MSF também montaram uma equipe móvel de vacinação que visitou vilas e acampamentos. Os resultados do programa foram animadores na avaliação do coordenador regional do MSF: "a informação que temos é que a mortalidade foi inferior ao que esperávamos. Acreditamos que as medidas de buscar ativamente os casos, visitar as vilas para tratar os pacientes e envolver a comunidade ajudaram bastante".

Apesar de trazer ajuda, os médicos, enfermeiros e agentes do MSF foram vítimas de ataques terroristas, além de constantes alvos de assaltos e sequestros.

Entre 2013 e 2017, o MSF decidiu encerrar todas as bases de operações na Somália e transferi-las para o Quênia e Etiópia, países vizinhos.

Em 2017, diante da situação precária, especialmente na região norte, onde o governo da Somália oferece pouca cobertura de serviços, os Médicos Sem Fronteiras decidiram voltar a atuar, oferecendo programas de nutrição ambulatorial e emergência médica pediátrica, auxílio obstétrico e de maternidade. Não obstante a insegurança, as dificuldades de comunicação e de logística e a escassez de recursos, os MSF continuam suas atividades. Em um Estado frágil como a Somália, em que os problemas de saúde são enfrentados de forma ineficaz ou insuficiente pelos atores governamentais, os MSF assumem o papel de protagonistas no estabelecimento de políticas públicas de saúde.

Bibliografia utilizada para a construção do minicaso

CENTRAL INTELLIGENCE AGENCY. *The World Factbook:* Somalia. 22 dez 2009. Disponível em: <https://www.cia.gov/li- brary/publications/the-world-factbook/geos/so.html>. Acesso em: 20 jan. 2010.

FUND FOR PEACE. Fragile State Index 2018. Disponível em: <http://www.fundforpeace.org/fsi/>. Acesso em: 10 mar. 2019.

MÉDECINS SANS FRONTIÈRES. *Measles treatment in Somalia requires an adapted response.* 3 jul 2009. Disponível em: <http://www.msf.org/msfinternational/invoke.cfm?objectid=411B4D4C15C5-F00A-254E85123637CA66&component=toolkit.article&method=full_html>. Acesso em: 20 jan. 2010.

_____. *A timeline of MSF in Somalia.* 4 nov 2013, Disponível em <https://www.msf.org/timeline-msf-somalia>. Acesso em: 10 mar. 2019.

_____. *MSF resumes medical activities.* 23 jun 2017. Disponível em: <https://www.msf.org/somalia-medecins-sans-frontieres-msf-resumes-medical-activities>. Acesso em: 10 mar. 2019.

WORLD HEALTH ORGANIZATION. *UN Special:* Médecins Sans Frontières, responding to emergencies. Maio 2009. Disponível em: <http://www.unspecial.org/UNS684/UnSpecial_Mai_2009_WEB.pdf>. Acesso em: 20 jan. 2010, p. 16-17.

Questões do minicaso

1. Para debater: as medidas e os programas desenvolvidos pelos MSF na Somália podem ser considerados políticas públicas? Construa argumentos com base na vertente estatista e na vertente multicêntrica (primeiro nó conceitual).

2. Para debater: a omissão ou incapacidade de atuação do Governo da Somália é uma política pública? Construa argumentos com base no debate feito no segundo nó conceitual do capítulo.
3. Para debater: a atuação dos MSF em pequenas cidades e regiões pobres da Somália e a presença, mesmo ineficaz, do Governo da Somália nas grandes cidades implicam uma ausência de política pública de saúde na Somália? Construa argumentos com base no debate feito no terceiro nó conceitual do capítulo.
4. Para debater: se os MSF fossem uma organização privada, com intuito de lucro, suas medidas e programas se enquadrariam como políticas públicas? Debata se é possível que organizações privadas tenham intenções genuinamente públicas.
5. No Brasil, medidas e programas focados em resolver problemas públicos também são protagonizados por organizações não governamentais. Dê alguns exemplos.
6. Exemplifique áreas/temas de políticas públicas ou localidades onde há um vácuo de atuação estatal nos dias atuais no Brasil, igual ao que acontece com a área de saúde em várias regiões da Somália.

1.5 EXERCÍCIOS DE FIXAÇÃO

1. Qual é a diferença entre política (*politics*) e políticas (*policies*)?
2. O que são políticas públicas?
3. Qual é a diferença entre políticas públicas e políticas governamentais?
4. O que é um problema?
5. O que é um problema público?
6. Quem faz um problema ser considerado público ou não público?
7. Use a metáfora do cabo de aço para descrever os níveis estratégico, tático e operacional de alguma política pública de seu conhecimento.
8. Dê um exemplo de política pública na área de saúde.
9. Dê um exemplo de política pública na área de educação.
10. Dê um exemplo de política pública na área de segurança.
11. Dê um exemplo de política pública na área de gestão (política de gestão pública nas áreas de recursos humanos, finanças e orçamentos, marketing público, governo eletrônico, participação cidadã, compras/licitações, *accountability*, estrutura organizacional, privatização, mercantilização, relações intergovernamentais e parcerias com a iniciativa privada).
12. Dê um exemplo de política pública na área de meio ambiente.
13. Dê um exemplo de política pública na área de saneamento.
14. Dê um exemplo de política pública na área de habitação.
15. Dê um exemplo de política pública na área de emprego e renda.

16. Dê um exemplo de política pública na área de previdência social.
17. Dê um exemplo de política pública na área de planejamento urbano.
18. Dê um exemplo de política pública na área de justiça e cidadania.
19. Dê um exemplo de política pública na área econômica (política monetária, política fiscal, política cambial).
20. Dê um exemplo de política pública na área de assistência social.
21. Dê um exemplo de política exterior/relações internacionais.
22. Dê um exemplo de política pública na área de cultura e esporte.
23. Dê um exemplo de política pública na área de ciência, tecnologia e inovação.
24. Dê um exemplo de política pública na área de transporte.

1.6 PERGUNTAS DE MÚLTIPLA ESCOLHA PARA REVISÃO CONCEITUAL

Assinale a resposta correta:

1. O *policymaker* é:
    (a) Quem faz a política pública
    (b) O destinatário da política pública
    (c) Aquele que influencia a política pública
    (d) Aquele que extingue a política pública
    (e) O analista da política pública
2. O *policytaker* é:
    (a) Quem faz a política pública
    (b) O destinatário da política pública
    (c) Aquele que influencia a política pública
    (d) Aquele que extingue a política pública
    (e) O analista da política pública
3. Política (*politics*) NÃO é:
    (a) Atividade parlamentar no Congresso Nacional
    (b) Reunião entre partido político e grupo de interesse
    (c) Reunião de Cúpula das Américas na Colômbia
    (d) Plano nacional antidrogas
    (e) Esquema de "mensalão" dos partidos grandes comprando apoio de partidos pequenos
4. Política governamental NÃO é:
    (a) Sinônimo de política pública
    (b) Um subgrupo de política pública

(c) Emanada do Legislativo, Executivo ou Judiciário
(d) Passível de contestação
(e) Passível de extinção

5. NÃO é exemplo de política pública:
   (a) Lei antifumo
   (b) Programa de privatização das estradas federais
   (c) Protocolo de Kyoto
   (d) Liquidação de eletrodomésticos feita pelo comércio após o Natal
   (e) Reforma política

6. Política pública (*public policy*) NÃO é:
   (a) Fruto exclusivo de ator governamental
   (b) Diretriz
   (c) Voltada à resolução de problema público
   (d) *Output* de um processo político (*politics*)
   (e) Orientação à atividade ou passividade de alguém

7. Quanto à abordagem multicêntrica, é correto afirmar:
   (a) Política pública é definida em lei
   (b) Política pública é sempre executada por ator governamental
   (c) Política pública é fruto da democracia
   (d) Política pública é uma resposta a um problema público
   (e) Política pública é sinônimo de política privada

8. NÃO se refere à política pública:
   (a) *Policymaker* elaborou uma recomendação de atividade e o *policytaker* obedeceu
   (b) *Policymaker* elaborou uma recomendação de atividade e o *policytaker* desobedeceu
   (c) *Policymaker* elaborou uma recomendação de inatividade e o *policytaker* obedeceu
   (d) *Policymaker* elaborou uma recomendação de inatividade e o *policytaker* desobedeceu
   (e) *Policymaker* não se sensibilizou por um problema público trazido pelo *policytaker*

9. Quanto à metáfora do cabo de aço, é correto afirmar:
   (a) Política pública é apenas a parte externa do cabo de aço
   (b) Política pública é apenas a "perna" do cabo de aço (nível tático intermediário)
   (c) Política pública é apenas o arame do cabo de aço (nível operacional)
   (d) Política pública é coerente e simétrica como um cabo de aço
   (e) Política pública é todo o cabo de aço, e também seus componentes separados (pernas e arames)

1.7 QUESTÕES DE CONCURSOS PÚBLICOS E EXAMES NACIONAIS

1. (FCC – EPP/Estado de São Paulo, 2009) Uma política pública:
   (a) não configura decisões ou ações que envolvem o consentimento de uma comunidade política soberana.
   (b) é uma questão meramente técnica.
   (c) nem sempre depende de decisões e ações que se revestem de autoridade política.
   (d) geralmente envolve mais do que uma decisão política e requer diversas ações estrategicamente selecionadas para implementar as decisões tomadas.
   (e) corresponde a uma escolha das autoridades políticas, após ouvir os empresários.

2. (ESAF – EPPGG/Governo Federal, 2008) Apesar das divergências existentes, os diferentes autores coincidem no conceito geral e nas características essenciais das políticas públicas. De acordo com esse consenso, NÃO é um elemento característico das políticas públicas:
   (a) um conjunto de medidas concretas tais como ações governamentais realizadas por instituições com competência para tal.
   (b) as decisões ou formas de alocação de recursos.
   (c) um ou vários públicos-alvo.
   (d) o apoio dos agentes públicos e dos atores sociais à concepção que orienta as decisões quanto às prioridades da agenda governamental.
   (e) a definição de metas ou objetivos a serem atingidos, selecionados em função de normas e valores.

3. (Vunesp – AGPP/Município de São Paulo, 2016) Transversalidade e intersetorialidade são apontadas por especialistas como tendências na gestão de políticas públicas, uma vez que os problemas públicos que são objeto das diversas políticas setoriais são interligados e se reforçam mutuamente. Assinale a alternativa que apresenta temas transversais típicos que requerem arranjos de políticas públicas intersetoriais.
   (a) Etnia/raça, juventude e transportes.
   (b) Pessoa com deficiência, igualdade racial e agricultura.
   (c) Criança e adolescente, industrial e segurança pública.
   (d) Terceira idade, reforma fiscal e telecomunicações.
   (e) Gênero, direitos humanos e diversidade sexual.

4. (Vunesp – EPP/Estado de São Paulo promoção interna, 2017) A *Realpolitik* – do alemão: *real* significa realístico e *politique* é política – refere-se à política baseada principalmente em aspectos pragmáticos, em detrimento de orientações técnicas e/ou princípios de boas práticas de gestão. Assim, a gestão de políticas públicas é, em muitas ocasiões no cotidiano dos governos, repleta de inconsistências e falta de

coordenação, que podem se tornar fontes de tensão e sofrimento para especialistas em políticas públicas. Em contrapartida, a experiência gerencial e a capacidade analítica são mecanismos para minimizar essas falhas de governança pública, e uma situação típica que exemplifica a aplicação desses ditames é:

(a) a adoção de políticas públicas impulsionadas por crises, em que os formuladores agem como bombeiros, enquanto as ações para evitar as crises em primeiro lugar são subvalorizadas.

(b) os casos em que as políticas públicas são elaboradas a fim de garantirem o apoio de grupos politicamente poderosos em prejuízo dos interesses públicos de longo prazo.

(c) as vezes em que as políticas públicas populares despertam a atenção dos formuladores, enquanto muitas políticas necessárias, porém impopulares, são desconsideradas.

(d) quando os efeitos das políticas públicas conduzidas por um órgão governamental são minados deliberadamente por estratégias implantadas por outro órgão estatal.

(e) as ocasiões em que a avaliação de políticas públicas é realizada para além das motivações processuais e contribui para a aprendizagem sobre o processo de gestão e/ou influi sobre a tomada de decisão.

5. (Vunesp – EPP/Estado de São Paulo promoção interna, 2017 – modificada) Uma Unidade Central de Recursos Humanos, subordinada à Secretaria Estadual de Planejamento e Gestão, tem por missão o planejamento, coordenação, orientação técnica e controle, em nível macrogovernamental, das atividades de gestão de recursos humanos da administração direta e das autarquias. Posta-se, portanto, como uma área-meio dessa Administração Pública Estadual que pode ser caracterizada

(a) pelo exercício de uma função secundária no processo de políticas públicas do governo estadual.

(b) pela perspectiva política de interferir na autonomia das áreas de recursos humanos descentralizadas.

(c) pela perspectiva técnica de alinhamento das políticas públicas finalísticas.

(d) pelo direcionamento e apoio em termos de algumas políticas e práticas de gestão pública.

(e) pela perspicácia política e competência administrativa nas atividades desenvolvidas.

6. (Inep – Enade/Administração Pública, 2015 – modificada) Os dados obtidos no infográfico a seguir referem-se à realização de exame clínico das mamas em mulheres com quarenta anos de idade ou mais, segundo a localização de domicílio, conforme a Pesquisa Nacional por Amostra de Domicílios (PNAD).

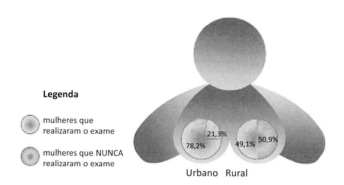

Considerando as informações apresentadas e a dimensão espacial das políticas públicas no Brasil, assinale a opção correta.

(a) Os investimentos para a realização dos exames de mamografia são maiores na área rural.

(b) O gráfico faz referência à realização de exames preventivos do câncer de mamas, no Brasil, nos últimos dez anos.

(c) O gráfico evidencia a desigualdade de acesso aos exames clínicos entre mulheres residentes nas áreas urbanas e rurais.

(d) Comparando-se as áreas urbana e rural, verifica-se pequena diferença no percentual de mulheres de quarenta anos de idade ou mais que realizaram mamografia.

(e) As políticas públicas de saúde no país devem concentrar-se principalmente e prioritariamente na área urbana, onde se localiza a maioria das mulheres.

7. (Inep – Enade/Administração Pública, 2015 – modificada) Por ser política de desenvolvimento e voltar-se para um público historicamente excluído ou cuja situação de pobreza e exclusão social venha sendo progressivamente ampliada, a economia solidária demanda não só ações setoriais específicas, mas também ações transversais que articulem instrumentos das várias áreas de governo e do Estado (educação, saúde, meio ambiente, trabalho, habitação, desenvolvimento econômico, tecnologia, crédito e financiamento, entre outras), para criar um contexto efetivamente propulsor da emancipação e da sustentabilidade. Portanto, é necessário que esteja presente no cotidiano das ações de planejamento, execução e avaliação dessas diferentes áreas.

PRAXEDES, S. F. Políticas públicas de economia solidária: novas práticas, novas metodologias. *Boletim Mercado de Trabalho – Conjuntura e Análise*, n. 39, Brasília: Ipea, 2009 (adaptado).

Considerando o exposto, avalie as afirmações a seguir.

I. As políticas Públicas voltadas à economia solidária fazem parte de um movimento social fundamental para a consolidação de uma política de caráter democrático, com ampliação da cidadania da população.

II. Os empreendimentos econômicos solidários são organizações empresariais criadas pelo Governo Federal para minimizar a pobreza e a exclusão social, promovendo o desenvolvimento sustentável com a consequente emancipação da sociedade.

III. A economia solidária constitui um fundamento em prol do desenvolvimento sustentável socialmente justo e inclusivo, voltado para a satisfação racional das necessidades de cada um e de todos os cidadãos.

É correto o que se afirma em:

(a) I, apenas.

(b) II, apenas.

(c) I e III, apenas.

(d) II e III, apenas.

(e) I, II e II.

8. (Inep – Enade/Administração Pública, 2015) Na prática política brasileira, a tradição tem sido a de que as relações de cooperação federativa sejam precárias. Essa prática é totalmente contrária ao federalismo moderno – cooperativo – previsto pela Constituição de 1988, segundo a qual a cooperação da União e do estado para com o município é o cumprimento de um dever. Cabe ao município, que está perto do cidadão, a primazia para executar as políticas públicas, especialmente as de cunho social e de prestação de serviços. Porém, nem todos os municípios dispõem de condições técnicas ou financeiras para executar essas competências e tarefas. Nessa situação, o papel do município não deve ser diminuído, mas passa a existir o dever de a União e o estado fornecerem a cooperação.

RIBEIRO, W. A. *Cooperação federativa e a Lei de Consórcios Públicos*. Brasília: CNM, 2007 (adaptado).

O que está explicitado no texto acima relaciona-se ao fato de que:

(a) As políticas públicas ocupam um lugar central no mundo dos gestores públicos, sendo concessões que os estados ou a União fazem aos municípios.

(b) As necessidades atuais de infraestrutura e serviços públicos são expressivas e estão distribuídas em áreas relevantes, como transportes, saúde, educação, saneamento, habitação, gestão, o que sugere que se deva realizar a gestão pública de forma cooperada.

(c) O federalismo moderno diminuiu o papel do município no conjunto de ações que devem ser promovidas pelo poder público, haja vista a cooperação existente entre as diversas esferas da administração pública.

(d) A gestão pública deve ser conduzida de forma participativa, em conjunto com a população, o que representa um grande desafio atual, pois a população urbana, em geral, fica cada vez mais imersa em seus próprios problemas sociais de cunho social e de prestação de serviços.

(e) Alguns municípios brasileiros são ineficientes na gestão dos recursos públicos e, por isso, passam por dificuldades técnicas ou financeiras para executar com a primazia as políticas públicas, especialmente as de cunho social e de prestação de serviços.

9. (Vunesp – AGPP/Município de São Paulo, 2016) As políticas públicas se constituem como área de conhecimento e objeto de aplicação, sobretudo, após a Segunda Guerra Mundial com a organização do modelo de Estado de Bem-Estar Social. Logo, a concepção das políticas públicas, inicialmente, estava relacionada às políticas sociais. Na atualidade, autores afirmam que "toda política social é uma política pública, mas nem toda política pública é uma política social". Assinale a alternativa que apresenta uma política pública que não se caracteriza como política social.

(a) Política pública de trabalho e previdência social.
(b) Política pública de saúde.
(c) Política pública de minas e energia.
(d) Política pública de educação.
(e) Política pública de seguridade e assistência social.

10. (Vunesp – AGPP/Município de São Paulo, 2016 – modificada) No Brasil, as políticas públicas de limpeza urbana englobam um conjunto de atividades, infraestruturas e instalações operacionais de coleta, transporte, transbordo, tratamento e destino final do lixo doméstico e do lixo originário da varrição e limpeza de logradouros e vias públicas. Na atualidade, os ditames _____ colocam novos desafios e padrões operacionais para a gestão da limpeza urbana nos municípios brasileiros. Assinale a alternativa que preenche corretamente a lacuna.

(a) do Plano Plurianual dos Governos Estaduais
(b) do Programa de Aceleração do Crescimento
(c) da Política Nacional de Resíduos Sólidos
(d) do Processo de Tratamento de Esgoto Urbano
(e) do Projeto Intermunicipal de Saneamento Básico

Tipos de políticas públicas

A ciência política tradicional sempre encarou a *policy* como um resultado das dinâmicas de enfrentamento, disputa de poder e resolução de interesses entre os atores (*politics*) em um ambiente institucional (*polity*). Ou seja, tendo a *polity* como constante e sendo a *politics* a variável independente, para as *policies* sobrava o papel periférico de variável dependente, apenas uma consequência da *polity* e *politics*. David Easton (1953) e seus seguidores da escola de pensamento sistêmico das ciências políticas entendiam as políticas públicas como um produto do processo político que transforma *inputs* (demandas e apoios) em *outputs* (decisões e ações).

Theodore J. Lowi propôs uma reviravolta na relação causal entre **política (*politics*)** e **políticas públicas** (*public policies*).[1] Lowi (1972) afirmou que *"policies determine politics"*, ou seja, as políticas públicas determinam a dinâmica política. Em outras palavras, dependendo do tipo de política pública que está em jogo, a estruturação dos conflitos, das coalizões e o equilíbrio de poder se modificam.

Com a contribuição de Lowi, o elemento mais básico de uma **análise de políticas públicas** passou a ser a verificação do tipo de política pública que se está analisando. Ou seja, o conteúdo de uma política pública pode determinar o processo político, por isso merece ser estudado. Esse papel compete ao **analista de política pública**, que deve ser capaz de entender os detalhes e os contornos de uma política pública, bem como extrair dali seus elementos essenciais.

---

1 Apesar de contrastantes, a concepção da escola tradicional de ciências políticas e a de Lowi são válidas e não mutuamente excludentes. Um mínimo esforço intuitivo traria facilmente exemplos em que a política (*politics*) é capaz de determinar as políticas públicas (*public policies*) e vice-versa.

> **EXEMPLO** *Detalhes e essência da Lei de Responsabilidade Fiscal*
>
> Lei Complementar n. 101/2000 sobre o comportamento dos chefes dos Executivos municipais.
>
> Além da necessidade de delimitar que efeitos comportamentais se está querendo visualizar ou comparar, o analista de política pública busca dominar os detalhes do conteúdo dessa política pública: as restrições à ação executiva que foram impostas, os tipos e graus de punição que foram delineados, a distribuição de responsabilidades entre atores governamentais municipais e governamentais estaduais (por exemplo, tribunais de contas), os mecanismos de *accountability* internos e externos etc. O analista também deve prestar atenção à legislação anterior e posterior à entrada em vigor dessa Lei de Responsabilidade Fiscal (LRF). Além dos conteúdos concretos dessa política pública, são essencialmente importantes os conteúdos simbólicos: que mensagem é passada com a implementação de uma política pública desse gênero? O que representa tal política pública para a comunidade política diretamente afetada por ela?
>
> O trabalho de análise do conteúdo de uma política pública requer atenção e rigor, e geralmente resulta em um material descritivo extenso. Esse material descritivo pode ter uma grande utilidade prática, por exemplo, servir de subsídio para a ação administrativa municipal ou, ainda, para a reconfiguração da própria LRF.

Por outro lado, um material descritivamente extenso, cheio de detalhes e repleto de terminologia técnica mostra-se frequentemente inútil para uma construção teórica significativa. A fim de evitar isso, o analista de políticas públicas recorre a tipologias que o ajudam a sintetizar páginas e páginas de descrição de conteúdo. Essas tipologias servem para capturar a essência do conteúdo em meio a descrições extensas.

Uma tipologia é um esquema de interpretação e análise de um fenômeno baseado em variáveis e categorias analíticas. Uma variável é um aspecto discernível de um objeto de estudo que varia em qualidade ou quantidade. Uma categoria analítica é um subconjunto de um sistema classificatório usado para identificar as variações em quantidade ou qualidade de uma variável. Se, por exemplo, queremos analisar o objeto de estudo "seres humanos", podemos identificar diversas variáveis: idade, gênero, etnia, nível de escolaridade etc. Essas variáveis podem ser organizadas em um sistema classificatório composto de categorias analíticas. Podemos convencionar que as categorias analíticas para idade sejam em anos vividos (1, 2, 3 etc.) ou em fases da vida (bebê, criança, adolescente, adulto, idoso). Também podemos convencionar que as categorias analíticas para etnia sejam: branco, negro, amarelo etc., e assim por diante.

O objeto de estudo "políticas públicas" também pode ser analisado com o auxílio desses esquemas analíticos. As tipologias de políticas **públicas** são formas de classificar os conteúdos, os **atores**, os **estilos** e as **instituições** em um **processo de política pública**.

Neste capítulo, vamos nos concentrar na apresentação de tipologias de conteúdo das políticas públicas, ou seja, tipologias sobre a essência, a intencionalidade, a estrutura de indução de comportamento e os resultados esperados da política pública.

2.1 TIPOLOGIA DE LOWI

A tipologia de Theodore J. Lowi, formulada inicialmente em seu artigo publicado na revista *World Politics*, em 1964, e posteriormente aprimorada em sucessivos trabalhos, baseia-se no critério de "impacto esperado na sociedade"[2] (LOWI, 1964, p. 689). Segundo esse critério, há quatro tipos de políticas públicas:

Políticas regulatórias: estabelecem padrões de comportamento, serviço ou produto para atores públicos e privados. Exemplos desse tipo de políticas são as regras para a segurança alimentar, para operação de mercado financeiro, regras de tráfego aéreo, códigos de trânsito, leis e códigos de ética em assuntos como aborto e eutanásia ou, ainda, proibição de fumo em locais fechados e regras para publicidade de certos produtos. Segundo Lowi (1964), as políticas regulatórias se desenvolvem predominantemente dentro de uma dinâmica **pluralista**, em que a capacidade de aprovação ou não de uma política desse gênero é proporcional à relação de forças dos atores e interesses presentes na sociedade.

Políticas distributivas: geram benefícios concentrados para alguns grupos de atores e custos difusos para toda a coletividade/contribuintes. Exemplos desse

---

[2] Tradução livre do original em inglês.

tipo de política pública são subsídios, gratuidade de taxas para certos usuários de serviços públicos, incentivos ou renúncias fiscais etc. Esse tipo de política se desenvolve em uma arena menos conflituosa, considerando que quem paga o "preço" é a coletividade. A grande dificuldade no desenho de **políticas distributivas** é a delimitação do grupo beneficiário (quem é e quem não é beneficiário). De acordo com Lowi (1964), esse tipo de política se desenvolve em arenas onde predomina o "toma lá dá cá" (*logrolling*), ou seja, o troca-troca de apoios de forma pragmática. As emendas parlamentares ao orçamento da União, para a realização de obras públicas regionalizadas, são típicos exemplos de políticas distributivas, em que congressistas e grupos políticos condicionam apoios a certas emendas orçamentárias caso recebam em troca apoio nas suas emendas.

Políticas redistributivas: concedem benefícios concentrados a algumas categorias de atores e implicam custos concentrados sobre outras categorias de atores. É um tipo de política que provoca muitos conflitos, pois representa um jogo de soma zero. Exemplos clássicos são cotas raciais para universidades, políticas de benefícios sociais ao trabalhador e os programas de reforma agrária. Segundo Lowi, as **políticas redistributivas** não recebem esse rótulo pelo resultado redistributivo efetivo (renda, propriedade etc.), mas sim pela expectativa de contraposição de interesses claramente antagônicos. O tipo de dinâmica predominante em arenas políticas redistributivas é o **elitismo**, no qual se formam duas elites, uma demandando que a política se efetive e a outra lutando para que a política seja descartada.

Políticas constitutivas: "são regras sobre os poderes e regras sobre as regras"[3] (LOWI, 1985, p. 74), ou seja, são aquelas políticas que definem as competências, jurisdições, regras da disputa política e da elaboração de políticas públicas. São chamadas *meta-policies*, porque se encontram acima dos outros três tipos de políticas e comumente moldam a dinâmica política nessas outras arenas. Exemplos são as regras do sistema político-eleitoral, a distribuição de competências entre poderes e esferas, regras das relações intergovernamentais, regras da participação da sociedade civil em decisões públicas. Políticas constitutivas provocam conflitos entre os entes e os atores diretamente interessados (por exemplo, partidos, os

---

3   Tradução livre do original em inglês.

três poderes, os níveis de governo), pois têm a capacidade de alterar o equilíbrio de poder existente (quem manda e quem faz). Os eleitores, os usuários das políticas públicas e o cidadão comum raramente se interessam por esse tipo de política, já que não tratam de prestação de serviços ou de ações concretas de governo.

É importante lembrar que as fronteiras que separam esses quatro tipos de políticas não são facilmente visualizáveis. As políticas públicas geralmente agregam características de dois ou mais tipos de política, por exemplo, as políticas de contratação e as relações trabalhistas, que possuem elementos regulatórios e redistributivos. A tipologia de Lowi despertou interesse nos meios acadêmicos e profissionais por sua utilidade para estudos comparativos em um setor de política pública ou transversalmente entre vários setores de políticas públicas.

2.2 TIPOLOGIA DE WILSON

James Quinn Wilson formulou sua tipologia adotando o critério da distribuição dos custos e benefícios da política pública na sociedade (**Quadro 2.1**). Essa tipologia, de um lado, corrobora a tipologia de Lowi e, de outro, a complementa.[4]

QUADRO 2.1 *Tipologia de políticas públicas de Wilson*

		Custos	
		Distribuídos	Concentrados
Benefícios	Distribuídos	Política majoritária	Política empreendedora
	Concentrados	Política clientelista	Política de grupo de interesses

Fonte: Wilson (1983).

As políticas de tipo clientelista são aquelas em que os benefícios são concentrados em certos grupos e os custos são difusos na coletividade. São as políticas distributivas da tipologia de Lowi.

---

[4] Uma diferença fundamental entre a tipologia de Lowi e a de Wilson é que a primeira baseia-se na definição arbitrária e objetiva da natureza da política pública (feita pelo analista), enquanto a segunda recomenda a classificação da política pública segundo a percepção ou interpretação dos próprios *policytakers*.

As políticas de **grupo de interesses** são aquelas em que tanto custos como benefícios estão concentrados sobre certas categorias. Referem-se, na tipologia de Lowi, às políticas redistributivas.

As políticas empreendedoras importam em benefícios coletivos, e os custos ficam concentrados sobre certas categorias. Esse tipo específico de política pública não foi previsto na tipologia de Lowi, e talvez seja o maior diferencial da tipologia de Wilson. As políticas empreendedoras enfrentam uma dificuldade real, que é a organização de interesses coletivos contrários a interesses concentrados (OLSON, 1999), como no caso das reformas administrativas que resultam em extinção de certos órgãos públicos, ou leis que retiram prerrogativas de auxílio-moradia dos juízes.

Por fim, políticas majoritárias são aquelas em que os custos e benefícios são distribuídos pela coletividade. Talvez essa categoria seja a mais numerosa em exemplos: a instituição de serviços públicos de saúde, educação, segurança, defesa nacional, cultura etc.

> **EXEMPLO** *Reforma política*
>
> Os custos e benefícios a que se refere Wilson não são necessariamente financeiros. Custos podem ser materiais, simbólicos, de liberdade de decisão etc. Uma reforma política que proíba as coligações partidárias nas eleições proporcionais (para vereador, deputado estadual e deputado federal) não gera custos financeiros diretos aos partidos, mas pode ser classificada como uma política de grupo de interesse na tipologia de Wilson. Nesse caso, os custos são a dificuldade de montagem de chapas completas e competitivas e, consequentemente, menor chance de eleição para os partidos pequenos, prejudicando estes e beneficiando os partidos grandes.

2.3 TIPOLOGIA DE GORMLEY

A base da distinção da tipologia de Gormley é o nível de saliência (capacidade de afetar e chamar a atenção do público em geral) e o nível de complexidade (necessidade de conhecimento especializado para sua formulação e implementação). Da intersecção dessas duas variáveis nasce o seguinte esquema analítico (**Quadro 2.2**):

QUADRO 2.2 Tipologia de políticas públicas de Gormley

		Complexidade	
		Alta	Baixa
Saliência	Alta	Política de sala operatória (*operating room politics*)	Política de audiência (*hearing room politics*)
	Baixa	Política de sala de reuniões (*board room politics*)	Política de baixo escalão (*street level politics*)

Fonte: Adaptado de Gormley (1986).

Segundo o entendimento de Gormley (1986, p. 598), um assunto é saliente quando "afeta um grande número de pessoas de modo significativo" e é complexo quando "levanta questões fatuais que não podem ser respondidas por generalistas ou amadores".[5]

No grupo da política de sala operatória estão os exemplos da reforma da previdência, a regulamentação sobre qualidade da água e do ar, e o licenciamento de medicamentos etc. São tecnicamente muito densas e têm apelo popular.

No grupo da política de audiência entram as políticas públicas que são de simples elaboração do ponto de vista estrutural, mas que tendem a atrair grande atenção das pessoas – e por consequência dos partidos – e da mídia, como políticas de cotas raciais, regulamentação sobre aborto, regulamentação da prostituição etc.

O grupo da política de sala de reuniões é exemplificado por pacotes de reforma administrativa, regras para o setor bancário, regulação de especificações técnicas para o setor de construção civil, regulação da competição de empresas prestadoras de serviço telefônico, energético etc. Nesse grupo, existe uma baixa capacidade de atrair a atenção da coletividade, e o conhecimento técnico é necessário para formatar os contornos da política pública.

No grupo da política de baixo escalão (*street level policy*) estão rotinas administrativas para os agentes públicos, regulações quanto à prestação de informações dos cidadãos e empresas para o fisco etc. São chamadas "baixo escalão"

---

5 Tradução livre do original em inglês.

por causa da simplicidade de sua elaboração e porque não atraem grande atenção popular.

Segundo Gormley (1986), se um analista é capaz de categorizar de maneira apropriada uma política pública nesse esquema, também é possível prever o comportamento de **políticos, burocratas,** cidadãos, **meios de comunicação,** bem como é possível prever mecanismos de decisão e patologias do processo decisório que podem emergir. Como se percebe, e da mesma forma que acontece no esquema de Lowi e de Wilson, o conteúdo de uma política pública é entendido por Gormley como variável independente e a dinâmica política é a variável dependente.

2.4 TIPOLOGIA DE GUSTAFSSON

Outra tipologia é aquela proposta por Gustafsson (1983), que tem como critério de distinção o conhecimento e a intenção do *policymaker* (Quadro 2.3):

QUADRO 2.3 *Tipologia de políticas públicas de Gustafsson*

		Intenção de implementar a política pública	
		Sim	Não
Conhecimento para a elaboração e implementação	Disponível	Política real	Política simbólica
	Indisponível	Pseudopolítica	Política sem sentido

Fonte: Wilson (1983).

As políticas públicas reais são aquelas que incorporam a intenção de resolver um **problema público** com o conhecimento disponível para resolvê-lo. Estas são as políticas públicas ideais, e os *policymakers* geralmente afirmam que suas políticas públicas pertencem a essa categoria.

As **políticas simbólicas** (*symbolic policies*) são aquelas em que os *policymakers* até possuem condições de elaborá-la, mas intimamente não demonstram grande interesse em colocá-las em prática. São "para inglês ver", ou seja, voltadas mais para o ganho de capital político do que para o enfrentamento efetivo do problema público.

> **EXEMPLO** *Política simbólica*
>
> A criação de um conselho de participação comunitário para aumentar a legitimidade das ações de uma prefeitura ou secretaria municipal pode se tornar uma política simbólica nos casos em que aqueles que a criaram consideram, de antemão, que a participação é difícil, ineficiente ou desnecessária para o tema. No fim das contas, a definição do problema, as opções de solução colocadas para debate e a decisão em si continuam centralizadas nas mãos de poucos, e o conselho comunitário passa a ser um elemento figurativo para emprestar legitimidade às decisões previamente tomadas.

As **pseudopolíticas** são aquelas em que o *policymaker* até tem interesse e gostaria de ver sua política funcionando, mas não possui conhecimento para estruturá-la adequadamente.

> **EXEMPLO** *Pseudopolítica*
>
> Um exemplo de pseudopolítica acontece quando uma prefeitura cria um novo sistema viário para resolver seus problemas de trânsito, a partir de conhecimento não técnico ou adequado (políticos e seus "achismos", guardas de trânsito, opinião dos usuários etc.). Existe uma real intenção de resolver o problema, mas há falta de conhecimento para lidar sistematicamente com o problema e estruturar soluções adequadas.

A política sem sentido é aquela elaborada sem conhecimento específico sobre o problema ou sem alternativas de solução para tal, além de ser vazia de intenções políticas genuínas. Uma política sem sentido é uma solução a um problema que reúne incompetência com o cinismo dos *policymakers*.

> **EXEMPLO** *Política sem sentido*
>
> O planejamento de um governo municipal para a proteção ambiental da cidade pode se tornar uma política sem sentido, nos termos de Gustafsson, quando os *policymakers* têm interesse na manutenção do *status quo* e não possuem competência ou conhecimento do que realmente seja um planejamento estratégico ou de métodos para preservação ambiental.

Da mesma forma que na tipologia de Lowi, Gustafsson (1983) admite que sua tipologia seja um ideal-tipo, bastante útil para análise, mas com limitações práticas. Frequentemente as políticas públicas acumulam aspectos de realidade, efetividade, simbolismo e incompetência.

2.5 TIPOLOGIA DE BOZEMAN E PANDEY

Outra forma de distinguir as políticas públicas de acordo com seus conteúdos é a distinção entre conteúdo técnico e conteúdo político (BOZEMAN; PANDEY, 2004).

Políticas públicas de conteúdo essencialmente político são aquelas que apresentam conflitos relevantes no estabelecimento de objetivos e no ordenamento de objetivos, e, de alguma forma, ganhadores e perdedores da política pública são identificáveis antes da **implementação**.

Políticas públicas de conteúdo técnico apresentam poucos conflitos com relação aos objetivos e ao ordenamento dos objetivos, embora possam aparecer conflitos com relação aos métodos (**Figura 2.1**):

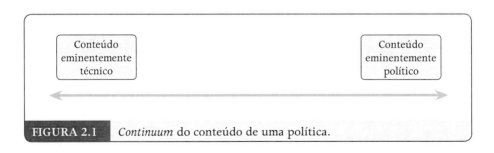

FIGURA 2.1 *Continuum* do conteúdo de uma política.

Uma das dificuldades da tipologia de Bozeman e Pandey é que políticas públicas podem ser alteradas em essência ao longo do **ciclo de política pública**. Uma política pública pode, por exemplo, parecer eminentemente técnica na fase de estudo de alternativas, mas se revelar fortemente política no momento da tomada de decisão.

Bozeman e Pandey (2004) reconhecem que todas as políticas públicas contêm aspectos técnicos e políticos simultaneamente. No entanto, em algumas políticas públicas prevalecem os aspectos técnicos, como políticas públicas de gestão financeira (por exemplo, métodos orçamentários, métodos contábeis) ou da informação (por exemplo, inovações em *e-government*). Exemplos de políticas públicas de conteúdo eminentemente político são todas as políticas redistributivas (na tipologia de Lowi) ou as políticas de grupo de interesse (na tipologia de Wilson), nos quais algumas categorias de atores arcam com os custos e outras categorias recebem benefícios.

2.6 CRIAÇÃO DE NOVAS TIPOLOGIAS

Várias outras formas de classificar as políticas públicas estão sujeitas à consideração. O **analista de políticas públicas** pode realizar sua **análise** utilizando uma das tipologias já consolidadas na literatura (aplicação dedutiva) ou então pode construir sua própria tipologia (desenvolvimento indutivo).

O desenvolvimento indutivo de tipologias se baseia na capacidade do pesquisador em estabelecer um critério diferente para a verificação de uma variável ou estabelecer novas categorias analíticas para a classificação dos fenômenos. Por exemplo, outros critérios que poderiam ser usados para a construção de tipologias podem ser o grau de intervenção (estrutural *versus* conjuntural), a abrangência dos potenciais benefícios (universais, segmentais, fragmentados) (TEIXEIRA, 2002), a ideologia inspiradora da política pública, o nível de isolamento da política pública em relação a outras políticas públicas, o prazo de vigência da política pública (determinado *versus* indeterminado) etc.

O **analista** constrói, revisa e reelabora suas variáveis até que elas tenham, de preferência, poucas categorias analíticas e com gradações/variações que sejam mutuamente exclusivas e coletivamente exaustivas. A vantagem do desenvolvimento indutivo é a "customização" de uma tipologia mais adequada aos objetivos da análise.

2.6.1 AS LIMITAÇÕES DAS TIPOLOGIAS

Como já visto, as tipologias são uma estratégia para trazer simplicidade a fenômenos que parecem complexos. O uso de tipologias ajuda o analista a organizar seu material (separa o "joio do trigo") e o ajuda a ter clareza sobre os elementos essenciais daquilo que está sendo investigado. No campo das políticas públicas, o uso de tipologias tem sido muito útil para comparações intersetoriais, comparações entre níveis de governo e comparações internacionais de fenômenos político-administrativos. A partir do momento em que se consegue comparar coisas aparentemente diferentes, mas que compartilham elementos essenciais, há maior fertilidade para a construção teórica e para a melhora da prática.

Apesar de seus pontos positivos, é necessário fazer menção às restrições quanto ao uso de tipologias. Essas restrições ou limitações também podem servir como alertas àqueles interessados em construir novas tipologias de políticas públicas.

1 – Toda tipologia é reflexo de um reducionismo, e por isso elas são acusadas de descolar-se da realidade.
2 – Tipologias que se baseiam em variáveis qualitativas podem levar o analista a desconsiderar o "meio-termo", visto que muitos fenômenos são quantitativamente diferentes, mas qualitativamente parecidos.
3 – Tipologias raramente conseguem abranger categorias analíticas mutuamente exclusivas e coletivamente exaustivas. Em outras palavras, às vezes um caso não consegue ser classificado por não possuir os requisitos das categorias de dada tipologia, e às vezes um caso pode ser classificado em mais de uma categoria analítica simultaneamente.

2.7 MINICASO: RAPOSA SERRA DO SOL[6]

Em uma região que abrange os municípios de Normandia, Pacaraima e Uiramutã, no estado de Roraima, está localizada a área conhecida como Raposa Serra do Sol (**Figura 2.2**). Essa área foi palco de um dos mais longos e conturbados processos de demarcação de Terra Indígena (TI) da história do Brasil. Em 2005,

---

6 Agradecemos a Juliana Giraldi, Lais Muraro, Mariângela Santos e Renata Brizolara, acadêmicas do curso de Administração Pública da Esag/Udesc, pelo texto-base e parte das referências que serviram para a construção deste minicaso.

o presidente da República homologou a Raposa Serra do Sol como Terra Indígena e, em 2009, o Supremo Tribunal Federal (STF) sentenciou que os fazendeiros cultivadores de arroz deveriam deixar a região, para que grupos indígenas, como os Macuxí, Patamona, Ingaricó, Taurepang e Uapixana, pudessem continuar vivendo tranquilamente em suas terras.

Contextualização histórica

A Raposa Serra do Sol encontra-se no nordeste do estado de Roraima, em uma extensão territorial que abrange as fronteiras de Brasil, Venezuela e Guiana. Desde o fim do século XIX, já existem registros de aquisição de propriedade por parte de não indígenas para fins de colonização e ocupação na região de Raposa Serra do Sol. A vegetação dessa região é o cerrado e, por causa do calor equatorial e da presença abundante de rios e igarapés, é propícia à agricultura.

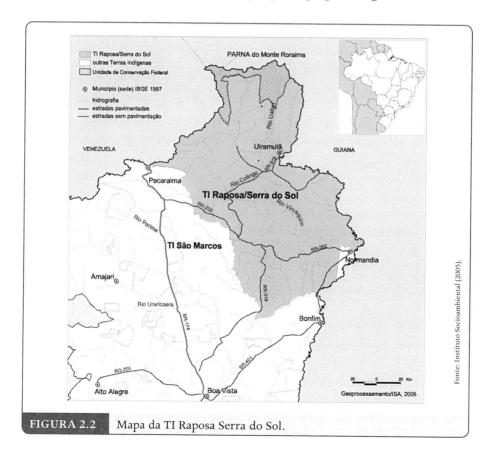

FIGURA 2.2   Mapa da TI Raposa Serra do Sol.

No entanto, em 1917 o governo do Amazonas editou uma lei em defesa do usufruto, por parte dos indígenas Macuxí e Jaricuna, de terras compreendidas entre os rios Surumú e Cotingo. Essa lei veio para apaziguar os conflitos que já nasciam entre indígenas e não indígenas.

Apesar dessa lei estadual, e de tantos outros esforços de demarcação por parte do Serviço de Proteção ao Índio (SPI), inicialmente, e depois pela Fundação Nacional do Índio (Funai), a chegada de não indígenas à Raposa Serra do Sol não foi contida durante todo o século XX. A década de 1970 foi o período de maior imigração de brancos, que buscavam cultivar arroz principalmente na parte sul da região, às margens do rio Surumú.

Em 1993, a Funai finalizou um trabalho técnico de identificação e levantamento fundiário, levando em consideração estudos antropológicos e historiográficos da região, onde reconhece uma extensão contínua de 1,67 milhão de hectares como Reserva Indígena na região da Raposa Serra do Sol. As conclusões desse trabalho técnico foram publicadas no *Diário Oficial da União* (DOU) e inflamaram os conflitos entre indígenas e brancos.

Durante a década de 1990, uma nova onda de imigração trouxe colonos brancos que fixaram moradia na Raposa Serra do Sol; muitos deles o fizeram sabendo do processo de demarcação em curso e prevendo que as eventuais indenizações pela "devolução" da terra aos indígenas seriam vantajosas.

As coalizões em torno da causa

É a Presidência da República que tem competência para demarcar Terras Indígenas (TIs). Em 2005, o presidente Luiz Inácio Lula da Silva demarcou a área contínua de 1.743 hectares da Raposa Serra do Sol para usufruto dos indígenas da região.

Antes mesmo da demarcação, o Ministério da Justiça, entidade ligada à Presidência que tinha superioridade hierárquica sobre a Funai, recebeu contestações administrativas por parte dos colonos rizicultores e por parte do governo do estado de Roraima. O Supremo Tribunal Federal também recebeu contestações judiciais desses mesmos atores, os quais pediam a revisão da demarcação com base nos seguintes argumentos:

- existem colonos residentes na Raposa Serra do Sol com registros de terra que datam do fim do século XIX, e seria injusto tirá-los de lá;
- a região da Raposa Serra do Sol representa 7,5% da extensão territorial de Roraima, e responde por 70% da produção estadual de arroz;
- aproximadamente 46% da extensão territorial do estado de Roraima correspondeu a TIs, o que atrapalha o desenvolvimento econômico do estado;
- apenas 19 mil indígenas não poderiam ser donos de uma extensão territorial tão vasta;
- se houvesse necessidade de demarcação, esta deveria ser não contínua, ou seja, com possibilidade de criação de "ilhas territoriais" onde os rizicultores pudessem manter suas atividades;
- é frágil a justificativa de manutenção da identidade cultural dos povos indígenas na região, pois estes falam português, usam roupas dos brancos e encontram-se bastante integrados ao meio de vida dos colonos, principalmente nas cidades e entre aqueles que trabalham nos arrozais.

Além dos rizicultores e do governo do estado de Roraima, as Forças Armadas e a Sociedade de Defesa dos Indígenas Unidos do Norte de Roraima (Sodiurr) também se declararam contrárias à demarcação contínua da TI Raposa Serra do Sol. Para as Forças Armadas, essa região é militarmente estratégica, pois abrange uma área de fronteira com riscos bélicos. O Brasil já teve contencioso territorial com a Grã-Bretanha no fim do século XIX, durante a chamada Questão do Pirara, o que levou o país a perder quase 20 mil km² de território que entendia ser brasileiro. Na época, povos indígenas transfronteiriços reivindicaram pertencer ao território da Guiana. Os militares também apontam para casos recentes de hostilidade militar na fronteira com a Venezuela, além de situações de perigo com relação ao tráfico de drogas, armas e animais silvestres por toda a fronteira norte.

A Sodiurr é uma das duas grandes organizações de defesa dos interesses indígenas em Roraima e se opõe à demarcação contínua. O cerne do argumento dessa sociedade é que grande parte dos indígenas residentes na região da Raposa Serra do Sol se beneficia da atividade agrícola realizada pelos não indígenas, pois são gerados empregos, impostos e, consequentemente, elevação do padrão de vida.

A outra grande organização indígena no estado é o Conselho Indígena de Roraima (CIR). O CIR sempre se posicionou favorável à demarcação contínua da Raposa Serra do Sol e – com organizações não governamentais ambientais e de defesa dos povos indígenas e o Conselho Indigenista Missionário (Cimi), da Igreja Católica – utiliza os seguintes argumentos com o Governo Federal:

- os indígenas são os herdeiros legítimos da região Raposa Serra do Sol e a demarcação da TI é a única maneira de conter os conflitos entre indígenas, fazendeiros e garimpeiros;
- aos indígenas deve ser garantido o direito de preservação de sua identidade cultural, e a presença de não indígenas ameaça as línguas, as tradições e o modo de vida indígena;
- os indígenas têm condições de subsistir sem a presença dos brancos, e a aclamada "elevação do padrão de vida" proporcionada pela presença dos brancos acontece a um custo cultural muito alto;
- a quase totalidade dos moradores não indígenas da Raposa Serra do Sol são fruto de um processo migratório recente, posterior aos anos 1970. Fica então comprometida a argumentação de vinculação histórica dos colonos brancos;
- com senso de oportunidade, muitos imigrantes brancos vieram para a Raposa Serra do Sol com a expectativa de receber indenizações, e não com o objetivo de desenvolver economicamente a região.

A Funai também se mostra historicamente vinculada à causa de demarcação de TIs. A Funai é a autarquia federal responsável por realizar estudos técnicos sobre as populações indígenas, proteger as TIs, além de promover serviços básicos para os índios, como educação, saúde e assistência.

O período pós-homologação

Homologar uma TI é o momento simbólico de tomada de decisão no que se refere a política pública. O período pós-homologação, ou seja, a implementação dessa política pública, é que vai dizer algo sobre a efetividade da ação.

Ao Instituto Nacional de Colonização e Reforma Agrária (Incra) foi dada a atribuição de fazer o levantamento das terras ocupadas por não indígenas e das benfeitorias realizadas sobre essas terras, para fins de pagamento das indenizações, bem como para promover os reassentamentos.

A Polícia Federal, com o apoio da Polícia Rodoviária Federal, montou operações especiais (denominadas Upatakon, que significa "nossa terra" na língua macuxí) com o objetivo de evitar conflitos entre índios, e entre indígenas e agricultores brancos, a fim de viabilizar os reassentamentos fora da TI.

Mesmo com essas tentativas, as animosidades não cessaram: a sede da Funai foi invadida por representantes da Sodiurr, padres vinculados ao Cimi foram sequestrados, professores universitários vinculados à causa indígena sofreram perseguição e os mais diversos incidentes ocorreram entre indígenas ligados ao CIR e indígenas ligados ao Sodiurr e rizicultores.

Vendo que a situação poderia piorar, o STF mandou suspender todas as operações de retirada dos não indígenas até o momento em que ações contrárias à demarcação fossem julgadas. O julgamento das ações ocorreu até o dia 19 de março de 2009, quando o STF decidiu por dez votos a um que Raposa Serra do Sol deve ser terra da União para usufruto exclusivo e contínuo dos indígenas.

Com a decisão, o STF também emitiu um conjunto de 19 restrições ao usufruto das terras, preservando o livre acesso das Forças Armadas às TIs, a necessidade de autorização do Congresso Nacional para aproveitamento dos recursos hídricos e potenciais energéticos por parte dos indígenas e a proibição de cobrança de pedágios ou tarifas por parte dos indígenas com relação ao acesso às estradas dentro da TI.

Com a posse do presidente Jair Bolsonaro em 2019, novamente o tema da Terra Indígena Raposa Serra do Sol voltou à agenda da mídia e política. Durante a campanha eleitoral de 2018, Bolsonaro já prometia rever a questão de todas as Terras Indígenas no Brasil. Num dos seus primeiros atos como presidente, transferiu a competência para identificação, delimitação e demarcação para o Ministério da Agricultura, órgão tradicionalmente vinculado aos interesses do agronegócio. Também nomeou como ministro do Gabinete de Segurança Institucional o general Augusto Heleno, um dos militares de alto escalão que mais lutou nos bastidores contra a demarcação da Raposa Serra do Sol como terra indígena contínua.

Também nas eleições de 2018 foi eleita a primeira representante indígena para a Câmara do Deputados: Joênia Wapichana, representante do estado de Roraima. Entre suas pautas estão a defesa dos povos indígenas e a defesa dos direitos adquiridos com a demarcação da Raposa Serra do Sol no seu estado.

Como ao longo de sua história, as duas vertentes antagônicas também se cristalizam no período pós-homologação e influenciam as interpretações sobre o sucesso e insucesso desta política. Aqueles que sublinham os insucessos relatam situações de indenizações injustas para os rizicultores, alcoolismo dos indígenas e migração de famílias indígenas desempregadas para bolsões de pobreza na periferia de Boa Vista. Já aqueles que torcem pela efetivação da TI Raposa Serra do Sol comemoram o ganho da autonomia dos povos indígenas, a criação de programas de gestão territorial e ambiental adequados aos indígenas e acusam os rizicultores de continuarem a perseguir e ameaçar os indígenas que hoje vivem na Raposa Serra do Sol.

O drama da Raposa Serra do Sol continuará por anos travando discórdia entre aqueles que são a favor e aqueles que são contra a demarcação desta e de outras Terras Indígenas no Brasil.

Bibliografia utilizada para a construção do minicaso

BAND. Jornal da Band traz dramas da fronteira. *Jornal da BAND*. 13 jul. 2011. Disponível em: <http://www.band.com.br/jornaldaband/conteudo.asp?ID=100000443877>. Acesso em: 26 maio 2012.

COLLITT, R. *STF confirma demarcação contínua de Raposa Serra do Sol*. Disponível em: <http://oglobo.globo.com/pais/mat/2009/03/19/stf-confirma- demarcacao-continua-de-raposa-serra-do-sol-754912558.asp>. Acesso em: 5 jan. 2010.

CONSELHO INDÍGENA DE RORAIMA. *Brasil repara parte da imensa dívida que tem com os povos indígenas*. Disponível em: <http://www. cir.org.br/noticias_050416_geral.php>. Acesso em: 5 jan. 2010.

CONSELHO INDIGENISTA MISSIONÁRIO. *CIMI apoia a luta dos indígenas em Roraima*. 16 maio 2012. Disponível em: <http://www. cimi.org.br/site/pt-br/index.php?system=news&action=read&id=6266>. Acesso em: 26 maio 2012.

FERNANDES, L. Raposa Serra do Sol: a questão de honra do general Augusto Heleno. *Brasil de Fato*. 18 dez. 2018. Disponível em: <https://www.brasildefato.com.br/2018/12/18/raposa-serra-do-sol-or-a-questao-de-honra-do-general-augusto-heleno/>. Acesso em: 11 mar. 2019.

FUNAI. Funai e organizações pactuam gestão em terras indígenas em Roraima. *Blog da Funai*. 14 fev. 2012. Disponível em: <http://blog-dafunai.blogspot.com.br/2012/02/funai-e-organizacoes-pactuam-gestaoem.html>. Acesso em: 26 maio 2012.

G1. *Veja as 19 restrições impostas pelo STF aos índios da Raposa Serra do Sol*. Disponível em: <http://g1.globo.com/Noticias/Brasil/0,,MUL1050276-5598,00-VEJA+AS+RESTRICOES+IMPOSTAS+PELO+STF+AOS+INDIOS+DA+RAPOSA+-SERRA+DO+SOL.html>. Acesso em: 5 jan. 2010.

_____. Indígenas da reserva Raposa Serra do Sol têm problemas com o alcoolismo. *Jornal Nacional*. 13 set. 2011. Disponível em: <http://g1.globo.com/jornal-nacional/noticia/2011/09/indigenas-da-reserva- raposa-serra-do-sol-tem-problemas-com-o-alcoolismo.html>. Acesso em: 26 maio 2012.

G1. Famílias retiradas da reserva Raposa Serra do Sol têm dificuldades para plantar. *Jornal Nacional*. 14 set. 2011. Disponível em: <http://g1.globo.com/jornal-nacional/noticia/2011/09/familias-retiradas-da-reserva-raposa-serra-do-sol-tem-dificuldades-para-plantar.html>. Acesso em: 26 maio 2012.

INSTITUTO SOCIOAMBIENTAL. *Lula homologa a TI Raposa-Serra do Sol, em Roraima*. 15 abr. 2005. Disponível em: <http:// www.socioambiental.org/nsa/detalhe?id=1969>. Acesso em: 5 jan. 2010.

_____. *Joênia Wapichana, exemplo de resistência*. 2 jan. 2010. Disponível em: <http://www.socioambiental.org/nsa/doc/detalhe?id=1866>. Acesso em: 5 jan. 2010.

MARTINELLI, A. Joênia Wapichana: o nome da 1ª mulher indígena eleita deputada federal. *HuffpostBrasil*. 8 out. 2018. Disponível em: <https://www.huffpostbrasil.com/2018/10/08/joenia-wapichana-o-nome-da-1a-mulher-indigena-eleita-deputada-federal_a_ 23554487/>. Acesso em: 11 mar. 2019.

MOVIMENTO NÓS EXISTIMOS. *Razões para a homologação em área contínua da terra indígena Raposa Serra do Sol*. Disponível em: <http://www.nosexistimos.org/mais_sobre_povos_indigenas_3.html>. Acesso em: 5 jan. 2010.

VARGAS, R.; RONDON, J. E. Índios invadem sede da Funai em Boa Vista e Dourados. Disponível em: <http://www1.folha.uol.com.br/folha/brasil/ult96u495227.shtml>. Acesso em: 5 jan. 2010.

VIEIRA, J. G. *Missionários, fazendeiros e índios em Roraima*: a disputa pela terra 2003. Tese (Doutorado) – Programa de pós-graduação em História, Universidade Federal de Pernambuco, 2003.

Questões do minicaso

1. Classifique a política pública de criação da Terra Indígena Raposa Serra do Sol nas tipologias de Lowi, Wilson, Bozeman e Pandey.
2. Segundo Lowi (1972), os conteúdos das políticas públicas determinam a dinâmica política (tipo de conflito, intensidade de conflito, coalizões possíveis etc.). Você concorda com Lowi? Justifique sua resposta com base no minicaso Raposa Serra do Sol.
3. Para debater: divida a classe em dois grandes grupos, um com a incumbência de defender e o outro com a incumbência de condenar a homologação da Terra Indígena Raposa Serra do Sol. Cada grupo deve utilizar argumentos históricos, econômicos, jurídicos, socioculturais etc. Podem ser utilizados argumentos já apresentados no minicaso ou novos argumentos derivados de pesquisa ou da inspiração dos alunos.

2.8 EXERCÍCIOS DE FIXAÇÃO

1. O que são objetos de estudo, variáveis e categorias analíticas?
2. Para que servem as tipologias?
3. Qual é a diferença entre políticas distributivas e políticas redistributivas?
4. Descreva um exemplo de política regulatória (LOWI, 1964) criada pelo poder legislativo do seu município.
5. Descreva um exemplo de política empreendedora (WILSON, 1983) defendida por um político de seu estado.
6. Descreva um exemplo de política de audiência (GORMLEY, 1986) que tenha sido motivo de grande repercussão na mídia nos últimos anos.
7. Descreva um exemplo de política simbólica (GUSTAFSSON, 1983) defendida por algum político pouco preocupado em ver o problema realmente solucionado.
8. Descreva um exemplo de política de caráter eminentemente técnico e outra de caráter eminentemente político (BOZEMAN; PANDEY, 2004) na área de gestão da organização em que você trabalha ou estuda.
9. Construa uma tipologia, com variáveis e categorias analíticas, para distinguir conteúdos de políticas públicas.

2.9 PERGUNTAS DE MÚLTIPLA ESCOLHA PARA REVISÃO CONCEITUAL

Assinale a resposta correta:
1. É exemplo de política distributiva (LOWI, 1964; 1972; 1985):
    (a) Lei de reforma política que institui o voto distrital
    (b) Lei que proíbe fumo em lugares fechados
    (c) Isenção de tributos para um setor industrial
    (d) Reforma agrária que expropria terras improdutivas a favor de trabalhadores sem terra
    (e) Lei de Gérson
2. É exemplo de política redistributiva (LOWI, 1964; 1972; 1985):
    (a) Lei de reforma política que institui o voto distrital
    (b) Lei que proíbe fumo em lugares fechados
    (c) Isenção de tributos para um setor industrial
    (d) Reforma agrária que expropria terras improdutivas a favor de trabalhadores sem terra
    (e) Lei de Gérson
3. É exemplo de política regulatória (LOWI, 1964; 1972; 1985):
    (a) Lei de reforma política que institui o voto distrital
    (b) Lei que proíbe fumo em lugares fechados
    (c) Isenção de tributos para um setor industrial

(d) Reforma agrária que expropria terras improdutivas a favor de trabalhadores sem-terra
(e) Lei de Gérson

4. É exemplo de política constitutiva (LOWI, 1964; 1972; 1985):
   (a) Lei de reforma política que institui o voto distrital
   (b) Lei que proíbe fumo em lugares fechados
   (c) Isenção de tributos para um setor industrial
   (d) Reforma agrária que expropria terras improdutivas a favor de trabalhadores sem-terra
   (e) Lei de Gérson

5. Política empreendedora é:
   (a) Aquela em que os custos são concentrados e os benefícios são concentrados
   (b) Aquela em que os custos são concentrados e os benefícios são difusos
   (c) Aquela em que os custos são difusos e os benefícios são difusos
   (d) Aquela em que os custos são difusos e os benefícios são concentrados
   (e) Subtipo de política de desenvolvimento, voltada para a abertura de novas empresas

6. Política majoritária é:
   (a) Aquela em que os custos são concentrados e os benefícios são concentrados
   (b) Aquela em que os custos são concentrados e os benefícios são difusos
   (c) Aquela em que os custos são difusos e os benefícios são difusos
   (d) Aquela em que os custos são difusos e os benefícios são concentrados
   (e) Aquela que foi votada e aprovada em regra de maioria simples (50% + 1)

7. É exemplo típico de política de "sala de reuniões" (GORMLEY, 1986):
   (a) Regulamentação de percentuais tolerados de glúten nos biscoitos
   (b) Regulamentação de aborto de fetos anencéfalos
   (c) Proibição dos bingos em território nacional
   (d) Programa de transferência de renda para pessoas atingidas pela enchente
   (e) Lei de restrições à liberdade de expressão dos jornalistas e meios de comunicação

8. Política simbólica é:
   (a) Relacionada a temas como hino e hasteamento da bandeira nacional
   (b) Elaborada por político de grande expressão nacional
   (c) Elaborada de forma urgente
   (d) Elaborada mais para "fazer de conta", do que para resolver o problema público
   (e) Aquela que serve somente como experimento (ver se funciona na prática)

9. Quanto à tipologia de Bozeman e Pandey (2004), é correto afirmar:
   (a) As políticas de conteúdo técnico são decididas por técnicos
   (b) As políticas de conteúdo técnico são decididas por políticos
   (c) As políticas de conteúdo político são decididas por políticos
   (d) As políticas de conteúdo político são decididas por técnicos
   (e) As políticas contêm simultaneamente aspectos técnicos e políticos

2.10 QUESTÕES DE CONCURSOS PÚBLICOS E EXAMES NACIONAIS

1. (Vunesp – EPP/Estado de São Paulo promoção interna, 2017) O jornal *Estadão*, de 7 de julho de 2017, apresenta em seu editorial o texto intitulado *A USP se rende às cotas*. Nos últimos parágrafos, o jornal apresenta – de maneira explícita – a sua discordância sobre a decisão da Universidade de São Paulo de adotar as cotas sociais e raciais nos cursos de graduação, escrevendo:

   > A cota não é solução. Nossas universidades estão tomando iniciativas para responder a demandas muito mais políticas do que acadêmicas. As melhores universidades do mundo consomem enorme energia para selecionar os melhores e, com as cotas, viola-se isso. [...] A verdade é que, após anos de pressões dentro e fora da comunidade acadêmica, a USP acabou cedendo. [...] A USP pode ter cedido num ponto vital para a manutenção de sua qualidade acadêmica.

   Pela passagem, torna-se patente que as políticas públicas de cotas raciais no Brasil contrapõem interpretações e geram conflitos de interesse antagônicos, e, pela classificação de Theodore Lowi, é considerada uma política pública
   - (a) de ação afirmativa.
   - (b) simbólica ou pseudopolítica.
   - (c) redistributiva.
   - (d) de audiência ou pressão social.
   - (e) clientelista.

2. (Vunesp – EPP/Estado de São Paulo promoção interna, 2017) Leia o trecho e responda à questão.

   > GABINETE DO SECRETÁRIO ESTADUAL DE TURISMO
   > Resolução n. 14, de 21 de junho de 2016.
   > Estabelece parâmetros para elaboração do Plano Diretor de Turismo dos municípios e dá outras providências. O Secretário de Turismo do Estado de São Paulo, conforme Lei Complementar Estadual n. 1.261, de 29 de abril de 2015, resolve:
   > Artigo 1º – O Plano Diretor de Turismo do Município deverá ser elaborado pelo órgão de turismo da Prefeitura ou [...], com a aprovação do Comtur e da Câmara Municipal.

   Supondo que esse Plano Diretor de Turismo seja obrigatório para todos os municípios paulistas, é provável que muitas prefeituras elaborem esse instrumento somente para atender à lei, tal como ocorre com o Plano Diretor de Ordenamento Territorial. Nesse caso, o planejamento se desdobra em uma peça e não em um instrumento que, de fato, considere os problemas existentes e formule as possíveis ações governamentais. Considerando tais características, assinale a alternativa que descreve essa tipologia de política pública.
   - (a) Na tipologia de Gustafsson, seria um caso de política sem sentido, uma vez que os tomadores de decisão não possuem conhecimentos para elaboração das políticas nem intenção de resolver os problemas.
   - (b) Na tipologia de Wilson, seria um caso de política majoritária, pois revela a intenção da manutenção do *status quo* dos tomadores de decisão.

(c) Na tipologia de Lowi, seria um caso de política constitutiva, pois altera significativamente o funcionamento de toda a dinâmica local, ainda que tenha sido elaborada sem o devido rigor.

(d) Na tipologia de Bozeman e Pandey, seria um caso de uma política de conteúdo político, já que revela a intenção de atender a grupos de interesse e não aos anseios sociais.

(e) Na tipologia de Gormley, seria um caso de política de baixo escalão, pois transparece a pequena importância dessa política na realidade local diante dos custos envolvidos para sua adequada elaboração.

3. (Vunesp – APPGG/Município de São Paulo, 2015 – modificada) O transporte público na cidade de São Paulo, assim como em grandes cidades brasileiras, representa tipicamente uma política pública:
   (a) Redistributiva.
   (b) Empreendedora.
   (c) Majoritária.
   (d) Regulatória.
   (e) Distributiva.

4. (Ceperj – EPPGG/Estado do Rio de Janeiro, 2013) A utilização do imposto progressivo é uma estratégia utilizada no planejamento de políticas públicas:
   (a) Efetivas.
   (b) Regulatórias.
   (c) Progressivas.
   (d) Redistributivas.
   (e) Alocativas.

5. (Vunesp – AGPP/Município de São Paulo, 2016) Leia o trecho.

   > Art. 1º – Fica criado o Programa de Restrição ao Trânsito de Veículos Automotores no Município de São Paulo [...].
   > Art. 2º – O Programa ora criado objetiva a melhoria das condições do trânsito, por meio da redução do número de veículos em circulação nas vias públicas, com base no dígito final da placa de licenciamento, ficando proibida a circulação, nos horários fixados [...].

   Trata-se de um excerto do Decreto n. 37.085, de 3 de outubro de 1997, que regulamentou a lei que instituía o rodízio de veículos automotores na cidade de São Paulo. Tal decisão do poder público municipal, na época experimental e que se tornou permanente, caracteriza-se como uma política pública
   (a) estabilizadora.
   (b) alocativa.
   (c) distributiva.
   (d) constitutiva.
   (e) regulatória.

6. (Vunesp – AGPP/Município de São Paulo, 2016 – modificada) Assinale a alternativa que apresenta uma política pública especificamente redistributiva, considerando a tipologia e os critérios de Theodore Lowi.
   (a) Redução do limite de velocidade em ruas, avenidas e marginais.
   (b) Programa de reforma agrária em grandes propriedades rurais improdutivas.
   (c) Definição de regras de participação da sociedade civil nas políticas públicas.
   (d) Implantação de praças de atendimento ao cidadão em órgãos públicos.
   (e) Gratuidade na passagem de transporte coletivo municipal para idosos.

7. (FGV – APPGG/Município de Niterói, 2018) Leia o trecho a seguir.
   A política pública financiada pela _____, que visa distribuir gratuitamente aparelhos auditivos para crianças com deficiência auditiva grave, é do tipo _____.
   Assinale a opção cujos termos completam corretamente as lacunas do trecho acima.
   (a) sociedade como um todo/ distributiva
   (b) camada mais rica da sociedade/ distributiva
   (c) sociedade como um todo/ redistributiva
   (d) camada mais rica da sociedade/ regulatória
   (e) sociedade como um todo/ regulatória

8. (FMP – TCE/Estado do Rio Grande do Sul, 2011) A literatura sobre análise de políticas públicas diferencia três dimensões da política. Sobre essas dimensões, avalie as afirmativas.
   I. A dimensão institucional (*polity*) cuida dos conteúdos materiais concretos, da configuração dos programas políticos, dos problemas técnicos e do conteúdo material das decisões políticas.
   II. A dimensão processual (*politics*) concentra-se no processo político, frequentemente de caráter conflituoso, no que diz respeito à imposição de objetivos, aos conteúdos e às decisões de distribuição.
   III. A dimensão material (*policy*) diz respeito à ordem do sistema político, delineada pelo sistema jurídico, e à estrutura institucional do sistema político-administrativo.
   As afirmações I, II e III são:
   (a) verdadeira, verdadeira, verdadeira.
   (b) falsa, falsa, falsa.
   (c) falsa, verdadeira, verdadeira.
   (d) verdadeira, falsa, falsa.
   (e) falsa, verdadeira, falsa.

9. (Vunesp – Executivo Público/Estado de São Paulo, 2011 – modificada) Sobre o conceito e a aplicação das Políticas Públicas, assinale a alternativa correta.
   (a) O tipo ou modelo de Estado não tem influência nas políticas públicas.

(b) As políticas públicas atêm-se somente aos aspectos sociais.

(c) Principalmente as pessoas ditas vulneráveis são o motivo da existência de políticas públicas.

(d) As políticas públicas nunca serão o resultado puramente da análise técnica e racional sobre um determinado problema.

(e) As relações internacionais estão fora do âmbito das políticas públicas.

10. (Esaf – EPPGG/Governo Federal, 2008) Os estudos de políticas públicas indicam que a partir dos interesses dos atores políticos as estruturas de poder, correlações de força ou arenas de políticas públicas se originam, se estabilizam ou se transformam. Assinale a única característica comum entre as políticas regulatórias e redistributivas.

(a) Arena formada por interesses exclusivos, contrapostos e conflituosos em torno de uma mesma questão.

(b) Arena de conflito e negociação, que obriga os atores a coalizões ou transações de concessão recíproca.

(c) Conflitos que emergem ou desaparecem segundo as questões em disputa e os grupos potencialmente prejudicados ou beneficiados.

(d) Lideranças consolidadas e permanentes, que contam com poderosas associações civis e políticas para a defesa de seus interesses.

(e) Sanções de alta intensidade: aplicam-se direta e imediatamente contra os que resistem aos seus imperativos.

11. (FGV – ATJ/Poder Judiciário da Bahia, 2015 – modificada) O conceito de políticas públicas tem sido discutido por inúmeros autores desde meados do século XX, que coincidem no entendimento geral e nas características essenciais. O formato concreto de cada política está vinculado a cada sociedade específica. Sobre as políticas públicas, é correto afirmar que:

(a) Englobam um fluxo de decisões públicas, orientado a manter o equilíbrio social ou a introduzir desequilíbrios destinados a modificar essa realidade.

(b) Definem estratégias que apontam para uma única finalidade, que, de alguma forma, atende aos diversos grupos que participam do processo decisório.

(c) O processo de políticas públicas tende a desconsiderar as incertezas decorrentes das rápidas mudanças do contexto.

(d) O processo de políticas públicas ocorre por meio de uma racionalidade manifesta, que configura ordenação lógica da atuação de cada um dos envolvidos.

(e) Os tomadores de decisão no processo de políticas públicas tendem a assumir posturas semelhantes independentemente do ambiente social em que se encontram.

12. (FCC – EPP/Estado de São Paulo, 2009 – modificada) De acordo com a tipologia de políticas públicas proposta por Theodore Lowi:

(a) As políticas redistributivas podem resultar em uma mudança nos padrões de distribuição da riqueza de uma sociedade.

(b) As políticas funcionais provocam conflitos porque procuram modificar as regras constitucionais pelas quais as classes trabalhadoras aumentam sua força política.
(c) As políticas redistributivas sempre alcançam grande nível de consenso político porque seu objetivo é a redução das desigualdades sociais.
(d) O objetivo de toda política distributiva é a organização da atividade econômica, de maneira a assegurar a proteção dos cidadãos contra os abusos do poder econômico.
(e) O baixo nível de conflito de interesses que ocorre nas arenas regulatórias explica o motivo pelo qual os governos no mundo globalizado vêm tentando reduzir o intervencionismo no mercado e na sociedade civil.

Ciclo de políticas públicas

O processo de elaboração de políticas públicas (*policy-making process*) também é conhecido como **ciclo de políticas públicas** (*policy cycle*). Este é um esquema de visualização e interpretação que organiza a vida de uma política pública em fases sequenciais e interdependentes. Seu proponente precursor foi Harold D. Lasswell no livro *The Decision Process* (1956), que depois foi revisto, criticado e aprimorado por diversos autores (JANN; WEGRICH, 2007).

Apesar de várias versões já desenvolvidas para visualização do ciclo de políticas públicas, restringimos o modelo às sete fases principais: 1) identificação do **problema**, 2) formação da **agenda**, 3) **formulação de alternativas**, 4) **tomada de decisão**, 5) **implementação**, 6) **avaliação** e 7) **extinção**.

O ciclo de políticas públicas, ainda que tenha utilidade heurística, raramente reflete a real dinâmica ou vida de uma política pública. As fases geralmente se apresentam misturadas, as sequências se alternam (**Figura 3.1**). Wildavsky (1979), por exemplo, sustenta que em alguns contextos a identificação do **problema** está mais relacionada ao fim do processo do que ao início, e as fases de avaliação geralmente acontecem antes do escrutínio do problema. Cohen, March e Olsen (1972) elaboraram o "**modelo da lata do lixo**"[1] para descrever que so-

---

1 A lata do lixo serve como metáfora da anarquia decisória nas organizações. Segundo Cohen, March e Olsen (1972), as organizações produzem muitos problemas e muitas soluções para estes. Inúmeros problemas e soluções são descartados diariamente em uma lata de lixo. Os tomadores de decisão recorrem a essa lata de lixo quando necessitam combinar soluções a problemas.

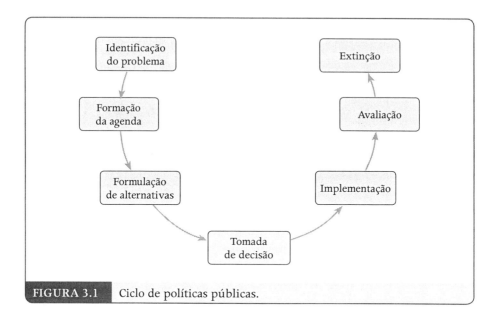

FIGURA 3.1 Ciclo de políticas públicas.

luções muitas vezes nascem antes dos problemas. Alguns acadêmicos afirmam que não há um ponto de início e um ponto de finalização de uma política pública, e que seu processo é incerto, as decisões e revisões são constantes, e as fronteiras entre as fases não são nítidas.

Apesar de todas essas ponderações, o ciclo de políticas públicas tem uma grande utilidade: ajuda a organizar as ideias, faz que a complexidade de uma política pública seja simplificada e ajuda políticos, administradores e pesquisadores a criar um referencial comparativo para casos heterogêneos.

Veremos, a seguir, cada uma das fases do ciclo de política pública separadamente.

3.1 IDENTIFICAÇÃO DO PROBLEMA

Um problema é a discrepância entre o *status quo* e uma situação ideal possível. Um problema público é a diferença entre o que é e aquilo que se gostaria que fosse a realidade pública. Um problema público pode aparecer subitamente, por exemplo, uma catástrofe natural que afete a vida de pessoas de determinada região. Um problema público também pode ganhar importância aos poucos, como o congestionamento nas cidades ou a progressiva burocratização de procedimentos e serviços públicos. Um problema público pode estar presente por muito tempo, porém não receber suficiente atenção porque a coletividade aprendeu a conviver com ele, como o caso da favelização das periferias das grandes cidades.

Um problema nem sempre é reflexo da deterioração de uma situação de determinado contexto, mas sim de melhora da situação em outro contexto. Por exemplo, a falta de acesso pavimentado de um pequeno município à malha viária estadual passa a ser percebida como um problema relevante a partir do momento em que o município vizinho é contemplado com esse tipo de obra. Às vezes, se meu vizinho compra um carro novo, eu começo a perceber meu carro como velho.

Para Sjöblom (1984), a identificação do problema público envolve:

- A percepção do problema: um problema público não existe senão na cabeça das pessoas. Um problema público, portanto, é um conceito subjetivo ou, melhor ainda, intersubjetivo. Uma situação pública passa a ser insatisfatória a partir do momento em que afeta a percepção de muitos atores relevantes.
- A definição ou delimitação do problema: a delimitação do problema envolve definir quais são seus elementos, e sintetizar em uma frase a essência dele. No momento de delimitação de um problema, também são criados os norteadores para as definições do conjunto de causas, soluções, culpados, obstáculos, avaliações. Exatamente por isso a delimitação de um problema público é politicamente crucial no processo de elaboração de uma política pública. Há de se destacar, no entanto, que qualquer definição oficial do problema é temporária. Nas fases sucessivas de formulação das alternativas e, principalmente, na implementação, os problemas públicos são redefinidos e adaptados por políticos, burocratas e os próprios **destinatários da política pública**.
- A avaliação da possibilidade de solução: costuma-se dizer que um problema sem solução não é um problema. É claro que nem sempre as políticas públicas são elaboradas para resolver completamente um problema, e sim apenas para mitigá-lo ou diminuir suas consequências negativas. No entanto, dificilmente um problema é identificado socialmente se não apresenta potencial de solução.

Os **partidos políticos**, os agentes políticos e as organizações não governamentais são alguns dos **atores** que se preocupam constantemente em identificar problemas públicos. Do ponto de vista racional, esses atores encaram o problema público como matéria-prima de trabalho, e um político encontra nos problemas públicos uma oportunidade para demonstrar seu trabalho ou, ainda, uma justificativa para a sua existência. A partir do momento em que uma espécie da fauna entra em extinção, e isso vem a conhecimento público, surge a oportunidade de criação de uma entidade de defesa daquela espécie. A partir do momento em que um produto importado começa a atrapalhar um setor industrial, surge a oportunidade política de defender os interesses desse setor industrial.

Se um problema é identificado por algum ator político, e esse ator tem interesse na sua resolução, este poderá então lutar para que tal problema entre na lista de prioridades de atuação. Essa lista de prioridades é conhecida como agenda.

3.2 FORMAÇÃO DA AGENDA

A **agenda** é um conjunto de problemas ou temas entendidos como relevantes. Ela pode tomar forma de um programa de governo, um **planejamento orçamentário**, um estatuto partidário ou, ainda, de uma simples lista de assuntos que o comitê editorial de um jornal entende como importantes.

De acordo com Cobb e Elder (1983), existem dois tipos de agenda:

- agenda política: também conhecida como agenda sistêmica, é o conjunto de problemas ou temas que a **comunidade política** percebe como merecedor de intervenção pública; e
- agenda formal: também conhecida como agenda institucional, é aquela que elenca os problemas ou temas que o poder público já decidiu enfrentar.

Existe, ainda, a **agenda da mídia**, ou seja, a lista de problemas que recebe atenção especial dos diversos meios de comunicação. O poder que a mídia tem sobre a opinião pública é tamanho que, não raras vezes, a agenda da mídia condiciona as agendas políticas e institucionais.

Em uma abordagem multicêntrica de políticas públicas, entende-se que existam múltiplas agendas dos *policymakers*. Uma confederação de sindicatos de trabalhadores tem a sua agenda, que pode ser bem diferente da agenda de uma federação de indústrias, e em partes convergente com a agenda de um organismo internacional como a Organização Internacional do Trabalho (OIT).

Os problemas entram e saem das agendas. Eles ganham notoriedade e relevância, e depois desinflam. Como destaca Subirats (1989), a limitação de recursos humanos, financeiros, materiais, a falta de tempo, a falta de vontade política ou a falta de pressão popular podem fazer que alguns problemas não permaneçam por muito tempo, ou nem consigam entrar nas agendas.

Uma das teorias mais referenciadas sobre a estabilidade e a mudança das agendas é a teoria do equilíbrio pontuado de Baumgartner e Jones (1993) (**Figura 3.2**). Segundo esses autores, a agenda reveza períodos de estabilidade de problemas e períodos de emergência de problemas. Os períodos de estabilidade são reflexos de pressões políticas de manutenção do *status quo* e de restrições institucionais que coíbem a mudança da agenda. Os períodos de ruptura (ascensão de novos problemas ou redefinição de velhos problemas) são reflexos da mudança da compreensão da essência do problema (informações empíricas), de novos apelos emotivos em torno de algum problema, e de empreendedores de políticas públicas que são capazes de inserir ou inflar certos problemas na agenda (Capella, 2007).

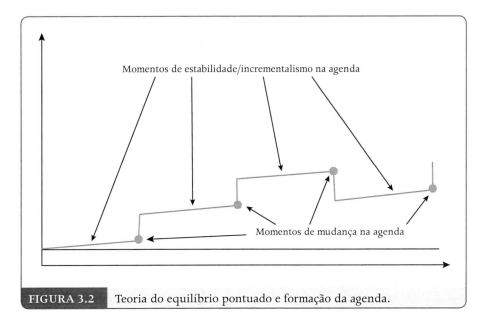

FIGURA 3.2 Teoria do equilíbrio pontuado e formação da agenda.

Peters e Hogwood (1985) fizeram uma análise da ascensão e declínio de temas na agenda formal dos Estados Unidos e concluíram que há um ciclo de atenção dos problemas: 1) a fase anterior à percepção do problema; 2) a fase de descoberta e entusiasmo eufórico; 3) a fase de percepção dos custos de progressos significativos; 4) a fase de declínio gradual da atenção pública; 5) a fase pós-problema. Na análise da agenda formal do Governo Federal norte-americano fica evidente que áreas como defesa nacional ganharam enorme atenção nos anos 1940, por conta da Segunda Guerra Mundial, e temas de conservação do meio ambiente começaram a ganhar progressiva atenção a partir dos anos 1960.

As agendas listam prioridades de atuação, e como já dizia um ex-candidato à Presidência da República do Brasil: "a maior dificuldade para o político não é estabelecer quais serão as prioridades. A maior dificuldade é ordenar as prioridades".

Secchi (2016) classifica os tipos de problemas de acordo com o diagnóstico da tendência do problema (**Figura 3.3**). Neste sentido, existem problemas súbitos, problemas incrementais, problemas em declínio, problemas estáveis e problemas cíclicos.

Os problemas súbitos são aqueles que entram de supetão na agenda. Ninguém prestava atenção a esse problema e, após algum fenômeno extremo, passou a ser percebido pelas pessoas. Exemplos são uma catástrofe climática, um escândalo de corrupção descoberto ou o incêndio em um Museu Nacional, como ocorreu no Rio de Janeiro em 2018.

Os problemas incrementais são aqueles que ganham espaço progressivo na agenda como, por exemplo, o aumento gradual dos congestionamentos nas grandes cidades (incrementalidade positiva).

Os problemas em declínio são aqueles que, ao contrário, perdem espaço progressivamente na agenda. Exemplo disto é a melhoria do saneamento básico nas grandes cidades, causando declínio gradual dos problemas relacionados à higiene e doença, como a cólera, diarreia, hepatite e amebíase.

Problemas estáveis são aqueles que nem avançam nem retrocedem na agenda ao longo do tempo. São problemas constantes como, por exemplo, a precariedade das calçadas no Brasil.

Os problemas cíclicos ganham ou perdem espaço na agenda de acordo com a sazonalidade, em algumas épocas são mais visíveis e em outras entram em dor-

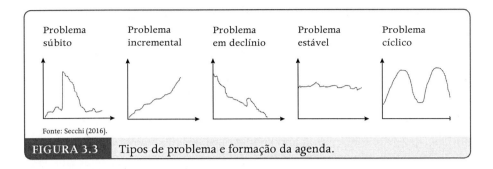

FIGURA 3.3 Tipos de problema e formação da agenda.

mência. Exemplos de problemas cíclicos são a compra de votos, que acontecem nos anos eleitorais, e a inundação sazonal das margens habitadas dos rios da região amazônica.

Segundo Cobb e Elder (1983), existem três condições para que um problema entre na agenda política:

- atenção: diferentes atores (cidadãos, **grupos de interesse**, **mídia** etc.) devem entender a situação como merecedora de intervenção. Às vezes essa atenção é pública, geral; outras a atenção é levantada por grupos especializados ou mais sensíveis ao problema, mesmo sendo desconhecido pela população em geral;
- resolutividade: as possíveis ações devem ser consideradas necessárias e factíveis;
- competência: o problema deve tocar responsabilidades públicas.

Geralmente, quando acadêmicos ou jornalistas mencionam "agenda", eles se referem à agenda formal.

3.3 FORMULAÇÃO DE ALTERNATIVAS

A partir da introdução do problema na agenda, os esforços de construção e combinação de soluções para os problemas são cruciais. Idealmente, a formulação de soluções passa pelo estabelecimento de objetivos e estratégias e o estudo das potenciais consequências de cada alternativa de solução.

De acordo com Schattschneider (1960, p. 68), "a definição das alternativas é o instrumento supremo de poder, porque a definição de alternativas é a escolha dos conflitos, e a escolha dos conflitos aloca poder".[2]

---

2 Tradução livre do original em inglês.

A formulação de alternativas de solução se desenvolve por meio de escrutínios formais ou informais das consequências do problema, e dos potenciais custos e benefícios de cada alternativa disponível.

O estabelecimento de objetivos é o momento em que políticos, **analistas de políticas públicas** e demais atores envolvidos no processo resumem o que esperam que sejam os **resultados da política pública**. Os objetivos podem ser estabelecidos de maneira mais frouxa (por exemplo, melhorar a assistência social do município, diminuir o nível de desemprego) ou de maneira mais concreta (por exemplo, reduzir em 20% o número de sequestros, no município X, nos próximos seis meses). Quanto mais concretos forem os objetivos, mais fácil será verificar a **eficácia** da política pública. No entanto, sabemos que em muitas ocasiões o estabelecimento de metas é tecnicamente dificultoso, como nos casos em que resultados quantitativos da política pública não conseguem mensurar elementos qualitativos mais importantes. O estabelecimento de metas também pode ser politicamente indesejável, como nos casos em que as probabilidades de sucesso são baixas e a frustração de metas traria prejuízos administrativos e políticos insuportáveis. Não obstante, o estabelecimento de objetivos é importante para nortear a construção de alternativas e as posteriores fases de tomada de decisão, implementação e avaliação de eficácia das políticas públicas.

A etapa de construção de alternativas é o momento em que são elaborados métodos, programas, estratégias ou ações que poderão alcançar os objetivos estabelecidos. Um mesmo objetivo pode ser alcançado de várias formas, por diversos caminhos.

Para que cada uma dessas alternativas nasça, faz-se necessário um esforço de inspiração e, posteriormente, de imaginação dos contornos e detalhes práticos da proposta. Cada uma das alternativas vai requerer diferentes recursos técnicos, humanos, materiais e financeiros, além de ter chances diferentes de ser eficaz.

O *policymaker* tem à disposição quatro mecanismos genéricos para indução de comportamento:[3]

---

[3] As bases teóricas desses mecanismos são as três formas de poder: poder econômico, poder político e poder ideológico (Bobbio, 2002), ou em linguagem metafórica: cenoura (premiação), chicote (coerção) e sermão (conscientização). (Bemelmans-Videc, Rist e Vedung, 1998). As soluções técnicas potencializam os três mecanismos anteriores.

> **EXEMPLO** *Alternativas para enfrentar a pichação nas grandes cidades*
>
> Pensemos no problema da pichação de muros e paredes em espaços públicos das grandes cidades. Se o objetivo é a redução das pichações ou o desconforto visual causado pelas pichações, o *policymaker* pode construir estratégias totalmente diferentes: a) criar leis mais severas para os infratores; b) garantir que as leis vigentes sejam efetivamente respeitadas e aplicar punições do estilo tolerância zero; c) instalar mais câmeras de vigilância; d) fazer campanhas de conscientização com a comunidade pichadora; e) desenvolver mecanismos de recompensa material para delatores; f) criar espaços propícios para que os pichadores possam expressar-se; g) criar escolas de conversão artística dos pichadores; h) destinar verba pública contínua para a recuperação constante de muros e paredes; i) revestir todos os imóveis ou muros com uma tinta especial não aderente aos aerossóis comercializados atualmente.
>
> Esse mesmo problema pode ser definido de forma inversa: a pichação é uma arte, e o problema está na falta de sensibilidade artística da população. Nesse caso, a alternativa seria: j) fazer campanhas de conscientização para que a população passasse a perceber a pichação como uma arte de vanguarda.

1 – Premiação: influenciar comportamento com estímulos positivos, como no caso das alternativas *e*, *f* e *g* do exemplo anterior.
2 – Coerção: influenciar comportamento com estímulos negativos, como no caso das alternativas *a* e *b* do exemplo dado.
3 – Conscientização: influenciar comportamento por meio da construção e apelo ao senso de dever moral, como nas alternativas *d* e *j* do exemplo anterior.
4 – Soluções técnicas: não influenciar comportamento diretamente, mas sim aplicar soluções práticas que venham a influenciar comportamento de forma indireta, como nos casos das alternativas *c*, *h* e *i* do exemplo dado.

Cada um desses mecanismos também tem implicações nos custos de elaboração da política e nos tempos requeridos para perceber efeitos práticos sobre os comportamentos. Alguns mecanismos são mais propícios em certas situações e desastrosos em outras. Usar mecanismo de premiação para a coleta seletiva de lixo ou para a economia de energia elétrica pode se demonstrar eficaz. Já uma política pública que se baseia na conscientização como mecanismo para a redução da criminalidade pode se revelar absolutamente frustrante.

Esses mecanismos genéricos são uma versão sintetizada dos **instrumentos de políticas públicas**. Mais à frente, na discussão de implementação de políticas públicas, serão demonstrados os instrumentos de políticas públicas mais utilizados para transformar diretrizes em ações coordenadas.

A avaliação *ex ante* ou análise prescritiva de políticas públicas (*policy analysis*) é um trabalho de investigação das possíveis consequências de cada alternativa com objetivo de trazer informações que ajudem o processo decisório de política pública.

Existem duas tradições de análise prescritiva de políticas públicas: a análise racionalista e a análise argumentativa (SECCHI, 2016). A análise racionalista é aquela que privilegia a investigação de evidências, a ênfase na competência técnica e na comparação de alternativas quanto aos seus custos e benefícios de maneira estruturada (WEIMER; VINING, 2011). Já a análise argumentativa prefere a participação, argumentação e deliberação dos atores políticos de maneira a chegar numa formulação negociada da política pública (FISCHER, 2015).

Enquanto a análise racionalista utiliza prevalentemente projeções e predições, a análise argumentativa usa outros métodos que se baseiam nas experiências dos atores, como as conjecturas para a avaliação *ex ante* de alternativa de política pública.

As projeções se baseiam na prospecção de tendências presentes ou historicamente identificadas, a partir de dados apresentados na forma de séries temporais (DUNN, 1993). As projeções são eminentemente empírico-indutivas, ou seja, baseiam-se em fatos passados ou atuais experimentados em determinado setor de política pública ou entre setores similares. Esse trabalho depende de fontes seguras de informações quantitativas e qualitativas, tais como tendências de crescimento populacional, tendências de crescimento econômico, tendências na arrecadação tributária, variações no índice de desenvolvimento humano (IDH) etc.

As predições se baseiam na aceitação de teorias, proposições ou analogias, e tentam prever as consequências das diferentes políticas (DUNN, 1993). Esse trabalho é eminentemente teórico-dedutivo, ou seja, inicia em axiomas ou pressupostos já consolidados para, então, tentar "prever" resultados, comportamentos, efeitos econômicos. Entre os métodos disponíveis para realizar predições estão: a teoria dos jogos, o método Delphi, as estimativas de **eficiência econômica (*input* versus *output*)**, a programação linear, a análise de correlações e regressões estatísticas, a estimação de parâmetros, as árvores de decisão.

Por fim, as conjecturas são juízos de valor criados a partir de aspectos intuitivos ou emocionais dos ***policymakers***. Por serem intuitivas, geralmente se baseiam no conhecimento e experiência dos **políticos**, de **burocratas de linha de frente** e **destinatários da política pública** que já têm experiência suficiente para entender as nuanças de dada área de política pública. Reuniões, debates e fóruns são os meios mais utilizados como suporte para as conjecturas.

A disponibilidade de técnicas para construção e avaliação *ex ante* de alternativas é notória, como também são notórios os custos e as dificuldades para a realização desse tipo de tarefa. Projeções, predições e conjecturas são utilizadas para conseguir melhor aproximação dos acontecimentos do futuro por meio de um caminho menos adivinhatório ou baseado na sorte. Alguns dos maiores problemas para todo esse esforço são a instabilidade e complexidade das condições sociais que dificultam qualquer trabalho de previsão, a falta de informações atualizadas, consistentes e confiáveis e a falta de recursos financeiros e tempo para a realização de estudos mais elaborados.

Por conta desses obstáculos, as conjecturas não estruturadas acabam sendo a técnica largamente utilizada quando não estão disponíveis suficientes recursos e tempo para realizar predições ou projeções mais sistemáticas.

3.4 TOMADA DE DECISÃO

No processo de elaboração de política pública, a tomada de decisões é vista como a etapa que sucede a formulação de alternativas de solução. A tomada de decisão representa o momento em que os interesses dos atores são equacionados e as intenções (objetivos e métodos) de enfrentamento de um problema público são explicitadas.

Existem três formas de entender a dinâmica de escolha de alternativas de solução para problemas públicos:

1 – Os tomadores de decisão têm problemas em mãos e correm atrás de soluções: a tomada de decisão *ad hoc* com base no estudo de alternativas, ou seja, toma-se o problema já estudado, os objetivos já definidos e então busca-se escolher qual alternativa é mais apropriada em termos de custo, rapidez, sustentabilidade, equidade ou qualquer outro critério para a tomada de decisão (**Figura 3.4**).

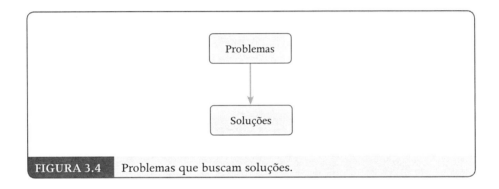

FIGURA 3.4   Problemas que buscam soluções.

2 – Os tomadores de decisão vão ajustando os problemas às soluções, e as soluções aos problemas: o nascimento do problema, o estabelecimento de objetivos e a busca de soluções são eventos simultâneos e ocorrem em um processo de "comparações sucessivas limitadas" (LINDBLOM, 1959)[4] (**Figura 3.5**).

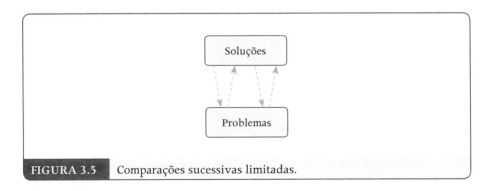

FIGURA 3.5   Comparações sucessivas limitadas.

---
4   Uma tradução para o português desse artigo seminal de Lindblom está disponível em Heidemann e Salm (2009b).

3 – Os tomadores de decisão têm soluções em mãos e correm atrás de problemas: um empreendedor de política pública já tem predileção por uma proposta de solução existente, e então luta para inflar um problema na opinião pública e no meio político de maneira que sua proposta se transforme em política pública (**Figura 3.6**).

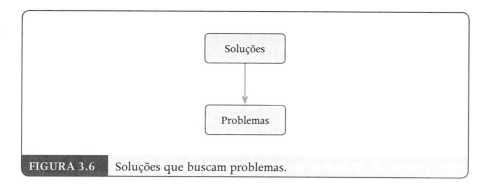

FIGURA 3.6 Soluções que buscam problemas.

O primeiro entendimento, o de que problemas nascem primeiro e depois são tomadas as decisões, está presente nos chamados modelos de racionalidade:

- Modelo de racionalidade absoluta: proposto originalmente pelo matemático holandês Jan Tinbergen, a decisão é considerada uma atividade puramente racional, em que custos e benefícios das alternativas são calculados pelos atores políticos para encontrar a melhor opção possível (*the one best way*).
- Modelo de racionalidade limitada: proposto pelo economista Herbert Simon, o qual reconhece que os tomadores de decisão sofrem de limitações cognitivas e informativas, e que os atores não conseguem entender a complexidade com que estão lidando. "É impossível para o comportamento de um indivíduo isolado alcançar um mínimo grau de racionalidade. O número de alternativas que ele deve explorar é tão grande, e as informações de que ele necessitaria são tão vastas, que é difícil conceber qualquer aproximação à racionalidade objetiva" (SIMON, 1947, p. 9).[5] Portanto, nesse modelo, a tomada de decisão é interpretada como um esforço para escolher opções satisfatórias, mas não necessariamente ótimas.

---

5 Tradução livre do original em inglês.

Em ambos os modelos de racionalidade há o entendimento de que a tomada de decisão obedece a alguns passos sequenciais, em um padrão ideal. Os passos são aqueles apresentados no modelo ideal de *policy cycle*: definição do problema, estabelecimento de objetivos, construção de soluções, decisão sobre alternativas estudadas, e assim por diante. Embora seja um bom modelo didático, o modelo de racionalidade esbarra em algumas dificuldades: nem sempre o problema é claro, nem sempre os objetivos são claros ou coerentes com o problema, nem sempre existem soluções, nem sempre (ou quase nunca) é possível fazer uma comparação imparcial sobre alternativas de solução, nem sempre há tempo ou recursos para tomadas de decisão estruturadas. E o mais frustrante dessa história toda: frequentemente, após serem tomadas as decisões, as políticas públicas não se concretizam conforme idealizadas no momento do planejamento, seja por falta de habilidade administrativo-organizacional, seja por falta de legitimidade da decisão ou pela presença de interesses antagônicos entre aqueles que interferem na implementação da política pública.

Em contraste com os modelos racionais de tomada de decisão, Charles E. Lindblom propôs um modelo inspirado no método mais corriqueiro que os tomadores de decisão usam: o incrementalismo. O **modelo incremental** comporta três características principais: 1) problemas e soluções são definidos, revisados e redefinidos simultaneamente e em vários momentos da tomada de decisão; 2) as decisões presentes são consideradas dependentes das decisões tomadas no passado e os limites impostos por instituições formais e informais são barreiras à tomada de decisão livre por parte do *policymaker*. Segundo Lindblom (1959), a tomada de decisões é um processo de imitação ou de adaptação de soluções já implementadas em outros momentos ou contextos; 3) as decisões são consideradas dependentes dos interesses dos atores envolvidos no processo de elaboração da política pública e, por isso, muitas vezes a solução escolhida não é a *melhor opção*, mas sim aquela que foi politicamente lapidada em um processo de construção de consensos e de ajuste mútuo de interesses.

O modelo de Lindblom afasta-se do racionalismo, pois acredita que, em situações de alta complexidade, como geralmente são as situações que envolvem a elaboração de uma política pública, o elemento político fala mais alto que o elemento técnico. Em uma situação de tomada de decisão sobre determinada **política regulatória**, por exemplo, no campo da prestação de serviços médicos privados, pode-se optar por estabelecer um marco regulatório rígido e detalhado (a favor do interesse dos usuários) ou um marco regulatório frouxo (a favor da sustentabilidade econômica dos prestadores de serviço). A presença de grupos de pressão em uma arena decisória e a força dos representantes de usuários, de prestadores de serviço e de outros **stakeholders** vão influenciar em qual ponto do *continuum* "regulação detalhada – regulação frouxa" será alcançado um equilíbrio ou consenso.

A terceira forma de entender a dinâmica de tomada de decisões é aquela em que os *policymakers* primeiro criam soluções para depois correr atrás de um problema para solucionar. John Kingdon (1984) reforçou esse tipo de interpretação com o aperfeiçoamento do **modelo dos fluxos múltiplos**, argumentando que o nascimento de uma política pública é muito dependente da confluência de problemas, soluções e condições políticas favoráveis.

Segundo esse modelo interpretativo, o fluxo dos problemas é dependente da atenção do público. O fluxo das soluções (*policy*) depende da atuação de **empreendedores de políticas públicas**, pessoas que querem ver suas soluções implementadas. O fluxo da política (*politics*) varia de acordo com eventos especiais, como o desenho e a aprovação de **orçamento público**, reeleições, substituições de membros do Executivo, refinanciamento de programas públicos etc. Uma **janela de oportunidade** (*policy window*) é a possibilidade de convergência desses três fluxos, um momento especial para o lançamento de soluções em situações políticas favoráveis. Essas **janelas de oportunidades** são consideradas raras e permanecem abertas por pouco tempo (**Figura 3.7**).

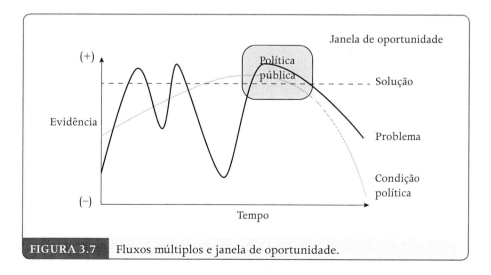

FIGURA 3.7 Fluxos múltiplos e janela de oportunidade.

O modelo dos fluxos múltiplos é interpretativo e adaptado do **modelo da lata do lixo** de Cohen, March e Olsen (1972). Esses estudiosos da teoria organizacional propuseram a interpretação de que as decisões são meros encontros casuais dos problemas, das soluções e das oportunidades de tomada de decisão.

São muitos os exemplos de soluções apoiadas por empreendedores de políticas públicas que foram colocadas em prática: programas de renda mínima, lei para regulamentação da adoção de menores, pacotes de reforma administrativa, sistemas de avaliação dos ensinos médio e superior. Empreendedores de políticas públicas, sejam eles governamentais, sejam não governamentais, buscam deixar suas marcas por meio de políticas públicas adotadas e reconhecidas.

No **Quadro 3.1** é apresentada uma síntese dos modelos de tomada de decisão vistos anteriormente.

QUADRO 3.1 *Síntese dos modelos de tomada de decisão*

Modelos	Condições cognitivas	Análise das alternativas	Modalidade de escolha	Critério de decisão
Racionalidade absoluta	Certeza	Análise completa e cálculo de consequências	Cálculo	Otimização
Racionalidade limitada	Incerteza	Pesquisa sequencial	Comparação das alternativas com as expectativas	Satisfação
Modelo incremental	Parcialidade (interesses)	Comparações sucessivas limitadas	Ajuste mútuo de interesses	Acordo
Modelo da lata do lixo/fluxos múltiplos	Ambiguidade	Nenhuma	Encontro de soluções e problemas	Casual

Fonte: Adaptado de Bobbio (2005).

3.5 IMPLEMENTAÇÃO DA POLÍTICA PÚBLICA

A fase de implementação sucede à tomada de decisão e antecede os primeiros esforços avaliativos. É nesse arco temporal que são produzidos os **resultados** concretos da política pública. A fase de implementação é aquela em que regras, rotinas e processos sociais são convertidos de intenções em ações (O'TOOLE JR., 2003).

Estudos sobre implementação de políticas públicas ganharam especial notoriedade após as contribuições teóricas de Pressman e Wildavsky em um livro, publicado em 1973, sobre por que e como acontecem *implementation gaps*, ou falhas de implementação. O título do livro é bastante sugestivo de seu conteúdo e uma tradução livre para o português seria: "*Implementação*: como grandes expectativas em Washington são frustradas em Oakland; ou, por que é incrível que programas federais funcionem, sendo esta uma saga da Administração de Desenvolvimento Econômico contada por dois observadores simpáticos que tentam construir preceitos morais em uma plataforma de esperanças arruinadas".[6] A grande síntese que o livro traz é que a implementação de políticas públicas não se traduz apenas em problema técnico ou problema administrativo, mas sim em um grande emaranhado de elementos políticos que frustram os mais bem-intencionados planejamentos.

São muitos os exemplos brasileiros de "leis que não pegam", "programas que não vingam" ou projetos de solução a problemas públicos que acabam sendo totalmente desvirtuados no momento da implementação.

A importância de estudar a fase de implementação está na possibilidade de visualizar, por meio de esquemas analíticos mais estruturados, os obstáculos e as falhas que costumam acometer essa fase do processo nas diversas áreas de política pública (saúde, educação, habitação, saneamento, políticas de gestão etc.). Mais do que isso, estudar a fase de implementação também significa visualizar erros anteriores à tomada de decisão, a fim de detectar problemas mal formulados, objetivos mal traçados, otimismos exagerados.[7]

Elementos básicos de qualquer **análise** sobre o processo de implementação são pessoas e organizações, com interesses, competências (técnicas, humanas, de gestão) e comportamentos variados. Também fazem parte desse caldeirão analítico as relações existentes entre as pessoas, as instituições vigentes (regras

---

6 *Implementation*: how great expectations in Washington are dashed in Oakland: or, why it's amazing that Federal programs work at all, this being a saga of the Economic Development Administration as told by two sympathetic observers who seek to build morals on a foundation of ruined hopes.
7 Rezende (2002) fez um mapeamento completo e objetivo de 18 argumentações explicativas das falhas de implementação de reformas administrativas, dividindo-as em dois grupos: falhas na implementação e falhas de formulação.

> **EXEMPLO** — *Lei seca nas estradas*
>
> No início de 2008, o presidente da República lançou uma Medida Provisória (MP) proibindo a venda de bebidas alcoólicas ao longo das rodovias federais. O objetivo era criar mais um mecanismo que dificultasse aos motoristas ingerir álcool antes de dirigir. As reações foram imediatas: os donos de bares e restaurantes que estavam cumprindo com a legislação queixaram-se de queda drástica nas vendas, outros comerciantes entraram com mandado de segurança na Justiça, a Confederação Nacional do Comércio entrou com ação no Supremo Tribunal Federal alegando que a MP violava a livre iniciativa e a livre concorrência. Incumbidos de fazer valer a medida e aplicar multas, policiais rodoviários federais também queixaram-se da dificuldade de realizar os controles e de manter a qualidade nos serviços de assistência e monitoramento das estradas. Vários políticos perceberam a insatisfação geral e passaram a atuar como porta-vozes dos descontentes: "Essa MP é um desastre para os comerciantes", "em vez de punir o infrator, estão querendo punir os comerciantes", "muita gente vai perder seu posto de trabalho", "existem muitos municípios nos arredores de rodovias federais, o que torna essa medida um absurdo", "os policiais rodoviários têm coisas mais importantes com que se preocupar". Passados alguns meses da edição da MP, já estava claro para todos que esta era uma daquelas medidas que não dariam em nada. Em junho do mesmo ano, o Congresso concluiu a elaboração de uma lei que alterava o Código de Trânsito Brasileiro, mantendo a proibição da venda de bebidas alcoólicas apenas ao longo das rodovias federais localizadas em área rural, e deixando aos municípios e ao Distrito Federal a tarefa de estabelecer o que entendem como áreas urbanas e rurais. Um ano após a entrada em vigor da nova lei, bebidas alcoólicas continuaram sendo vendidas ao longo de todas as rodovias federais, inclusive em áreas rurais, seja por desdém dos comerciantes, incredulidade da polícia ou táticas legislativas dos municípios que passaram a ampliar suas áreas urbanas para salvaguardar os donos de bares e restaurantes.

formais e informais), os recursos financeiros, materiais, informativos e políticos (capacidade de influência).

Uma análise do processo de implementação pode tomar a forma de pesquisa sobre a implementação (*implementation research*) ou tornar-se uma pesquisa avaliativa (*evaluation research*). No caso da pesquisa sobre implementação, o foco está centrado no processo de implementação *per se*, seus elementos, seus contornos, suas relações, seu desenvolvimento temporal. Tem um objetivo mais descritivo que prescritivo. No caso da pesquisa avaliativa, a orientação está mais voltada para entender causas de falhas ou acertos, ou seja, busca um objetivo bem mais prático.

Além de analisado, o momento da implementação também deve ser gerenciado. É no momento da implementação que funções administrativas, como liderança e coordenação de ações, são postas à prova. Os atores encarregados de liderar o processo de implementação devem ser capazes de entender elementos motivacionais dos atores envolvidos, os obstáculos técnicos e legais presentes, as deficiências organizativas, os conflitos potenciais, além de agir diretamente em negociações, construção de coordenação entre executores e cooperação por parte dos **destinatários**. É nessa fase que também entram em cena outros atores políticos não estatais: fornecedores, prestadores de serviço, parceiros, além dos grupos de interesse e dos destinatários da ação pública. Toda a discussão sobre esses atores será feita no Capítulo 5.

A fase de implementação é aquela em que a administração pública reveste-se de sua função precípua: executar as políticas públicas. Para tanto, o *policymaker* necessita de **instrumentos de política pública**, ou seja, meios disponíveis para transformar as intenções em ações políticas. Se compararmos a atividade do **policymaker** com a atividade do médico, o problema público é a doença, a política pública é a prescrição médica, e o instrumento de política pública é o tratamento escolhido para tentar solucionar/amenizar o problema.

A seguir são apresentados alguns instrumentos de política pública citados na literatura especializada (BARDACH, 2009; WEIMER; VINING, 2011; OLLAIK; MEDEIROS, 2011; HOWLETT; RAMESH; PEARL, 2013; SECCHI, 2014):

- Regulamentação: instrumento regulatório que cria regras ou restrições à liberdade econômica, social ou política, como no caso da regulamentação de preços em alguns setores, e regras para processos licitatórios no setor público (Lei n. 8.666/93).
- Desregulamentação e legalização: instrumento regulatório que extingue regras ou cria regras que descriminalizem alguns tipos de atividades, como a

extinção de barreiras burocráticas à importação de produtos e a legalização do uso recreativo da maconha.
- Aplicação da lei (*enforcement*): instrumento de punição àqueles que não respeitam as regulamentações, como as multas de trânsito e a prisão de infratores.
- Impostos e taxas: instrumento fiscal que onera e desincentiva algumas atividades, como um sistema de pedágio para entrada de veículos particulares no centro urbano.
- Subsídio e incentivo fiscal: instrumento fiscal que incentiva ou premia algumas atividades, como a isenção de ICMS oferecido por um estado para atrair uma indústria ao seu território.
- Prestação direta de serviço público: criação, manutenção ou ampliação de serviço prestado por organização pública financiada coletivamente (impostos), como no caso das universidades públicas gratuitas e do serviço de saúde oferecido por hospitais públicos.
- Terceirização de serviço público: prestação de serviço feito por organização privada, mas financiado coletivamente (impostos), como no caso dos serviços de segurança e limpeza de prédios públicos.
- Prestação pública de serviço de mercado: prestação de serviço feito por organização pública, mas financiado individualmente (compra do serviço), como no caso dos Correios e das companhias estaduais e municipais de fornecimento de água.
- Prestação privada de serviços de mercado: prestação de serviço feito por organização privada e financiado individualmente (compra do serviço). Esse meio de entrega de serviço pode ser regulamentado, como no caso dos serviços de telefonia móvel, ou desregulamentado, como no caso de serviços de cabeleireiro.
- Informação ao público: disseminação de informações importantes para o indivíduo e para o público ou a criação de senso de dever moral (relação do indivíduo com a sociedade), como a divulgação de informações sobre as doenças derivadas do tabagismo e a conscientização ecológica das crianças.
- Campanhas/mobilização: ativação dos atores públicos e privados para que seus comportamentos ajudem na melhora do bem-estar social, como uma mobilização para doação de sangue ou uma campanha para a separação dos resíduos sólidos residenciais.

- Seguros governamentais: instrumento que garante a compensação por alguma fatalidade ou infortúnio, como as compensações por perdas agrícolas e o seguro-desemprego.

- Transferência de renda: instrumento que garante a compensação de alguma situação de fragilidade ou carência por mecanismo financeiro, como o Bolsa-Família e o auxílio-medicamento.

- Discriminação seletiva positiva: instrumento que garante a compensação de alguma situação de fragilidade ou carência por mecanismo regulatório, como as cotas raciais nas universidades e a reserva de vagas para deficientes físicos em concursos públicos.

- Prêmios e concursos: instrumento de estímulo à criação, adoção e difusão de boas práticas, como o Prêmio Innovare do Poder Judiciário brasileiro e o Prêmio Inovação no serviço público, promovido pelo Movimento Brasil Competitivo.

- Certificados e selos: instrumento regulatório que se baseia no princípio da adesão, como o processo de certificação de Organizações Sociais de Interesse Público (OSCIPs) pelo Ministério da Justiça e o programa de Rotulagem Ambiental da Associação Brasileira de Normas Técnicas (ABNT).

A lista de instrumentos de política pública não se encerra nesses exemplos. Existem instrumentos mistos (que combinam mais de um tipo) e diversas gradações do uso de mecanismos de coerção, persuasão, apelo ao senso de dever moral e de variantes tecnológicas que otimizam cada aspecto dos instrumentos. Exemplos de variantes do instrumento "informação ao público" são: a obrigatoriedade de transparência, a criação de *rankings*, a estandardização de formatos informativos, a simplificação da informação, os subsídios para a produção de informação, os subsídios para a disseminação de informação (BARDACH, 2009). Todos esses instrumentos podem ser aplicados, por exemplo, para o aumento da transparência do gasto público nas prefeituras municipais.

A engenhosidade do *policymaker* é crucial para a criação de novos instrumentos, bem como para o aperfeiçoamento de instrumentos já existentes, tornando assim a implementação da política mais adequada ao problema público em questão.

Segundo Sabatier (1986), existem basicamente dois modelos de implementação de políticas públicas:[8]

- Modelo *top-down* (de cima para baixo) (**Figura 3.8**): caracterizado pela separação clara entre o momento de tomada de decisão e o de implementação, em fases consecutivas. Esse modelo é baseado na distinção wilsoniana entre "Política e Administração" (WILSON, 1887), no qual os tomadores de decisão (políticos) são separados dos implementadores (administração).

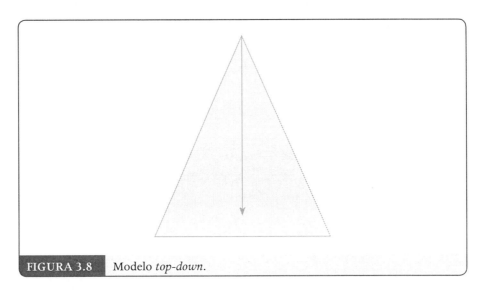

FIGURA 3.8   Modelo *top-down*.

O modelo *top-down* de implementação parte de uma visão funcionalista e tecnicista de que as políticas públicas devem ser elaboradas e decididas pela esfera política e que a implementação é mero esforço administrativo de achar meios para os fins estabelecidos. Esse modelo também é visualizado como estratégia da classe política para "lavar as mãos" em relação aos problemas de implementação: se as políticas, os programas e as ações estão bem planejados, com objetivos claros e coerentes, então uma má implementação é resultado de falhas dos **agentes** (por exemplo, policiais, professores, médicos). Esse processo é conhecido na literatura política como **blame shifting**, ou deslocamento da culpa.

---

8   Embora o intuito original de Sabatier fosse contribuir para a discussão de problemas e perspectivas para a *implementation research*, sua síntese de modelos de implementação tornou-se referência na distinção de abordagens de implementação usadas pelos *policymakers*.

Análises mais realistas das limitações da classe política nas fases de formulação das políticas, e uma reação ao **blame shifting**, ajudaram a valorizar o contraponto ao modelo *top-down*.

- Modelo *bottom-up* (de baixo para cima) (**Figura 3.9**): caracterizado pela maior liberdade de **burocratas** e redes de atores em auto-organizar e modelar a implementação de políticas públicas. Nesse modelo é reconhecida a limitação da decisão tecnológica. Os implementadores têm maior participação no escrutínio do problema e na prospecção de soluções durante a implementação e, posteriormente, os tomadores de decisão legitimam as práticas já experimentadas. A implementação é predominantemente avaliada pelos resultados alcançados *a posteriori*, em vez da avaliação baseada na obediência estrita a prescrições.

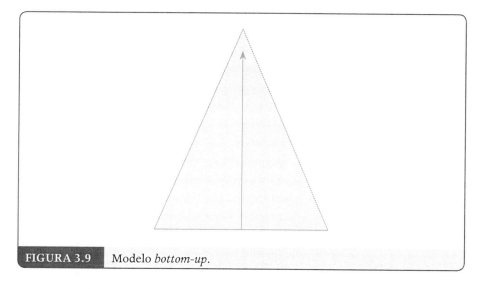

FIGURA 3.9 Modelo *bottom-up*.

Nesse modelo, o formato que a política pública adquiriu após a tomada de decisão não é definitivo, e a política pública é modificável por aqueles que a implementam no dia a dia. Em poucas palavras, existe maior discricionariedade por parte dos gestores e **burocratas**. Esse papel de remodelação da política pública por aqueles que a implementam não é entendido como um desvirtuamento, mas sim como uma necessidade daquele que depara com os problemas práticos de implementação.

> **EXEMPLO** — *Ajustando as normas à realidade*
>
> A ação dos funcionários públicos da Receita Federal nas alfândegas é regida por uma interminável descrição de tarefas, métodos e normas de conduta. Para complicar as coisas, esses mesmos funcionários são desafiados a atualizar-se constantemente com novas e complexas regras, fruto de políticas públicas nacionais no campo da fiscalização e arrecadação tributária. Muitas dessas regras são impossíveis de cumprir e a aplicação de outras regras demandaria tanto trabalho, criaria filas intermináveis que prejudicariam o próprio interesse coletivo. A reinterpretação da regra, a simplificação dos procedimentos e das táticas de abordagem realizadas pelo corpo burocrático da Receita Federal são vistas, no modelo *bottom-up*, como uma autonomia necessária. Como já comentava Charles E. Lindblom (1959), o método de "pôr a mão na massa" (*muddle through*), ou de "se virar", deveria ser entendido como método eficaz e empiricamente testado, e não como algo equivocado, do qual os burocratas deveriam se envergonhar.

A diferenciação entre modelos *top-down* e *bottom-up* serve também como indicativo para a pesquisa sobre implementação. Um pesquisador observando a implementação a partir de uma perspectiva *top-down* dará atenção inicial aos documentos que formalizam os detalhes da política pública (objetivos, elementos punitivos ou de recompensa, delimitações do grupo de destinatários etc.), para então verificar em campo as falhas de implementação.

Já um pesquisador usando a perspectiva *bottom-up* parte da observação empírica de como a política pública vem sendo aplicada na prática, as estratégias dos implementadores, das artimanhas dos **policytakers**, dos problemas e obstáculos práticos, para então verificar "como a política pública deveria ser", entender os porquês das desconexões, e tentar compreender como o processo de elaboração da política pública chegou a imprecisões prescritivas. Se o analista quer extrair aprendizado desse tipo de pesquisa, o **modelo *top-down*** é o mais indicado para verificar as causas de falhas na dinâmica de implementação (culpa da administração), enquanto o **modelo *bottom-up*** é o mais fértil para identificar falhas na dinâmica de elaboração de soluções e de tomada de decisão (culpa do político).

3.6 AVALIAÇÃO DA POLÍTICA PÚBLICA

A avaliação da política pública é o "processo de julgamentos deliberados sobre a validade de propostas para a ação pública, bem como sobre o sucesso ou a falha de projetos que foram colocados em prática"[9] (ANDERSON, 1979, p. 711). Por essa definição, tem-se a distinção entre avaliação *ex ante* (anterior à implementação) e avaliação *ex post* (posterior à implementação). Existe ainda a avaliação *in itinere*, também conhecida como avaliação formativa ou monitoramento, que ocorre durante o processo de implementação para fins de ajustes imediatos (COSTA; CASTANHAR, 2003). Os temas referentes à avaliação *ex ante* (ou análise prescritiva de políticas públicas) já foram tratados na seção de formulação de políticas públicas, os temas da avaliação *in itinere* e da avaliação *ex post* serão abordados a seguir (**Figura 3.10**).

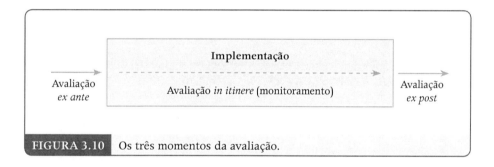

FIGURA 3.10 Os três momentos da avaliação.

A avaliação é a fase do ciclo de políticas públicas em que o processo de implementação e o desempenho da política pública são examinados com o intuito de conhecer melhor o estado da política e o nível de redução do problema que a gerou. É o momento-chave para a produção de **feedback** sobre as fases antecedentes.

A avaliação de uma política pública compreende a definição de critérios, indicadores e padrões (*performance standards*).

Os critérios são mecanismos lógicos que servem como base para escolhas ou julgamentos. Os critérios se fundamentam em entendimentos valorativos da

---

9 Tradução livre do original em inglês.

realidade e abasteçam o avaliador de parâmetros para julgar se uma política pública funcionou bem ou mal.

Os principais critérios usados para avaliações são:

- Economicidade: refere-se ao nível de utilização de recursos (*inputs*).
- Produtividade: refere-se ao nível de saídas de um processo produtivo (*outputs*).
- Eficiência econômica: trata da relação entre *outputs* (**produtividade**) e *inputs* (recursos utilizados).
- Eficiência administrativa: trata do seguimento de prescrições, ou seja, do nível de conformidade (*compliance*) da implementação a regras preestabelecidas.
- Eficácia: corresponde ao nível de alcance de metas ou objetivos preestabelecidos.
- Efetividade: corresponde aos resultados sociais (*outcomes*) com a redução do problema e a geração de valor para a população.
- Igualdade: verifica a homogeneidade de distribuição de benefícios (ou punições), sem tomar em conta as características de partida, ou justiça social, entre os destinatários de uma política pública.
- Equidade: verifica a homogeneidade de distribuição de benefícios (ou punições), levando-se em conta as características de partida, ou justiça social, entre os destinatários de uma política pública.

Segundo Subirats (1989), os esforços de avaliação podem receber uma conotação jurídica ou legal, conotação técnica ou gerencial, ou conotação política.

Uma avaliação que focalize aspectos jurídicos está mais preocupada em verificar até que ponto princípios como o da legalidade e **eficiência administrativa** foram atingidos, além do respeito a direitos básicos dos destinatários. Uma avaliação que privilegie aspectos técnicos gerenciais focaliza suas atenções na **produtividade**, no nível de consecução de metas (**eficácia**), a menor utilização de recursos (**economicidade**) e a eficiência econômica de um sistema, programa ou política. Por fim, uma avaliação com conotação política vai prestar atenção em aspectos de **efetividade** (geração de valor), na percepção dos destinatários da política pública, a legitimidade do processo de elaboração da política pública, a **igualdade** e a **equidade**, bem como nos impactos gerados no macroambiente.

Os critérios são operacionalizados por meio de indicadores, isto é, são artifícios (*proxies*) que podem ser criados para medir **input**, **output** e **resultado** (***outcome***). Os indicadores de *input* (entradas do sistema) são relacionados a gastos financeiros, recursos humanos e materiais empregados e o tempo utilizado para implementação. Indicadores de *output* são relacionados à produtividade de serviços/produtos, como a quantidade de buracos tapados nas estradas, quantidade de lixo coletado, quilômetros de estradas construídas, número de pessoas atendidas em um posto de saúde etc. Indicadores de resultado são relacionados aos efeitos da política pública sobre os *policytakers* e à capacidade de resolução ou mitigação do problema para o qual havia sido elaborada. Indicadores de resultados são operacionalizados por meio de médias ou percentuais de satisfação dos usuários/cidadãos, qualidade dos serviços, acessibilidade da política pública, número de reclamações recebidas, cumprimento das diretrizes pelos **agentes** públicos, receitas geradas pela prestação de serviços. Os indicadores de *input* medem esforços, e os indicadores de *output* e *outcome* medem realizações.

A elaboração de bons indicadores é uma tarefa difícil. O Tribunal de Contas da União (TCU) elaborou um manual com técnicas para auditoria, no qual explicita as qualidades necessárias para um indicador em um sistema de avaliação. Entre as qualidades desejáveis estão:

- Validade: o indicador deve retratar o fenômeno que se está estudando.
- Confiabilidade: as fontes de dados do indicador devem ser confiáveis, para evitar distorções e fraudes.
- Simplicidade: o indicador deve ser de fácil compreensão para aqueles que o utilizam.
- Acessibilidade: os dados que abastecem o indicador devem ser de fácil acesso.
- Estabilidade: as fontes de dados do indicador devem ser estáveis ao longo do tempo, de modo a permitir comparações históricas.

Outras qualidades dos indicadores são representatividade, homogeneidade, praticidade, independência, seletividade, cobertura e economicidade (TCU, 2000).

Os padrões ou **parâmetros**, por sua vez, dão uma referência comparativa aos indicadores. Os principais tipos de padrão são:

- padrões absolutos: metas qualitativas ou quantitativas estabelecidas anteriormente à implementação da política pública;
- padrões históricos: valores ou descrições já alcançados no passado e que facilitam a comparação por períodos (meses, anos) e, por consequência, geram informações sobre declínio ou melhora da política pública;
- padrões normativos: metas qualitativas ou quantitativas estabelecidas com base em um *benchmark* ou *standard* ideal.

Os mecanismos de avaliação ou controle criam referências e permitem uma comparação espacial e temporal do problema e das políticas públicas. A avaliação pode aumentar de forma significativa a sensibilidade e a percepção que os atores políticos têm sobre a política pública, a fim de melhorá-la.

A avaliação da política pública pode levar à:

a – continuação da política pública da forma que está, nos casos em que as adversidades de implementação são pequenas;

b – reestruturação marginal de aspectos práticos da política pública, nos casos em que as adversidades de implementação existem, mas não são suficientemente graves para comprometer a política pública;

c – extinção da política pública, nos casos em que o problema público foi resolvido, ou quando os problemas de implementação são insuperáveis, ou quando a política pública se torna inútil pelo natural esvaziamento do problema.

Apesar de suas potencialidades, avaliações completas e significativas são difíceis de realizar. Levando-se em consideração as informações e o tempo necessários, a avaliação sistemática é uma tarefa dispendiosa. Basta imaginar que a produção e a manutenção constantes de dados atualizados para as tarefas de avaliação requerem esforços organizativos, materiais e humanos. Na falta desses recursos, as avaliações acabam se traduzindo em verificação de alguns indicadores básicos que frequentemente não mostram aspectos qualitativos dos processos e resultados produzidos.

Existem situações em que avaliações são difíceis de executar porque os objetivos da política pública não estão claros. Em outras situações, os objetivos são explícitos, mas servem apenas para fins simbólicos.

Outro grande problema é a multicausalidade. É difícil conseguir fazer uma separação entre efeitos sociais produzidos pela política pública e efeitos sociais produzidos por outras causas. O sucesso de uma política pública no campo da promoção turística territorial, por exemplo, pode ser resultado das ações executadas por uma agência governamental, mas também de variáveis incontroláveis, como taxa de câmbio, condições climáticas, condições higiênico-ambientais, condições econômicas, ações de agentes privados (equipamentos turísticos, agências e operadoras turísticas, **mídia**).

A própria resistência daqueles que são avaliados também é um obstáculo. As agências governamentais ou não governamentais responsáveis pela implementação de uma política pública podem contestar os critérios, os indicadores e os padrões, caso estes sejam estabelecidos por órgãos externos. Mesmo quando a avaliação é feita pela própria agência, seus funcionários podem sentir a avaliação como um exercício invasivo e, por consequência, resistir ao processo.

Uma dificuldade mais prática é a forma de apresentar os resultados de um processo avaliativo. As avaliações são capazes de produzir informações relevantes, que, no entanto, podem ser desperdiçadas por uma apresentação pouco clara de seus resultados. Alguns dos problemas frequentes são: excesso de informações, ausência de sumários, forma de apresentação inadequada (gráficos, números ou descrições), desconexão entre a linguagem apresentada e a linguagem daqueles interessados na avaliação. Descuidos com a forma de apresentação podem ser propositais, em especial quando o resultado da avaliação vai de encontro aos interesses dos atores que dependem do sucesso ou insucesso da política pública.

Por fim, outra dificuldade encontrada por esforços de avaliação é o tempo de maturação de uma política pública. Sabatier (1993) sublinha que, em geral, os efeitos de uma política pública são tangíveis apenas após dez anos da implementação. Isso porque as políticas públicas exigem um tempo de ajustamento, de assimilação de seus propósitos e de mudança no comportamento dos atores afetados por ela.

Existem muitos interesses em jogo em um momento de avaliação da política pública. Os usuários, os partidos políticos, os patrocinadores políticos e econômicos da política pública, as agências responsáveis pela sua execução e os atores encarregados pela avaliação são alguns desses portadores de interesses.

Ainda que a tarefa de avaliação seja levada a cabo com uso de ferramental técnico, as avaliações produzem informações que podem ser utilizadas instrumentalmente na disputa política. Um aparente mascaramento do debate político por meio de avaliações técnicas foi percebido por Seal e Ball (2005) em uma pesquisa sobre modernização da gestão pública em municípios britânicos. Essa utilização instrumental para persuasão política também é reconhecida por Faria (2005). A manipulação da opinião pública a favor ou contra o desempenho de uma política sempre existiu, assim como pode existir a manipulação dos mecanismos de avaliação.

Não obstante as dificuldades, as avaliações também podem produzir informações úteis ao debate político. Fica evidente a importância de processos avaliativos quando comparamos, por exemplo, a avaliação do desempenho econômico feita casuisticamente (com base em exemplos pontuais) ou com avaliação sistemática (taxas de desemprego, indicadores de crescimento econômico, índices de distribuição da renda).

As avaliações servem para superar debates simplistas e maniqueístas (bom *versus* ruim, "copo meio cheio" *versus* "copo meio vazio"), em que a avaliação do desempenho da política pública é vitimada pela retórica política.

3.7 EXTINÇÃO DA POLÍTICA PÚBLICA

Usando como metáfora o ciclo de vida dos organismos, o ciclo de política pública também tem um fim, no momento da morte ou extinção da política pública. Os estudos sobre término ou extinção de políticas públicas ganharam impulso a partir da década de 1970, nos países desenvolvidos, quando diversas políticas sociais vinculadas ao Estado de Bem-estar Social foram colocadas em xeque. A partir desses estudos construiu-se uma base teórica para o entendimento de quando as políticas públicas morrem, continuam vivas ou são substituídas por outras.

Em estudo feito por Souza e Secchi (2015), as razões para extinção de uma política pública, programa, organização pública ou função organizacional são de três tipos:

1 – Razões relativas ao problema público:
    a – quando o problema que originou a política é percebido como resolvido (DeLEON, 1978; GIULIANI, 2005c);

b – quando o problema se agrava, não obstante a implementação da política pública (DeLEON, 1978; GIULIANI, 2005c);

c – quando o problema, embora não resolvido, perdeu progressivamente importância e saiu das agendas políticas e formais (MENY; THOENIG, 1991; GIULIANI, 2005c);

d – quando existe mudança no entendimento da natureza ou causa do problema (DANIELS, 1997).

2 – Razões relativas à solução:

a – quando a política pública é considerada ineficaz, redundante ou que provoca efeitos negativos superiores ao benefício esperado (BREWER, 1974);

b – quando a política pública já expirou o prazo de validade, ou a vigência determinada em lei;

c – quando a política pública é substituída por outra mais nova ou atualizada (DeLEON, 1977; HOGWOOD; GUNN, 1982).

3 – Razões relativas ao ambiente político (DeLEON, 1982):

a – pressão da mídia e da opinião pública;

b – entrada de novo governo ou administração;

c – mudança nos valores, crenças e ideologia predominante na população;

d – restrições ou imperativos orçamentário-financeiros;

e – mudanças nas expectativas quanto à eficiência da política.

A extinção de políticas públicas é uma tarefa dificultosa por causa da relutância dos beneficiados, da inércia institucional, do conservadorismo, dos obstáculos legais e dos altos custos de iniciação (*start-up costs*) (DeLEON, 1978).

Políticas de tipo redistributivo são difíceis de serem extintas em virtude do alto grau de conflito que geram entre grupos potencialmente beneficiários e grupos pagadores. É possível imaginar os conflitos que surgem de uma iniciativa de extinguir a política que instituiu o décimo terceiro salário ou, ainda, uma iniciativa que mude a distribuição de *royalties* do petróleo entre os estados federados.

Políticas de tipo distributivo são difíceis de serem extintas, em especial se considerarmos um dos *insights* da lógica da ação coletiva proposto por Olson (1999). Segundo esse autor, pequenos grupos têm capacidade de organização de interesses substancialmente superior à dos grandes grupos. O grupo beneficiário de uma política pública distributiva consegue fazer que essa política continue existindo, mesmo quando ela se mostra contrária ao interesse coletivo. Isso acontece porque a coletividade geralmente encontra dificuldades práticas de lutar contra interesses concentrados.

Embora teoricamente mais fáceis de serem extintas, políticas de tipo regulatório esbarram na inércia institucional e na falta de atores políticos interessados em fazer uma "faxina" nas políticas públicas que não têm mais razão de existir.

As políticas públicas, após um período de maturação, institucionalizam-se e criam vida própria. Não são raros os casos em que uma política pública continua viva mesmo depois que o problema que a gerara já tenha sumido.

EXEMPLO *Pensão para filhas de militares*

Em 1960 foi criada uma lei que assegurava, entre outras coisas, a garantia de que filhas de militares das Forças Armadas recebessem pensão vitalícia enquanto não contraíssem matrimônio. A justificativa para tal benefício era a especificidade do núcleo familiar militar. Segundo Magno (2010), o patriarca militar permanecia semanas ou meses em missões longe do lar, e à esposa e às filhas restava a incumbência de cuidar dos afazeres domésticos. Dentro dos padrões socioculturais da época, a inserção da mulher no mercado de trabalho era mais difícil, e muitas filhas de militares permaneciam "debaixo da saia" até arranjarem um marido. Mas aquelas que não encontravam marido acabavam em situação de "desamparo", principalmente após a morte do pai e da mãe: sem pai, sem marido, sem dinheiro e com poucas habilidades profissionais. Daí a razão para a criação desta política distributiva.

Com o passar dos anos e, especialmente, após a redemocratização no Brasil, esse benefício passou a ser contestado. Foram detectadas distorções absurdas, por exemplo, a de muitas filhas de militares constituírem família, mas sem registrar o casamento para continuar recebendo a pensão militar hereditária. Do ponto de vista de interesse coletivo, ficou cada vez mais difícil argumentar a permanência da pensão vitalícia para filhas de militares. No entanto, os interesses

continua ▶

difusos que apoiam a extinção dessa política sempre foram difíceis de organizar, enquanto os interesses concentrados dos militares sempre falaram alto na luta pela manutenção dos seus direitos. Apenas em 2001, uma Medida Provisória deu um pequeno passo no sentido de estabelecer que o benefício apenas seria mantido caso os novos ingressantes na carreira militar contribuíssem com 1,5% do salário. Apesar dessa mudança, ainda nos dias atuais existem 110 mil beneficiárias das pensões, e os custos envolvidos na manutenção de pensão para filhas de militares das Forças Armadas somam R$ 5 bilhões anuais (SOUZA, 2018). Poucos cidadãos parecem dispostos a sair em passeata nas ruas em luta contra esse benefício. Poucos políticos parecem dispostos a comprar briga com os militares. E a extinção definitiva dessa política pública parece distante, mesmo que a justificativa para sua manutenção tenha evaporado.

Essa resistência à extinção não ocorre apenas no meio governamental. Uma organização não governamental que luta contra a extinção de determinada espécie da fauna, por exemplo, pode continuar produzindo fortes argumentos de urgência e necessidade, para que o seu trabalho continue percebido como relevante na sociedade.

Similarmente ao nascimento, a extinção de políticas públicas também depende de janelas de oportunidade. Momentos como reformas ministeriais, mudanças de mandato executivo e legislativo e aprovação de orçamentos são ocasiões raras, passageiras e pontuais, em que políticas públicas aparentemente inócuas podem ser extintas ou substituídas por outras.

3.8 MINICASO: SISTEMA DE AVALIAÇÃO DAS ESCOLAS ESTADUAIS

Sua empresa de consultoria em qualidade na gestão pública foi contratada pela Secretaria de Educação do governo do estado para a elaboração de um sistema de avaliação das escolas públicas estaduais.

O recém-empossado governador do estado e o secretário de Educação desejam implantar esse sistema de avaliação porque estão tendo dificuldades em encontrar informações claras e sistemáticas sobre eficiência e eficácia do ensino, do fornecimento de merenda, dos serviços gerais (ex.: limpeza), das atividades administrativas (ex.: secretaria) etc. Algumas das queixas desses políticos recém-empossados são:

- a falta de comparação de desempenho administrativo e desempenho acadêmico entre as escolas estaduais prejudica os governantes no momento de tomar decisões gerenciais;
- a falta de comparação entre as escolas estaduais ajuda a mascarar o baixo rendimento e também o não reconhecimento das escolas de excelência;
- a falta de comparações históricas impossibilita a avaliação de melhora ou piora de gestão de um ano para outro, ou mesmo de tendência histórica;
- alunos de escolas da rede pública estadual têm, historicamente, menor percentual de chances de ingresso em universidades públicas, quando comparados com alunos da rede de ensino particular (isso precisa mudar);
- não há informação precisa sobre a quantidade de recursos utilizados em cada escola;
- não há informação precisa sobre a produtividade de cada escola;
- não há informação precisa sobre a eficiência econômica de cada escola;
- não há informação precisa sobre a qualidade do ensino em cada escola;
- não há informação precisa sobre a qualidade da gestão de cada escola;
- não está claro, em termos comparativos, o nível de satisfação dos usuários de cada escola;
- não há sistematização das informações sobre o tamanho das escolas, o número de alunos matriculados, a quantidade de alunos que se formam por ano, as taxas de evasão escolar, a destinação dos egressos, os gastos com pessoal, água e energia, entre outros aspectos.

Como se pode notar, o governo não tem muitas informações sobre a situação de suas escolas de ensino fundamental. Também não há consenso, entre o pessoal da Secretaria de Educação, do que seja "desempenho acadêmico", "desempenho administrativo", "eficiência do gasto", "produtividade escolar", "qualidade de ensino" etc. Sua empresa de consultoria foi contratada exatamente para isso: criar um sistema de avaliação que produza informações gerenciais.

Antes de montar o sistema de avaliação, você percebe que é necessário testar um protótipo, ou seja, uma versão simplificada do sistema de avaliação, com poucos critérios, indicadores e com poucas escolas. A seguir, são apresentadas tabelas desse protótipo.

Sua primeira tarefa é: elaborar um indicador de eficiência e um indicador de eficácia para cada um dos setores de ensino, secretaria, merenda escolar e limpeza das escolas. Lembre-se de que um bom indicador deve ter validade, confiabilidade, simplicidade, acessibilidade e estabilidade. Veja o exemplo de indicador de eficiência econômica para a área de ensino (número de alunos matriculados dividido pelo número de professores). Como visto anteriormente, um indicador de eficiência econômica é a razão de *outputs* (produtividade) e *inputs* (recursos utilizados). A eficácia é um critério de avaliação que trata do alcance de resultados, metas ou objetivos estabelecidos. Um indicador de eficácia é geralmente uma média ou percentual daquilo que se deseja alcançar com uma atividade. Por fim, atribua também um peso para cada indicador, de acordo com sua importância, estando atento que a soma dos pesos não pode superar 100%.

Tabela de indicadores e pesos

Setor	Critério	Indicador	Peso
Ensino	Eficiência	Número de alunos/número de professores	30%
	Eficácia		
Secretaria	Eficiência		
	Eficácia		
Merenda	Eficiência		
	Eficácia		
Limpeza	Eficiência		
	Eficácia		
Total			100%

Sua segunda tarefa é: atribuir valores quanto a *output* e *input* para cada setor de cada uma das quatro escolas escolhidas para o teste desse protótipo, e assim descobrir a eficiência (econômica) de cada setor de cada escola. Por exemplo, a Escola B possui 1.000 alunos e 40 professores, e isso resulta em uma relação de 25 alunos por professor. Comparativamente, a Escola B é a mais eficiente do ponto de vista econômico (relação custo *versus* benefício). Os valores de *output* e *input* podem ser inventados, ou coletados em escolas da sua cidade, mas de qualquer forma você deve levar em conta os indicadores de eficiência já criados na Tabela de indicadores e pesos.

Tabela de dados de eficiência econômica

	Escola A		Escola B		Escola C		Escola D	
Ensino	500/25	20	1.000/40	25	300/30	10	600/40	15
Secretaria								
Merenda								
Limpeza								

Sua terceira tarefa é: encontrar os *benchmarks* de eficiência (padrões de comparação) em cada setor avaliado, e a partir de então "normalizar" os índices. A normalização de índices é necessária para viabilizar a comparação de valores bastante diferentes entre os setores avaliados. No exemplo, a Escola B é o *benchmark* (melhor escola em termos de eficiência de ensino), pois o seu índice é 1 (25/25 = 1), já a Escola A tem um índice de eficiência de ensino igual a 0,8 (20/25 = 0,8), e assim por diante.

Tabela de eficiência econômica normalizada

	Escola A	Escola B	Escola C	Escola D
Ensino	0,8	1	0,4	0,6
Secretaria				
Merenda				
Limpeza				

Sua quarta tarefa é: atribuir valores quanto à eficácia de cada setor de cada uma das quatro escolas. Os valores podem ser inventados, ou coletados em escolas da sua cidade, mas de qualquer forma você deve levar em conta os indicadores de eficácia já criados lá na Tabela de indicadores e pesos.

Tabela de dados de eficácia

	Escola A	Escola B	Escola C	Escola D
Ensino				
Secretaria				
Merenda				
Limpeza				

Sua quinta tarefa é: encontrar os *benchmarks* de eficácia (padrões de comparação) em cada setor avaliado, e a partir de então "normalizar" os índices. Se, por exemplo, o indicador de eficácia de limpeza fosse "percentual de dias de limpeza impecável dos banheiros" ou "índice de satisfação geral com a limpeza", e a Escola A fosse a que melhor índice apresentasse, o seu valor seria 1 (um) e o valor das outras escolas seria a razão entre os seus índices e o índice da Escola A.

Tabela de eficácia normalizada

	Escola A	Escola B	Escola C	Escola D
Ensino				
Secretaria				
Merenda				
Limpeza				

Sua sexta tarefa é: consolidar os dados na Tabela geral de qualidade escolar. Serão necessários nesta tabela: os pesos atribuídos a cada indicador e os índices normalizados (IN) de cada indicador de cada setor das quatro escolas. Após a inserção desses valores, é necessário calcular a nota ponderada de cada escola para cada indicador. No exemplo dado, o critério de eficiência de ensino recebeu peso 30%, e a Escola A teve Índice Normalizado de Eficiência de ensino 0,8. Portanto, a nota ponderada da Escola A neste critério é 0,24 (0,3 × 0,8 = 0,24). A mesma lógica de cálculo é aplicada em toda tabela. Após a finalização desses cálculos, deve-se somar as Notas ponderadas de cada escola (colunas em cinza), para então chegar ao Índice de Qualidade Escolar de cada escola.

Tabela geral de qualidade escolar

			Escola A		Escola B		Escola C		Escola D	
Setor	Critério	Peso	IN	Nota	IN	Nota	IN	Nota	IN	Nota
Ensino	Eficiência	30%	0,8	0,24	1	0,3	0,4	0,12	0,6	0,18
	Eficácia									
Secretaria	Eficiência									
	Eficácia									
Merenda	Eficiência									
	Eficácia									
Limpeza	Eficiência									
	Eficácia									
Índice de Qualidade Escolar										

Sua última tarefa é: apontar qual escola possui o melhor Índice de Qualidade Escolar. Note que esse índice varia de 0 a 1, ou seja, se alguma escola ficou com índice superior a um (1), algum cálculo não foi bem feito.

Se o seu protótipo está funcionando, você pode partir para a elaboração do sistema de avaliação das escolas públicas estaduais de ensino fundamental. Essa tarefa demandaria utilização de mais critérios de avaliação, maior quantidade de indicadores, criação de outros *benchmarks* e ajustes nos pesos para cada indicador. Para que o sistema fosse ainda mais prático, seria necessária a informatização do sistema e o aprimoramento do seu *design*, para que o secretário de Educação pudesse ter um verdadeiro "painel de controle" do ensino fundamental no estado.

Espera-se que ao final deste exercício você tenha fixado os conceitos de *input*, *output*, eficiência econômica, eficácia, critérios, indicadores e padrões (*benchmarks*). Também se espera que o exercício tenha levado a reflexões sobre a validade, a confiabilidade, a simplicidade, acessibilidade e a estabilidade dos indicadores. Por fim, que tenha servido para sublinhar a importância de avaliar ações, programas e serviços públicos como instrumento de melhora da gestão das políticas públicas.

3.9 EXERCÍCIOS DE FIXAÇÃO

1. Para debater: por que um problema público como o excesso de acidentes automobilísticos nas rodovias federais brasileiras é difícil de ser resolvido? O verdadeiro problema não é identificado pelos atores relevantes? Não há suficiente atenção dos meios de comunicação, políticos e governantes a esse problema? As alternativas de solução não são bem formuladas? Há indecisão quanto ao perfil de política pública a ser implementada? A implementação é a etapa mais dificultosa? Faltam avaliações técnicas qualificadas sobre os insucessos das políticas existentes? É difícil extinguir políticas públicas que já estão em vigor há muito tempo? Em síntese, em qual(is) fase(s) do ciclo de política pública está(ão) o entrave do problema?
2. Se uma análise racional de política pública identificasse o problema dos acidentes automobilísticos nas rodovias federais brasileiras como consequência de:
   a) "imprudência dos motoristas", que perfil de política pública você sugeriria para o enfrentamento do problema?
   b) "a imperícia dos motoristas", que perfil de política pública você sugeriria para o enfrentamento do problema?
   c) "o mau estado de conservação das rodovias", que perfil de política pública você sugeriria para o enfrentamento do problema?
   d) "a superlotação das rodovias", que perfil de política pública você sugeriria para o enfrentamento do problema?
   e) "o inteiro sistema de transporte de passageiro e de cargas baseia-se em no predomínio de um único modal (rodoviário)", que perfil de política pública você sugeriria para o enfrentamento do problema?
3. O que é o ciclo de política pública? Para que serve?
4. Por que o ciclo de política pública não reflete exatamente a vida de uma política pública?
5. O que é agenda da mídia? O que é agenda política? O que é agenda formal?
6. Segundo Cobb e Elder (1983), quais são os três requisitos ou condições para que um problema entre na agenda política?
7. Quais são os quatro mecanismos de indução do comportamento à disposição do *policymaker*? Operacionalize esses quatro mecanismos (com soluções criativas) para o enfrentamento de um problema de "banheiro público sempre sujo", e para o enfrentamento de "uma epidemia de dengue".
8. Qual dos modelos de tomada de decisão você usa para comprar açúcar no supermercado? Justifique sua resposta.
9. Qual dos modelos de tomada de decisão você usa para comprar seu novo celular ou recurso tecnológico? Justifique sua resposta.

10. Qual dos modelos de tomada de decisão você usa para as grandes escolhas em sua carreira profissional? Justifique sua resposta.
11. Para debater: qual dos modelos de tomada de decisão você acredita que seja o predominante nas escolhas de políticas governamentais em sua cidade?
12. O que são os modelos *top-down* e *bottom-up* de implementação?
13. Em que fases do processo de política pública ocorrem a avaliação *ex ante*, a avaliação *in itinere* e a avaliação *ex post*?
14. O que são critérios, indicadores e padrões de avaliação?
15. Estabeleça três critérios para a avaliação de postos de saúde e indicadores apropriados para a operacionalização desses critérios.
16. Segundo Subirats (1989), quais os três enfoques que podem pautar uma avaliação?
17. Segundo Souza e Secchi (2015), o que pode causar a extinção de uma política pública?
18. Por que é difícil extinguir uma política pública? Dê um exemplo de política pública que continua em vigor (por meio de um programa, uma lei, uma organização etc.), mesmo não havendo mais necessidade da existência dela.

3.10 PERGUNTAS DE MÚLTIPLA ESCOLHA PARA REVISÃO CONCEITUAL

Assinale a resposta correta:
1. NÃO refere-se ao ciclo de política pública:
    (a) Após a última fase (extinção), nasce novamente a primeira (identificação do problema).
    (b) Serve como modelo heurístico
    (c) Também é conhecido como processo de política pública
    (d) Serve como esquema de análise
    (e) As fases são interdependentes
2. Segundo Sjöblom (1984), a identificação do problema NÃO envolve:
    (a) Percepção do problema
    (b) A delimitação do problema
    (c) A avaliação da possibilidade de solução do problema
    (d) A intersubjetividade dos atores
    (e) A percepção pela maioria dos cidadãos
3. NÃO é tipo de agenda:
    (a) Agenda cibernética
    (b) Agenda formal
    (c) Agenda da mídia
    (d) Agenda institucional
    (e) Agenda política

4. NÃO é método para avaliação *ex ante* de alternativas de política pública:
   (a) *Brainstorming* (tempestade de ideias)
   (b) Teoria dos jogos
   (c) Método Montessoriano
   (d) Método Delphi
   (e) Programação linear
5. NÃO é exemplo de instrumento de política pública:
   (a) Campanha de conscientização para a doação de sangue
   (b) Incentivo financeiro para médicos que conseguem reduzir o tabagismo de seus pacientes
   (c) Legislação sobre a adoção de crianças
   (d) Placa em repartição pública que avisa: "Retire senha para ser atendido"
   (e) A extinção da política pública
6. NÃO é critério de avaliação de política pública:
   (a) Economicidade
   (b) Eficácia
   (c) Extremidade
   (d) Equidade
   (e) Eficiência
7. É exemplo de indicador de economicidade:
   (a) Número de alunos matriculados em uma escola
   (b) Consumo energético de lâmpadas
   (c) Relação quilômetros por litro de combustível de automóveis
   (d) Índice de criminalidade de um bairro
   (e) Índice de Desenvolvimento Humano (IDH)
8. Eficiência econômica refere-se à:
   (a) Relação entre *outputs* e *inputs*
   (b) Capacidade de seguimento de instruções
   (c) Capacidade de atingir metas
   (d) Capacidade de economizar *inputs*
   (e) Contrato de compra e venda entre privados
9. Eficiência administrativa refere-se à:
   (a) Relação entre *outputs* e *inputs*
   (b) Capacidade de seguimento de instruções
   (c) Capacidade de atingir metas
   (d) Capacidade de economizar *inputs*
   (e) Capacidade de distribuir benefícios
10. NÃO é exemplo de *input*:
    (a) Dinheiro usado no processo

(b) Pessoas envolvidas no processo
(c) Tempo necessário para o processo
(d) Materiais usados no processo
(e) Decisões derivadas do processo

11. NÃO se enquadra como *output:*
    (a) As externalidades positivas e negativas da política pública
    (b) O processo em si
    (c) O *feedback* derivado do processo
    (d) A política pública que nasce do processo legislativo
    (e) O lucro de uma empresa

12. "Não diga às pessoas COMO devem fazer as coisas. Diga O QUE deve ser feito, e se surpreenda com os resultados." Esse é um conselho que valoriza a:
    (a) Eficácia
    (b) Eficiência administrativa
    (c) Eficiência econômica
    (d) Equidade
    (e) Produtividade

13. A avaliação *ex ante* é sinônimo de:
    (a) Avaliação *in itinere*
    (b) Avaliação feita no passado
    (c) Avaliação feita antes da implementação
    (d) Avaliação feita durante a implementação
    (e) Avaliação feita após a implementação

14. Qual das situações a seguir dificulta a extinção de uma política pública?
    (a) A política pública não tem interessados na sua continuidade.
    (b) A política pública não consegue resolver o problema.
    (c) O problema que gerou a política pública permanece em alta na mídia.
    (d) O problema que gerou a política pública é percebido como resolvido.
    (e) O problema, embora não resolvido, perdeu importância na agenda política.

3.11 QUESTÕES DE CONCURSOS PÚBLICOS E EXAMES NACIONAIS

1. (CEPERJ – EPPGG/Estado do Rio de Janeiro, 2013) A fase da política pública em que uma situação qualquer é reconhecida como um problema político e a sua discussão passa a integrar as atividades de um grupo de autoridades denomina-se:
   (a) Tomada de decisão.
   (b) Implementação de ações.
   (c) Formação de agenda.

(d) Monitoramento ambiental.
(e) Planejamento de políticas.

2. (Vunesp – AGPP/Município de São Paulo, 2016) O ciclo de políticas públicas possui diversas fases ou etapas. A delimitação espacial e temporal entre elas não é exata, de tal forma que, por vezes, elas podem sobrepor-se ou coincidir. Uma das etapas essenciais ao processo decisório, de extrema complexidade, que possui diversos modelos analíticos para explicar seu arranjo e que está sujeita à influência da opinião pública é:
   (a) Agenda-*setting*.
   (b) Monitoramento e avaliação.
   (c) Desenho institucional.
   (d) Extinção.
   (e) Implementação.

3. (Vunesp, AGPP/Município de São Paulo, 2016) Na tomada de decisão em políticas públicas, os acordos são mais facilmente alcançados quando os itens em discussão consistem apenas em acréscimos ou decréscimos nos orçamentos ou de modificações nos programas existentes. É razoável pensar que a tensão política envolvida na aprovação efetiva de novas políticas a cada ano, partindo-se sempre da estaca zero e com decisões do tipo "tudo ou nada", não são a tônica do funcionamento de um governo. Assim, o _____ é importante para diminuir conflitos, manter a estabilidade e preservar o próprio sistema político.
   Assinale a alternativa que preenche corretamente a lacuna.
   (a) racionalismo absoluto
   (b) neoinstitucionalismo histórico
   (c) incrementalismo
   (d) pluralismo
   (e) keynesianismo

4. (FCC – EPP/Estado de São Paulo, 2009) Ao propor mudanças radicais numa política social, o governador recém-eleito de um estado brasileiro recebeu um relatório do gestor responsável pela área com a seguinte conclusão: "[...] é impossível tomar essa decisão sem levar em consideração o horizonte histórico da política em questão, pois a alocação de recursos é um processo contínuo. Deste modo, as decisões que o Sr. precisa tomar hoje estão condicionadas e limitadas pelo comprometimento de recursos que ocorreu no passado recente por seus antecessores." Essa é uma argumentação baseada em abordagem do tipo:
   (a) Historicista.
   (b) Sistêmica.
   (c) Conservadora.

(d) Racionalista.
(e) Incrementalista.

5. (ESAF – APGG/Governo Federal, 2002) Indique qual dos itens abaixo NÃO é considerado característico do processo de decisão incremental em políticas públicas.
   (a) Busca de composição de interesses e utilização das informações disponíveis, ainda que incompletas.
   (b) Mudanças graduais ao longo do tempo.
   (c) Inexistência de análise exaustiva das possibilidades de políticas existentes.
   (d) Pressão dos usuários, funcionários e beneficiários de um programa ou política pública, visando a sua continuação.
   (e) Possibilidade de reverter às condições anteriores a implementação do programa ou política pública.

6. (Vunesp – AGPP/Município de São Paulo, 2016) Observe a figura.

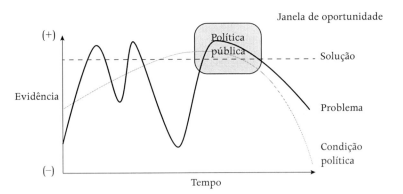

Fonte: Secchi (2013, p. 54).

A figura esquematiza algumas das ideias do modelo de John Kingdon que interpreta a formação da agenda de políticas públicas, demonstrando que
   (a) o surgimento de uma política pública independe da confluência de problemas, soluções e condições políticas favoráveis.
   (b) uma janela de oportunidade é a possibilidade de convergência dos três fluxos (problema, solução e condições políticas) que pode resultar na formação de agenda.
   (c) a evidência de um problema público (fluxo dos problemas) é constante ao longo do tempo.
   (d) as condições políticas (fluxo da política) dependem da solução (fluxo de solução).
   (e) janelas de oportunidades são situações frequentes e permanecem abertas por um longo tempo.

7. (FCC – EPP/Estado de São Paulo, 2009 – modificada) O modelo de Fluxos Múltiplos de Kingdon é frequentemente mobilizado pelos analistas de políticas públicas para explicar como as agendas são definidas. Com relação a essa abordagem, considere:
   I. Apenas o contexto político favorável é suficiente para que uma política seja aprovada, uma vez que as soluções tecnicamente viáveis estão sempre disponíveis.
   II. Uma "janela de oportunidade" para a aprovação de uma política se abre sempre que problemas e soluções convergem em um contexto político favorável.
   III. Uma situação qualquer se transforma num problema da agenda governamental sempre que uma *policy community* encontra uma solução politicamente aceitável.
   IV. Empreendedores da política são agentes essenciais para que a articulação entre problemas e soluções resulte em decisões governamentais favoráveis.
   V. Atores "invisíveis" são aqueles que efetivamente definem a agenda, enquanto os "visíveis" tem apenas poder de influência na escolha de alternativas.

   Está correto o que se afirma APENAS em:
   (a) I, II e III.
   (b) III, IV e V.
   (c) I, III e IV.
   (d) II e IV.
   (e) I e V.

8. (Vunesp – EPP/Estado de São Paulo promoção interna, 2017) A crise hídrica no estado de São Paulo foi um "evento de foco" iniciado em 2014, no território mais populoso do Brasil, no qual os níveis de seca e redução de oferta de água atingiram patamares preocupantes e poucas vezes observados na história da região. Um dos símbolos dessa crise foi a diminuição drástica do volume do Sistema Cantareira, um imenso reservatório administrado pela Sabesp e responsável pelo abastecimento de água de quase 9 milhões de pessoas na Região Metropolitana de São Paulo (RMSP). A magnitude desse acontecimento por si colocou a questão da gestão dos recursos hídricos na agenda política e formal, constituindo-se em um tipo de _____ de entrada do tema na pauta das políticas públicas estaduais.

   Assinale a alternativa que preenche corretamente a lacuna do texto.
   (a) janela rotineira
   (b) janela induzida
   (c) janela aleatória
   (d) janela discricionária
   (e) janela decisionística

9. (Vunesp – APPGG/Município de São Paulo, 2015 – modificada) De acordo com o modelo do equilíbrio pontuado, as políticas públicas:

(a) Mudam quando o equilíbrio é alterado por mudanças incrementais nas imagens e nas instituições.
(b) Mudam quando o equilíbrio é quebrado por alterações abruptas no monopólio das imagens e nas instituições.
(c) Mudam incrementalmente, por meio de alterações nas imagens e nas instituições.
(d) Mudam abruptamente, por meio de alterações no monopólio das imagens e nas instituições.
(e) Sofrem mudanças incrementais e mudanças de grande escala, dependendo da emergência de mudanças nas imagens e nas instituições.

10. (Vunesp – EPP/Estado de São Paulo promoção interna, 2017) Leia o trecho e responda à questão.

> Pela primeira vez desde setembro do ano passado [2015], o número de novos casos de dengue interrompeu a trajetória de crescimento no estado de São Paulo. No comparativo com janeiro, o recuo de novas notificações em fevereiro foi de 38,5%, passando de 57,5 mil para 35,4 mil. As razões para a reversão da tendência de avanço da epidemia ainda não são claras, mas animaram as autoridades de saúde do Estado. De acordo com estudiosos da dengue, a quebra da sequência de altas de novos casos pode tanto ter relação com a subnotificação (o que não é comum, pois há protocolos rígidos para o controle da doença) como ser resultado da intensificação das campanhas de combate ao mosquito *Aedes*. [...] (*Folha de S.Paulo*, 15 de março de 2016)

Com relação ao tipo de tendência desse problema de saúde pública no decorrer do tempo no estado de São Paulo, é correto afirmar que se trata de um problema

(a) em declínio.
(b) incremental.
(c) estável.
(d) cíclico.
(e) súbito.

11. (Vunesp – AGPP/Município de São Paulo, 2016) A etapa de formulação de políticas públicas envolve, dentre outras atividades, o desenho de alternativas como um momento em que são analisados os vários caminhos para que um objetivo possa ser alcançado. Cada uma das alternativas, além de requerer diferentes recursos, vai necessitar de mecanismos que induzam ao comportamento desejado. Assinale a alternativa que descreve corretamente um desses mecanismos.

(a) O mecanismo de conscientização busca influenciar o comportamento por meio da construção e apelo ao senso de dever moral.
(b) O mecanismo de premiação busca influenciar o comportamento por meio de estímulos negativos.
(c) O mecanismo de soluções técnicas busca influenciar o comportamento por meio de recompensa material ou punições.
(d) O mecanismo de persuasão busca influenciar o comportamento por meio da aplicação de práticas e equipamentos.

(e) O mecanismo de coerção busca influenciar o comportamento por meio de estímulos positivos.

12. (Esaf – EPPGG/Governo Federal, 2008) Os estudos sobre políticas públicas mostram que nem sempre todas as decisões relevantes são tomadas durante a fase que convencionalmente é conhecida como formulação. Esse problema, que dificulta a implementação, ocorre por causa de todos os motivos listados abaixo, exceto:

    (a) Houve conflitos sobre importantes questões com relação às quais não se conseguiu construir uma solução negociada durante a formulação.

    (b) O reconhecimento, pelos tomadores de decisão, que as decisões cotidianas da política envolverão conflitos com interesses poderosos, sendo recomendável decidir previamente o mínimo possível, para assegurar aos implementadores o espaço essencial às negociações.

    (c) O conhecimento sobre o impacto efetivo da política era insuficiente no momento da formulação e os tomadores de decisão preferiram esperar para decidir quando todos os fatos relevantes estivessem à disposição dos implementadores.

    (d) A política envolvia questões cujas decisões requeriam conhecimento fortemente especializado e os tomadores de decisão consideraram que os implementadores estariam mais bem preparados para tomá-las.

    (e) A percepção, pelos tomadores de decisão, de que na fase da implementação tende a ocorrer naturalmente uma acomodação entre interesses em conflito e, portanto, é recomendável esperar esse momento para decidir.

13. (Vunesp – EPP/Estado de São Paulo promoção interna – 2017 – modificada) Considere que um analista de políticas públicas estadual foi alocado como gerente de um programa de apoio aos municípios na Subsecretaria de Relacionamento com os Municípios, da Casa Civil. E, na atualidade, diante da crise econômico-financeira e diminuição da arrecadação, muitos prefeitos de pequenas cidades do interior têm questionado a equipe de trabalho dele sobre possíveis alternativas para diminuir o atraso e a inadimplência no pagamento dos impostos municipais, sobretudo o IPTU. Considerando o correto uso de mecanismos para a indução de comportamentos em políticas públicas, o analista deve sugerir aos prefeitos que

    (a) realizem o sorteio de prêmios em dinheiro ou material aos adimplentes, para induzir o comportamento por meio da conscientização.

    (b) diminuam a multa para os pagamentos atrasados, para induzir o comportamento por meio da coerção.

    (c) concedam descontos progressivos aos adimplentes, para induzir o comportamento por meio da premiação.

    (d) façam campanhas publicitárias que retratem as dificuldades financeiras da prefeitura, para induzir o comportamento por meio desta solução técnica de estímulo positivo.

(e) implantem um programa de negociação, do tipo Refiz, com os inadimplentes, para induzir o comportamento por meio dessa solução técnica de estímulo negativo.

14. (Vunesp – AGPP/Município de São Paulo, 2016) A etapa de implementação de políticas públicas necessita de instrumentos, ou seja, meios disponíveis para transformar as intenções políticas em ações concretas. Assinale a alternativa que descreve corretamente um desses instrumentos.
    (a) Impostos e taxas: instrumento fiscal que incentiva ou premia alguma atividade.
    (b) Transferência de renda: instrumento econômico de inibição da prestação direta de serviço público.
    (c) Subsídio: instrumento fiscal que onera e desincentiva algumas atividades.
    (d) Terceirização de serviço público: instrumento administrativo que transfere a execução de algum serviço para uma organização privada.
    (e) Regulamentação: instrumento regulatório que extingue regras, normas e procedimentos.

15. (Vunesp – EPP/Estado de São Paulo promoção interna, 2017 – modificada) Considere que, em uma reunião intergovernamental entre gestores públicos do Governo do Estado de São Paulo e da Prefeitura Municipal de São Paulo, um analista de políticas públicas foi convidado a formular alternativas de SOLUÇÕES TÉCNICAS para a Lei Municipal n. 56/2005 – conhecida como Lei Antipichação –, a qual institui punição administrativa a quem pichar imóveis públicos ou privados na capital paulista. Logo, considerando tal convite, é correto que o analista proponha:
    (a) reverter a definição do problema: a interpretação entre o que é pichação e o que é grafite é difusa, e o problema está na falta de sensibilidade artística de parte da população.
    (b) garantir que a Lei Municipal n. 56/2005, em vigência, seja plenamente respeitada, e que as punições sejam exemplares, no estilo "política de tolerância zero".
    (c) instalar câmeras de vigilância nos espaços públicos em que as pichações ocorrem com maior frequência.
    (d) criar espaços propícios na cidade para que os pichadores e grafiteiros possam expressar sua arte.
    (e) promover cursos na modalidade de oficinas para induzir a conversão artística dos pichadores em grafiteiros.

16. (Vunesp – EPP/Estado de São Paulo promoção interna, 2017 – modificada) Lançado há 10 anos pelo Governo do Estado de São Paulo, por meio da Secretaria Estadual do Meio Ambiente, o Programa Município Verde-Azul tem o propósito de apoiar e medir a gestão ambiental estadual com a descentralização e a valorização da agenda ambiental nos municípios. A participação de cada um dos municípios paulistas ocorre com a indicação de um interlocutor, por meio de ofício encaminhado ao programa. Além disso, a participação do município no programa é um dos critérios de avaliação para a liberação de recursos do Fundo Estadual de Controle da Poluição.

Para a consecução dos seus objetivos, o programa publica um *ranking* ambiental dos municípios paulistas, concedendo um selo para as prefeituras que se destacam. Neste caso, o programa utiliza-se de um instrumento regulatório fundamentado

(a) na adesão compulsória.

(b) na certificação.

(c) no *enforcement* da Lei Ambiental.

(d) no subsídio fiscal.

(e) na discriminação seletiva positiva.

17. (Vunesp – EPP/Estado de São Paulo promoção interna, 2017) A Nota Fiscal Paulista foi criada pelo Governo do Estado de São Paulo em 2007, no âmbito do Programa de Estímulo à Cidadania Fiscal, com objetivo de fomentar a ação cidadã e a diminuição da sonegação fiscal. Considerando as características do programa, assinale a alternativa que apresenta, corretamente, o instrumento de política pública utilizado para implementação do programa.

    (a) Impostos e taxas.

    (b) Legalização.

    (c) Transferência de renda.

    (d) Desregulamentação.

    (e) Incentivo fiscal.

18. (FCC – EPP/Estado de São Paulo, 2009 – modificada) Com relação às condições reais para a implementação de uma política em um contexto político e social complexo, considere:

    I. Uma política só pode ser implementada se estiver baseada numa teoria que saiba exatamente a relação entre a causa (de um problema) e o efeito (de uma solução que está sendo proposta).

    II. Em situações de alta complexidade, uma só agência deve ser responsável pela implementação de uma política, evitando depender de outras agências para ter sucesso.

    III. Em contextos complexos, dificilmente haverá completa compreensão e consenso quanto aos objetivos a serem atingidos, e os implementadores devem reconstruir o possível consenso a cada etapa do processo de implementação.

    IV. Em processos de implementação de políticas que envolvem múltiplos atores e arenas, aqueles que exercem posições de comando devem ser capazes de obter efetiva obediência de todos os envolvidos, por meio de normas burocráticas.

    V. Um dos maiores obstáculos para o sucesso de uma política em ambientes complexos é a dificuldade de comunicação clara e direta entre os atores envolvidos tanto na formulação como na implementação.

    Está correto o que se afirma APENAS em:

    (a) I, II e III.

    (b) III e V.

(c) II e IV.
(d) II, III e IV.
(e) I, III e V.

19. (Esaf – APGG/Governo Federal, 2002 – modificada) Após terem sido formuladas, as políticas públicas só se transformam em ações governamentais se forem implementadas. A implementação, por sua vez, pode ser conduzida segundo diferentes modelos. Caso prevaleça o modelo de cima para baixo (*top-down*), indique qual das características abaixo NÃO deverá estar presente.
    (a) Cadeia de comando com foco nos decisores de alto escalão.
    (b) Objetivos definidos e não contraditórios.
    (c) Alta autonomia dos níveis médios e inferiores da burocracia pública.
    (d) Ênfase na comunicação de objetivos/tarefas, coordenação de ações e responsabilização pelo cumprimento das atribuições de cada parte.
    (e) Possibilidade de ocorrer o *blame shifting* (deslocamento de culpa) para os agentes.

20. (FCC – EPP/Estado de São Paulo, 2009 – modificada) Segundo as abordagens contemporâneas, um processo de implementação de políticas públicas bem-sucedido:
    (a) Depende da existência de redes sociais com baixo nível de assimetria, informação completa sobre os impactos da política e baixo nível de conflito social.
    (b) Envolve a negociação centralizada entre associações que exerçam o monopólio da representação dos interesses sociais e econômicos afetados pela decisão.
    (c) Pressupõe que os objetivos estejam clara e detalhadamente definidos, os recursos sejam suficientes, o ambiente não seja conflitivo e haja boa vontade por parte dos implementadores.
    (d) Pode ocorrer mesmo quando os objetivos são difusos, os recursos são insuficientes e as circunstâncias que cercam o trabalho da Administração sejam conflitivos.
    (e) Exige burocracias profissionais protegidas dos interesses corporativos e empresariais, informações completas sobre os impactos potenciais da política e baixo nível de conflito social.

21. (Esaf – EPPGG/Governo Federal, 2008 – modificada) Examine os enunciados abaixo sobre a implementação de políticas públicas e assinale a opção correta.
    I. No modelo "de cima para baixo" ou *top-down*, a implementação é vista como um processo de reunião ou encaixe de diversos elementos para alcançar um resultado programado, e, nesse sentido, a decisão passa pelas mãos dos administradores de tal maneira que o conteúdo da política vai sendo reformulado, emendado e transformado no âmbito da execução.
    II. No modelo "de baixo para cima" ou *bottom-up*, a implementação aparece como não problemática, ou seja: observadas todas as condições que caracterizam o processo de formulação, cabe aos implementadores a realização quase mecâ-

nica de uma sucessão de passos relativamente ordenados, executados pelas diferentes organizações envolvidas.

III. No modelo "de cima para baixo" ou *top-down*, uma variável central é a capacidade do comando de obter obediência dos comandados, já que estes, ao invés de se comportarem de acordo com os procedimentos técnicos e administrativos previstos, podem utilizá-los discricionariamente até convertê-los em suporte de seu próprio poder interno frente aos seus chefes, subordinados e usuários.

IV. Segundo o modelo "de baixo para cima" ou *bottom-up*, na base da execução se desenvolve uma vida complexa, que é feita de jogos de influência e de negociações em torno da aplicação das normas e dos procedimentos, que pouco tem a ver com a racionalidade dos decisores.

(a) Todos os enunciados estão corretos.
(b) Somente o enunciado número 4 está correto.
(c) Somente o enunciado número 2 está correto.
(d) Somente o enunciado número 3 está correto.
(e) Somente o enunciado número 1 está correto.

22. (Vunesp – AGPP/Município de São Paulo, 2016) A etapa de monitoramento das políticas públicas abre a possibilidade de se corrigirem os rumos da implementação, não só para que o desempenho das ações seja maximizado mas também para que estas levem em conta se a relação entre meios-fins está adequada. Logo, o monitoramento de uma política pública geralmente se apoia em métodos e técnicas de

(a) avaliação somativa.
(b) avaliação *ex-post*.
(c) avaliação formativa.
(d) análise de balanço.
(e) avaliação 360 graus.

23. (Esaf – EPPGG/Governo Federal, 2013) A principal matéria-prima de um sistema de monitoramento de programas sociais são os dados operacionais dos programas, que vão permitir o estabelecimento de indicadores. As afirmativas abaixo acerca de indicadores estão corretas, exceto:

(a) Um indicador consiste em um valor usado para medir e acompanhar a evolução de algum fenômeno ou os resultados de processos sociais.
(b) Os dados precisam ser produzidos no próprio órgão público que gerencia o programa (internamente), em seus vários departamentos e secretarias, mas não podem ser produzidos externamente, por entidades privadas ou associações da sociedade civil, pois estas (instituições privadas) poderiam distorcer os resultados.
(c) O aumento ou diminuição dos valores encontrados nos indicadores permite verificar as mudanças ocorridas nos programas sociais.
(d) Os indicadores de monitoramento podem ser agrupados nas seguintes classes: "estrutura" – valores relativos à execução físico-financeira, à infraestrutura

etc.; "processos" – valores relativos às etapas/relações que fazem parte da implementação do programa; "resultados" – valores relativos ao alcance de metas do programa.

(e) Indicadores podem ser produzidos com base em resultados de pesquisas de avaliação. Contudo, isso só tem um sentido efetivo se a pesquisa for repetida, para comparar os indicadores no tempo, se tiverem comparabilidade com outros indicadores, produzidos a partir de outras bases de dados; ou ainda, se puderem ser interpretados à luz de algum objetivo que se queira alcançar. Indicadores de avaliação também expressam certas condições relativas a "estrutura", a "processos" e a "resultados", esta última categoria englobando os indicadores de "impactos" e "efeitos", de acordo com as dimensões do estudo a partir do qual são produzidos.

24. (Vunesp – EPP/Estado de São Paulo promoção interna, 2017) O Tribunal de Contas do Estado de São Paulo (TCE-SP) impôs ressalva às contas do ano de 2016 da Administração Pública estadual, apontando, sobretudo, uma insuficiência de transparência na concessão das renúncias fiscais. De acordo com o conselheiro relator das contas estaduais, o governo não divulgou quem são os beneficiários, qual o montante da renúncia e o impacto efetivo no orçamento anual, mesmo depois de reiterados questionamentos do tribunal, concernentes ao não atendimento do art. 14 da Lei de Responsabilidade Fiscal (LRF), que compreende as regras do benefício. A ressalva implica obrigação de corrigir o erro no próximo exercício, sob risco de incorrer em improbidade administrativa. Essa situação-problema relata um julgamento realizado por um órgão de controle externo baseado em uma avaliação _____ das contas públicas do governo estadual.

Assinale a alternativa que preenche corretamente a lacuna do texto.

(a) *ex ante*
(b) *in itinere*
(c) *ex post*
(d) *condicional*
(e) *formativa*

25. (Vunesp – APPGG/Município de São Paulo, 2015 – modificada) É um exemplo de avaliação, conforme o critério de eficiência, a:
(a) Proporção entre número de médicos e quantidade de leitos hospitalares.
(b) Relação entre número de professores e número de alunos.
(c) Proporção entre quantidade de ônibus e de carros circulando nas ruas.
(d) Quantidade de vagas reservadas para cotas sobre o total de vagas disponíveis.
(e) Relação entre número de leitos hospitalares e quantidade de remédios utilizados.

26. (Esaf – EPPGG/Governo Federal, 2008 – modificada) Na avaliação das políticas públicas, um aspecto distintivo essencial é a função a ser cumprida pela avaliação. Nos

idos da década de 1960 foram formulados os conceitos de avaliação formativa e somativa. Assinale, entre as opções abaixo, a única que se refere à avaliação somativa.
- (a) A coleta de dados tem como objetivo embasar diagnósticos.
- (b) A coleta de dados é frequente, mas as amostras geralmente são pequenas.
- (c) As perguntas avaliativas incidem sobre o que tem funcionado, o que precisa ser melhorado e como fazê-lo.
- (d) O seu foco são as evidências necessárias para fundamentar as decisões que serão tomadas.
- (e) É realizada basicamente por avaliadores internos, com o apoio de avaliadores externos.

27. (Vunesp – APPGG/Município de São Paulo, 2015 – modificada) É um exemplo de avaliação, conforme o critério de eficácia, a:
- (a) Abertura de novas vagas na Ensino de Jovens e Adultos.
- (b) Expansão percentual da rede de ciclovias.
- (c) Quantidade de procedimentos cirúrgicos em relação ao número de médicos.
- (d) Construção de número de creches previsto no planejamento governamental.
- (e) Redução do número de acidentes de trânsito.

28. (Esaf – EPPGG/Governo Federal, 2013 – modificada) Avaliar significa determinar a valia de algo, atribuir um valor, e outras línguas, incluindo o espanhol e o inglês, coincidem na associação de avaliação como atribuição de valor. No entanto, alguns autores advertem, de início, que não existe consenso quanto ao que seja avaliação de políticas públicas, pois o conceito admite múltiplas definições, algumas delas contraditórias. As afirmativas abaixo acerca de avaliação estão corretas, exceto:
- (a) Pode-se definir avaliação em termos simples, afirmando que o termo compreende a avaliação dos resultados de um programa em relação aos objetivos propostos.
- (b) Avaliação é uma operação na qual é julgado o valor de uma iniciativa organizacional, a partir de um quadro referencial ou padrão comparativo previamente definido.
- (c) A avaliação pode ser considerada como a operação de constatar a presença ou a quantidade de um valor desejado nos resultados de uma ação empreendida para obtê-lo, tendo como base um quadro referencial ou critérios de aceitabilidade pretendidos.
- (d) O propósito da avaliação é determinar a pertinência e alcance dos objetivos, a partir de critérios como eficiência e eficácia.
- (e) A avaliação pode ser vista exclusivamente como parte do processo de tomada de decisão, em que o decisor busca informações sobre os produtos das políticas públicas passadas para que ele possa fundamentar suas decisões de manter ou alterar essas políticas baseando-se em sua intuição e seus valores.

29. (Vunesp – EPP/Estado de São Paulo promoção interna, 2017 – modificada) Mulheres paulistas com idade entre 50 e 69 anos podem realizar, gratuitamente pelo SUS, exames de mamografia no mês em que comemoram aniversário, sem a necessidade de apresentar pedido médico. O benefício é garantido pelo Programa Mulheres de Peito, uma ação da Secretaria Estadual da Saúde de São Paulo que visa à detecção precoce do câncer de mama. O atendimento, disponível em todo o estado, ocorre em Ambulatórios Médicos de Especialidades (AMES), hospitais estaduais e clínicas conveniadas. Em adição, quatro carretas do programa percorrem os municípios paulistas para ajudar também na realização dos exames. Para avaliar a eficiência no uso de recursos desse programa, um analista de política pública deve escolher
    (a) a variação da taxa de mortalidade por câncer de mama de mulheres entre 50 e 69 anos no estado de São Paulo.
    (b) o nível de satisfação das mulheres que realizaram os exames de mamografia pelo programa, relacionando-os com o local do atendimento – AMES, hospitais, carretas etc.
    (c) o percentual de cumprimento das metas de atendimento do público-alvo no âmbito do programa.
    (d) a quantidade de exames de mamografia realizados por ano no programa, discriminada por cada equipamento de saúde e pelas carretas.
    (e) a melhora do nível de informação sobre prevenção do câncer de mama nas mulheres atendidas pelo programa.
30. (Ceperj – EPPGG/Estado do Rio de Janeiro, 2012 – modificada) A avaliação de processo é utilizada no acompanhamento e na análise de programas sociais, como o Programa Bolsa Família. Das alternativas abaixo NÃO é um aspecto abordado quando se realiza a Avaliação de Processo de um programa de transferência direta de renda:
    (a) Levantamento dos objetivos do programa.
    (b) Identificação do público-alvo.
    (c) Identificação das exigências para acesso ao programa.
    (d) Levantamento das mudanças produzidas nas vidas dos beneficiários.
    (e) Identificação da origem e do volume de recursos disponíveis.
31. (Vunesp, AGPP/Município de São Paulo, 2016 – modificada) Um técnico de uma prefeitura de um médio município brasileiro, durante o processo de avaliação dos serviços públicos de limpeza, propôs como um dos indicadores a frequência da coleta de lixo por semana. Trata-se de um indicador de
    (a) impacto.
    (b) processo.
    (c) produto.
    (d) efeito.
    (e) resultado.

32. (Vunesp – EPP/Estado de São Paulo, promoção interna, 2017) Segundo a Fundação Casa, a taxa de reincidência de atos infracionais cometidos por adolescentes após o cumprimento da medida socioeducativa é de 15% entre os internos da instituição. Entretanto, existem algumas discordâncias e diversas críticas do Ministério Público Estadual (MPE) sobre o que a Fundação Casa considera como reincidentes e, segundo os promotores do MPE, 54% dos internos retornam ao crime. Esse embate entre a Fundação Casa e o Ministério Público Estadual em torno da taxa de reincidência é proveniente da diferença de interpretação sobre
    (a) a dimensão da política pública.
    (b) o critério lógico de julgamento.
    (c) o padrão de referência comparativa.
    (d) os parâmetros normativos.
    (e) a confiabilidade das fontes de dados.

33. (FCC – EPP/Estado de São Paulo, 2009 – modificada) Com relação à abordagem do *policy cycle,* considere:
    I. A fase da avaliação de políticas corresponde ao momento crítico onde se toma a decisão de implementar ou não a política, tendo em vista os potenciais impactos e os efeitos colaterais indesejados.
    II. O *policy cycle* é um modelo de tipo empírico que procura descrever da forma mais exata possível o processamento da política. O fato de os processos políticos reais não corresponderem ao modelo teórico indica que o modelo construído é inadequado.
    III. Na fase da percepção e definição de problemas, o que interessa analisar é a questão de como em um número infinito de possíveis campos de ação política, alguns *policy issues* destacam-se como mais apropriados para um tratamento político e consequentemente acabam gerando um *policy cycle.*

    Está correto o que se afirma em:
    (a) I e II.
    (b) I e III.
    (c) II e III.
    (d) Somente em II
    (e) Somente em III.

34. (Vunesp – AFA-TCE/Estado de São Paulo, 2017 – modificada) Leia o seguinte texto para responder à questão.

    Escolas públicas de São Paulo usam teorias de Nobel para reduzir evasão

    Lembretes curtos via SMS para os pais sobre a importância da frequência escolar. Essa medida simples e de baixo custo melhorou as notas e reduziu a repetência de crianças do 9º ano do ensino fundamental, na rede estadual de São Paulo. Os alunos cujos responsáveis receberam mensagens tiveram um avanço nas notas de português e de matemática em uma prova oficial (Saresp) equivalente a meio ano letivo de aprendizagem. A taxa de reprovação entre esses estudantes caiu: 3%. A potencial economia de recursos com a queda da repetência é de R$ 12,4 para cada real investido. O experimento, feito por um semestre em 2016, com a adoção do programa EduqMais no Estado, é um exemplo da potencial eficácia do que Richard Thaler, laureado com o Nobel de Economia, batizou de *nudge*, uma espécie de "empurrão" da política pública nos indivíduos na direção de ações benéficas para eles próprios e para a sociedade.

(Érica Fraga e Ana Estela de Sousa Pinto. *Folha de S.Paulo*, 15.10.2017. Adaptado)

Assinale a alternativa que apresenta corretamente as fases do ciclo de políticas públicas mencionadas no texto.

(a) Trata-se da fase de formulação a partir de uma teoria reconhecida com o Prêmio Nobel, a qual foi implementada com os lembretes de SMS, avaliada e monitorada em relação aos custos, redução dos índices de reprovação e aumento das notas.

(b) Apresentaram-se três fases da política pública: a formação da agenda a partir do experimento *nudge*; a implementação com os lembretes de SMS e, finalmente, a mensuração sobre os impactos dessa política pública.

(c) O texto ilustrou três fases da política pública: a agenda, quando a Secretaria de Educação de São Paulo escolheu o uso do *nudge*; a proposição, ao implementar os SMS para os pais; e, finalmente, avaliação de impacto, no caso, a taxa de reprovação.

(d) A fase de definição de agenda de política pública contou com um embasamento científico do prêmio nobel Richard Thaler, e a fase de implementação e resultados trouxe indicadores objetivos e mensuráveis.

(e) A fase de elaboração teve como base um fundamento científico do campo econômico reconhecido com o Prêmio Nobel, e a fase de resultados apresentou os benefícios sociais mensuráveis junto ao público-alvo, no caso, os estudantes.

35. (Vunesp – EPP/Estado de São Paulo promoção interna, 2017 – modificada) Leia o trecho e responda à questão.

> As Fábricas de Cultura são um programa do Governo do Estado de São Paulo que leva arte, cultura e cidadania àqueles que mais necessitam. Instaladas em regiões socialmente críticas da capital paulista, as Fábricas de Cultura dão oportunidades a jovens e crianças de terem acesso à arte de qualidade, em modernos prédios de aproximadamente seis mil m², abrindo as portas para uma nova realidade em suas vidas. As crianças e adolescentes, nas Fábricas de Cultura, frequentam aulas de iniciação artística nas áreas de música, teatro, circo, dança, multimeios (filmagem e edição de vídeos), xadrez e artes plásticas, cada uma com várias modalidades, nos mais diversos estilos. Além disso, o local serve de espaço para difusão cultural para os grupos e artistas dos bairros em que as Fábricas estão implantadas, abrigando espetáculos para toda a comunidade nos fins de semana, além de oferecer biblioteca, com mais de dois mil títulos, e cinema. (Governo do Estado de São Paulo, 2017. Adaptado)

A respeito do processo de avaliação do programa Fábricas de Cultura, é correto afirmar que

(a) o desempenho desse tipo de política pública não deve ser avaliado com muita preocupação, haja vista a imprecisão implícita e intersubjetiva de seus resultados.

(b) demanda, necessariamente, a participação dos múltiplos atores, bem como a captação de diversas perspectivas analíticas sobre seus resultados.

(c) são preferíveis análises com foco nos custos financeiros da política pública, com olhar para questões quantitativas.

(d) os resultados devem necessariamente comprovar a eficácia das leis de incentivo fiscal à cultura.

(e) por se tratar de uma política publicizada, a avaliação dos resultados do programa deve ser de responsabilidade das organizações sociais e o controle procedimental cabe ao governo.

36. (Vunesp – AFA-TCE/Estado de São Paulo, 2017 – modificada) No *site* do TCE-SP, lê-se:

> IEGM/TCE-SP: índice de efetividade da gestão municipal
> O IEGM/TCE-SP é o índice de desempenho da Corte de Contas paulista, composto por 7 (sete) índices setoriais, consolidados em um único índice por meio de um modelo matemático que, com foco na análise da infraestrutura e dos processos dos entes municipais, busca avaliar a efetividade das políticas e atividades públicas desenvolvidas pelos seus gestores. A combinação das análises destes sete índices temáticos busca averiguar, ao longo do tempo, se a visão e objetivos estratégicos dos municípios foram alcançados de forma efetiva e, com isso, oferecer elementos importantes para auxiliar e subsidiar a ação fiscalizatória. (http://iegm.tce.sp.gov.br/help.html)

No IEGM/TCE-SP, um dos sete índices setoriais refere-se ao quesito fiscal, denominado i-Fiscal. Esse índice setorial intenta medir o resultado da gestão fiscal dos municípios paulistas por meio da análise: da execução financeira e orçamentária, das decisões em relação à aplicação de recursos vinculados e da obediência aos limites estabelecidos pela LRF. Considerando esses itens do i-Fiscal como critérios para a mensuração do desempenho governamental, é correto afirmar que o i-Fiscal avalia

(a) a legalidade e a eficiência de processos orçamentários do município.

(b) a efetividade das finanças públicas municipais.

(c) a eficácia de programas governamentais da área-meio financeiro-orçamentária.

(d) a qualidade percebida das políticas públicas de gestão fiscal no município.

(e) o efeito da norma jurídica e o impacto fiscal dos projetos e das atividades municipais.

37. (Inep – Enade/Administração Pública, 2018) Um importante elemento da análise de política pública é o chamado ciclo da política pública. Ao subdividir o agir público em fases parciais do processo político-administrativo de resolução de problemas, o ciclo da política pública acaba se revelando um modelo heurístico bastante interessante para a análise da vida de uma política pública. A fase de avaliação é imprescindível para o desenvolvimento e a adaptação contínua das formas e dos instrumentos de ação pública.

> FREY, K. Políticas públicas: um debate conceitual e reflexões referentes à prática da análise de políticas públicas no Brasil. *Planejamento e Políticas Públicas*, Brasília: Ipea, n. 21, jun. 2000 (adaptado).

Acerca da fase de avaliação do ciclo da política pública, avalie as afirmações a seguir.

I. A avaliação denominada *ex ante* expressa uma concepção interativa, segundo a qual a avaliação se inicia desde o momento em que se define o problema; ela integra as discussões em torno da formulação das alternativas, envolve a tomada de decisão e acompanha o processo de gestão, informando aos envolvidos sobre os avanços, riscos e limitações desse processo.

II. Na avaliação de monitoramento, utiliza-se um conjunto de estratégias destinadas a realizar o acompanhamento de uma política, programa ou projeto, para que se identifiquem, oportuna e tempestivamente, as vantagens e pontos frágeis na sua execução, a fim de que se efetuem os ajustes e correções necessários à maximização dos seus resultados e impactos.

III. A avaliação de impacto, que tem por objeto os resultados, também chamados de *outputs*, consiste nos bens ou serviços necessários a um programa ou projeto para que seus objetivos finais sejam alcançados.

É correto o que se afirma em

(a) I, apenas.
(b) III, apenas.
(c) I e II, apenas.
(d) II e III, apenas.
(e) I, II e III.

38. (Vunesp – AGPP/Município de São Paulo, 2016 – modificada) Ainda que incomum no estudo das políticas públicas, a fase do processo de políticas públicas em que o problema é percebido como resolvido, as leis e ações que ativavam a política pública são compreendidas como ineficazes ou o problema perdeu progressivamente importância e saiu da agenda, é definida como:

(a) Insulamento burocrático.
(b) Agenda-*setting*.
(c) Formulação de alternativas.
(d) Extinção.
(e) Monitoramento.

39. (Vunesp – EPP/Estado de São Paulo promoção interna, 2017 – modificada) Leia o trecho e responda à questão.

Assembleia de São Paulo aprova extinção da Fundap Projeto foi aprovado hoje pelos deputados estaduais. Medida busca corte de gastos.

A Assembleia Legislativa de São Paulo aprovou nesta terça-feira (3) o Projeto de Lei 39/2015 [...] que extingue a Fundação do Desenvolvimento Administrativo (Fundap), fundada em 1974. O texto foi aprovado por 46 votos a favor e 14 contra. [...] O governo afirma que a medida foi tomada "para reduzir gastos e economizar recursos diante da grave crise econômica do Brasil e baseada em um cenário de risco de frustração da meta de arrecadação" [...]. (*Portal G1*, 4 de novembro de 2015)

Embora não usual, o ciclo de políticas públicas envolve, assim como as fases de agenda, formulação, implementação e avaliação, uma etapa também de extinção. Considerando a literatura sobre término das políticas públicas, para além do argumento oficial de redução de despesas de custeio mencionado no trecho, outras causas para a extinção podem ser, exceto:

(a) O problema que originou a política (ou organização) pública é percebido como resolvido.

(b) Os projetos e as atividades conduzidos pela política (ou organização) são percebidos pela máquina pública como ineficazes.

(c) A função para a qual foi criada a política (ou organização) pública, embora não resolvida, perdeu gradativamente importância na agenda política e formal.

(d) No limite, uma política (ou organização) pública pode ter um prazo de validade determinado, uma vez que pode ter sido criada para resolver um problema específico ou contextual.

(e) Toda política (ou organização) pública que compõe a área-meio de gestão pública deve ser obrigatoriamente extinta e suas funções repassadas (publicizadas) para as entidades do terceiro setor.

Instituições no processo de políticas públicas

Após abordar a dimensão de conteúdo (tipos de política pública) e a dimensão temporal das **políticas públicas** (a dinâmica do **processo de política pública**), vamos apresentar a dimensão espacial-institucional, a *polity*, ou seja, a comunidade política onde as políticas públicas acontecem.

O **analista de políticas públicas** pode responder a indagações de tipo espacial referindo-se à cidade, ao estado ou ao país onde a política pública foi estabelecida. Ou, ainda, pode preferir distinguir em que esfera de poder a política pública foi formulada: Executivo, Legislativo, Judiciário ou não governamental. Mas, especificamente, a dimensão espacial pode ser visualizada em níveis mais detalhados, por exemplo, no plenário da Câmara, no plenário do Senado, em determinada comissão legislativa ou em um fórum legislativo consultivo com a participação da sociedade civil.

É sabido que a dinâmica política (*politics*) – assim como a dinâmica de construção das políticas públicas (*policy*) – varia substancialmente nos diferentes contextos institucionais em que ela se desenvolve (*polity*). Um exemplo disso é a diferença entre a dinâmica política predominante em um sistema multipartidário, que se baseia na construção de coalizões entre **partidos**, e a dinâmica política em um sistema bipartidário, no qual coalizões são improváveis. Outro exemplo dessa relação entre instituição e política pública é aquela em que um traço cultural (instituição), como a condenação religiosa do casamento de pessoas do mesmo sexo, acabe virando política pública, com a proibição em lei desses casamentos.

Por outro lado, a *policy* também pode ter uma relação de influência sobre a instituição. Isso acontece quando uma política pública fica em vigor por tanto tempo, adquire tamanha legitimidade social, que torna-se uma instituição. Por exemplo, quando foram criados direitos trabalhistas como 13º salário, férias e licença-maternidade, estas eram apenas políticas públicas, que sofreram resistência de empregadores e geraram conflitos entre vertentes político-ideológicas. Hoje tais direitos trabalhistas estão tão legitimados na sociedade que tornaram-se instituições, ou seja, políticas públicas tão sedimentadas que dificilmente encontre contestação.

Em suma, conhecer o *locus* onde a política acontece é muito importante para entender a dinâmica política, os comportamentos dos atores e os efeitos das políticas públicas. Nos estudos de políticas públicas, esse *locus* é o contexto institucional. As políticas públicas se desenvolvem em um cenário político e o conjunto das instituições é esse cenário.

4.1 PERCEBENDO AS INSTITUIÇÕES

No linguajar popular, e inclusive em textos acadêmicos publicados no Brasil, o termo "instituição" recebe conotação de organização ou entidade, como instituição cultural, instituição de ensino superior, instituição religiosa etc. Esse sentido estrito da palavra "instituição" também é utilizado na literatura internacional de ciências sociais, mas, por sua vez, recebe também uma conotação mais ampla ao termo *institution* (inglês, francês e alemão), *istituzione* (italiano) e *institución* (espanhol).

De acordo com a escola institucionalista tradicional, instituições são regras formais que, de alguma forma, condicionam o comportamento dos indivíduos. Aplicando esse conceito à área de políticas públicas, as instituições são as regras constitucionais, os estatutos e códigos legais, as políticas públicas passadas e os regimentos internos das **arenas** onde as políticas públicas são construídas. Instituições nessa acepção são: jurisdições (leis), competências (funções) e as delimitações territoriais.

Se compararmos **o processo político** ao jogo de futebol, as instituições são as regras formais desse esporte: onze jogadores para cada time, um jogador com possibilidade de usar as mãos dentro da grande área, dois tempos de 45 minutos, o objetivo de fazer gols, a regra do impedimento, dois cartões amarelos resultam em expulsão etc.

Segundo os institucionalistas tradicionais, as "regras do jogo" são variáveis independentes e condicionam o jogo político e as estratégias dos atores políticos. Voltando à metáfora futebolística, as regras formais do futebol condicionariam a disposição dos homens em campo, as decisões de substituições, os esquemas táticos etc.

Durante a década de 1980, no entanto, outra abordagem das ciências sociais começou a ganhar espaço: o novo institucionalismo ou neoinstitucionalismo. As grandes contribuições dessa abordagem foram: a) o comportamento dos atores não é totalmente moldado pelas instituições, mas depende do grau de consolidação do aparato institucional (FREY, 2000); b) as regras informais também são instituições, e são essenciais para entender a dinâmica política. Regras informais são os hábitos, as rotinas, as convenções, as crenças, os valores, os esquemas cognitivos. Segundo os neoinstitucionalistas, essas variáveis culturais têm uma forte influência sobre como se desenvolvem as relações sociais e, por consequência, as dinâmicas políticas.

- Por que os casamentos no mundo católico são tão parecidos uns com os outros, se não há uma regra formal estabelecendo como deve ser um casamento?
- Por que no Brasil se respeita pouco o limite de velocidade nas estradas? E por que o mesmo não ocorre na Suécia, por exemplo?
- Por que o Brasil tem pouca propensão à guerra ou a conflitos internos graves? Por que em outros países isso acontece diferentemente?

Inúmeros exemplos poderiam ser descritos a respeito das influências dessas instituições informais sobre a ação das pessoas. Isso ocorre similarmente nas organizações, na política, nas ações de governo.

De acordo com os neoinstitucionalistas March e Olsen (1996, p. 249):

> atores políticos agem e se organizam de acordo com regras e práticas que são socialmente construídas, publicamente conhecidas, previstas e aceitas. A ação de indivíduos e grupos acontece dentro desses significados e práticas compartilhadas, os quais podem ser chamados instituições e identidades. [...] Pessoas agem, pensam, sentem e se organizam com base em exemplos e regras oficiais (às vezes, com base em competição ou em conflito) derivados de iden-

tidades, pertencimentos e papéis socialmente construídos. As instituições organizam as esperanças, os sonhos, os medos, bem como as ações intencionais.[1]

Tomando como base o conceito de Ferrera (1998, p. 10), as instituições são "um conjunto de práticas sociais que, com alguma persistência, moldam e constroem as interações entre os indivíduos e a coletividade. Essas práticas sociais são tipicamente disciplinadas por organizações e regras formais (constituições, leis e regulamentos), mas sempre se apoiam sobre específicos pressupostos cognitivos e normativos".[2]

Esse conjunto de regras e práticas são as instituições, e é nesses ambientes que as políticas públicas são elaboradas. Pela sua capacidade de influenciar as ações dos atores políticos, as instituições influenciam o **processo político** determinando quem pode ou não participar de uma **tomada de decisão**, alterando as percepções dos atores sobre seus próprios interesses, condicionando as possibilidades de pressão, coalizões e enfrentamentos, condicionando o acesso a novas ideias e paradigmas para a resolução de **problemas públicos** (LANZALACO, 2005).

4.2 COMO O ANALISTA DE POLÍTICAS PÚBLICAS LIDA COM AS INSTITUIÇÕES?

Em qualquer tipo de pesquisa ou investigação, os meios devem estar adequados aos fins. O **analista de políticas públicas** deve ter a sensibilidade de escolher o modo de tratar uma variável tão multifacetada como as instituições. Se o objetivo da análise é entender o sistema de incentivos e limitações à decisão em um processo de planejamento urbano municipal, certamente o analista de política pública deverá buscar alcançar uma descrição densa do que sejam os limites financeiros, legais, territoriais e organizacionais que circundam esse processo de decisão. O analista também deverá estar atento a instituições informais, como a cultura local, as práticas de decisão, a disposição urbana herdada do passado.

Se, por outro lado, o objetivo da análise é a comparação do comportamento de beneficiários de um subsídio governamental (por exemplo, crédito bancário a baixo custo) para agricultores de diferentes culturas, certamente seria muito

---
1 Tradução livre do original em inglês.
2 Tradução livre do original em italiano.

difícil realizar uma descrição densa das instituições nos diversos contextos estudados. Nesse tipo de caso, a melhor estratégia é a simplificação: o analista de política pública pode criar ou adotar esquemas analíticos que orientem o seu olhar. Um critério que poderia ser usado para distinguir comportamentos dos agricultores diante de subsídios seria a sazonalidade da cultura ou, ainda, a intensidade de tecnologia utilizada para o plantio e a colheita. Com essa estratégia, o analista de política pública poderia chegar à conclusão, por exemplo, de que agricultores que lidam com culturas de alta sazonalidade tendem a usar o subsídio agrícola de forma diferente daqueles que lidam com culturas de baixa sazonalidade. O importante é que essas categorias analíticas (por exemplo, alta sazonalidade, baixa sazonalidade etc.) diferenciem os casos em elementos essenciais, ou seja, aqueles que podem ter maior valência explicativa sobre a variável dependente em análise (por exemplo, o comportamento dos agricultores).

Tanto a simplificação como a descrição densa das instituições têm suas desvantagens. Mapear todas as instituições que têm potencial de influenciar determinado **processo de política pública** seria uma tarefa imensa. O fato de pertencer a um contexto institucional faz com que a percepção do analista seja direcionada para aqueles elementos que ele julga relevante. Esse julgamento do analista também é condicionado pelas instituições que estão à sua volta.

A simplificação da análise por meio de variáveis e categorias tem a desvantagem de pouco contribuir para o entendimento da complexidade que envolve o processo de política pública. No entanto, o uso de modelos ou esquemas analíticos é fértil para estudos comparativos, nos quais seria praticamente impossível descrever em detalhes todas as instituições formais (regras, leis, rotinas administrativas, estatutos etc.) e as instituições informais (cultura, práticas, esquemas cognitivos, valores e predicados morais, símbolos) de todos os casos estudados. Os esquemas analíticos também são interessantes para análises de correlação, ou seja, para verificar como uma variável (por exemplo, tamanho dos municípios: pequeno, médio, grande) se comporta em relação à outra (por exemplo, grau de coesão social: baixo, médio, alto).

Para os analistas de políticas públicas interessados em modelos ou esquemas analíticos que tratam de instituições, e em especial para aqueles interessados em fazer estudos comparativos, apresentamos a seguir alguns que já estão consolidados na literatura do tema.

4.3 ESQUEMAS ANALÍTICOS PARA ANÁLISE INSTITUCIONAL

Além da distinção entre instituições formais e informais, um dos principais esquemas para diferenciar contextos institucionais em pesquisas comparativas é o conceito de **cultura política**. Esta é entendida como o conjunto de predisposições coletivas interiorizadas que legitimam o comportamento político dos atores em um processo político. Implícito nesse conceito está o entendimento de uma relação de dependência entre cultura política e comportamento político.[3]

Precursores dos estudos de cultura política, Almond e Verba (1963, p. 13) definem cultura política como "atitudes em relação ao sistema político e suas várias partes, e atitudes em relação a si mesmo dentro do sistema".[4]

Para esses autores, existem três tipos de cultura política:

- Paroquial: os cidadãos são pouco ligados politicamente ao governo central, e há uma falta de visão integrada das comunidades em relação ao sistema político.
- Submissa: os cidadãos reconhecem o governo central, mas nutrem um sentimento de dependência e subserviência em relação ao centro político.
- Participativa: os cidadãos reconhecem o governo central como um agente da sociedade e sentem-se responsáveis pela definição do seu rumo.

Outra tipologia de relevância para o campo das políticas públicas é aquela elaborada por Mary Douglas, importante pesquisadora no campo da antropologia social, e Aaron B. Wildavsky, um dos maiores teóricos do campo de políticas públicas. Segundo esses autores, pode-se classificar a cultura política em quatro tipos básicos (**Quadro 4.1**):

Como critérios de distinção das culturas políticas estão a densidade das normas e a característica do grupo. A densidade das normas varia de acordo com a

---

[3] Correntes racionalistas e correntes marxistas das ciências políticas e da sociologia não percebem a cultura política como um determinante, mas como um reflexo das interações no interior de uma estrutura política (grupos, indivíduos, sistema político). Já a teoria dos sistemas autopoiéticos tenta ser um meio-termo entre essas interpretações. Segundo Luhmann (1989), os sistemas sociais são, ao mesmo tempo, abertos e fechados. Abertos, pois são influenciados pelas instituições, e fechados, porque processam as influências das instituições de forma autônoma e também dão significado às instituições de forma autônoma.
[4] Tradução livre do original em inglês.

QUADRO 4.1 *Tipos de cultura política*

		Grupo	
		Coeso	Desestruturado
Densidade das normas	Alta	HIERÁRQUICO	FATALISTA
	Baixa	IGUALITÁRIO	INDIVIDUALISTA

Fonte: Adaptado de Douglas e Wildavsky (1982).

quantidade e a complexidade das normas que regem a ação individual. Já uma característica importante na análise de grupo é o nível de coesão. Um grupo é coeso quando cada indivíduo se identifica fortemente com os outros membros do mesmo grupo. Do cruzamento dessas duas variáveis analíticas nascem quatro tipos de cultura política.

Quando o grupo é coeso e há grande densidade de normas, a cultura predominante é a hierárquica, em que políticas públicas são viabilizadas por meio de coerção legal, e problemas de coordenação social, enfrentamento do risco e promoção da solidariedade são encarados como coletivos. Esse tipo de cultura política é facilmente identificável em países com um Estado de Bem-estar Social bem estruturado como a Suécia, Noruega e Dinamarca.

Quando o grupo é coeso e a densidade das normas é baixa, encontramos a cultura política igualitária, em que as políticas públicas estão mais baseadas no voluntarismo e nas redes sociais de apoio mútuo. Nesse tipo de cultura política há uma desconfiança com relação à capacidade de organização social pelo aparelho estatal. Exemplos desse tipo de cultura política se encontram no ideal anárquico, no puritanismo e na governança pública.

Quando o grupo é débil e a densidade de normas é baixa, tem lugar o individualismo. A cultura política individualista também é cética quanto à capacidade estatal de organização social, e, nessa cultura política, o Estado serve apenas para garantir direitos individuais fundamentais. A coordenação social é feita por meio de mecanismos de mercado (troca de interesses individuais), e o enfrentamento do risco (doença, acidentes, desemprego etc.) também é encarado como responsabilidade individual.

Por fim, a cultura política fatalista é resultado do encontro de um grupo social desestruturado e da alta densidade de normas de convívio (baixa discricionariedade individual). Nesse tipo de cultura, problemas públicos são tratados com força da lei, pois há desconfiança quanto à cooperação voluntária individual na produção de bens coletivos. Os indivíduos percebem a coletividade como um ente desestruturado e não crível, e agem de maneira predatória. Segundo Swedlow (2002), o indivíduo embebido em uma cultura fatalista, por ter baixa autonomia de ação e sofrer desamparo social, recorre à sorte e à crença em soluções mágicas para os problemas.

Comentários posteriores dos próprios autores da tipologia (THOMPSON; ELLIS; WILDAVSKY, 1990) e de outros analistas de cultura política (SWEDLOW, 2002; GEVA-MAY, 2002) são elucidativos ao destacar a existência de modelos híbridos, ou seja, contextos culturais que vivem um *mix* dos quatro tipos ideais de cultura política. A dosagem desse *mix* poderá determinar que tipo de convívio social é aceito, que problemas são encarados como públicos ou privados e que mecanismos de política pública são mais prováveis (por exemplo, leis, confiança na solidariedade, incentivos seletivos etc.).

A diferenciação dos contextos culturais dos países também é preocupação do cientista político Ronald F. Inglehart, que desde os anos 1970 estuda as mudanças sociais, políticas e econômicas e derivadas da ascensão de valores pós-materiais.

Através do *World Values Survey* (pesquisa mundial de valores), Inglehart e Welzel (2010) criaram um esquema de análise e classificação dos tipos culturais das sociedades. As variáveis são:

- Predomínio de valores tradicionais *versus* valores racionais seculares. Sociedades em que predominam os valores tradicionais dão especial importância à religiosidade, à família, ao orgulho nacional, e ao culto da autoridade. Já nas sociedades em que predominam os valores racionais seculares há maior ênfase na liberdade ideológica, política e moral do indivíduo.
- Predomínio de valores de sobrevivência *versus* valores de autoexpressão. Nas sociedades em que os valores de sobrevivência vigoram, há maior preocupação individual pela segurança física e a subsistência econômica. E nas sociedades onde vigoram valores pós-materiais, de autoexpressão, há maior

preocupação por temas com o desenvolvimento individual, a autorrealização, a participação cidadã na tomada de decisão e o meio ambiente.

A partir de uma extensa pesquisa feita em mais de 100 países, usando questionários estruturados para testar a presença desses valores, Inglehart e Welzel criaram um mapa global de cultura, no qual são posicionados os países pesquisados. A **Figura 4.1** ilustra a síntese dos resultados.

Nessa forma de classificação, o Brasil se posiciona mais próximo à cultura tradicional, e em um nível intermediário quanto a valores de sobrevivência e de autoexpressão. Países da Europa de religião protestante, como Alemanha, Suécia, Noruega e Dinamarca, possuem graus elevados de autoexpressão e valores racionais seculares, enquanto países de tradição islâmica, como Marrocos, Argélia e Paquistão, possuem graus elevados de valores tradicionais e de sobrevivência.

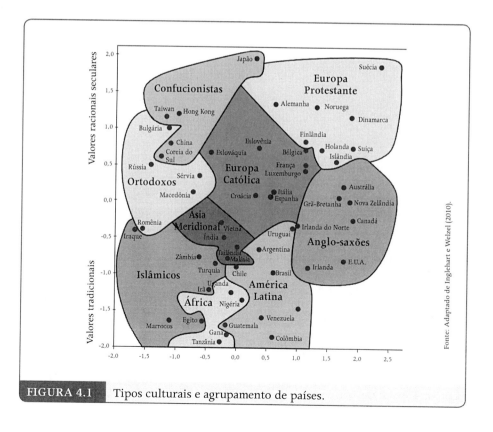

FIGURA 4.1 Tipos culturais e agrupamento de países.

Na tradição comparativista internacional, os esquemas de análise usados para categorização de contextos institucionais costumam usar como critério de distinção o sistema político-jurídico nacional, o sistema econômico, o nível de desenvolvimento tecnológico e a cultura que envolve o **processo de política pública**.

A clássica distinção da sociologia política dos modelos de Estado de Bem-estar Social (*Welfare State*) geralmente é utilizada para comparações internacionais de políticas sociais: modelo liberal ou residual (Estados Unidos, Canadá, Austrália), modelo social-democrático (países da Escandinávia) e modelo corporativo (Espanha, Itália e Grécia).

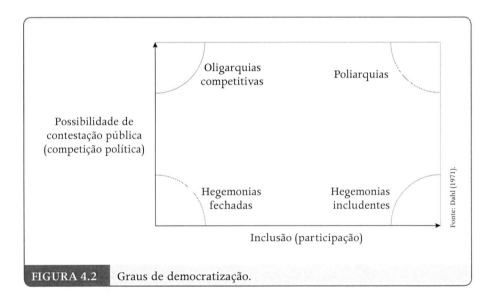

FIGURA 4.2 Graus de democratização.

Outro modo de separar os ambientes (neste caso, países) em que são elaboradas as políticas públicas é pelo modelo de Robert A. Dahl (1971):

Segundo Dahl, a dinâmica política é bastante diferente em países onde há total espaço para contestação pública contra o governo e países pouco liberais nesse sentido. No outro eixo, é possível distinguir países quanto ao nível de inclusão social (participação de vários segmentos sociais) nos processos decisórios. As situações extremas dão origem a quatro tipos de ambiente: hegemonias fechadas (por exemplo, monarquias absolutistas), hegemonias includentes (por exemplo, comunismo chinês atual), oligarquias competitivas (por exemplo, política do café com leite no Brasil) e poliarquias (por exemplo, democracias liberais). Como destaca Dahl (**Figura 4.2**), além desses quatro casos extremos, a tipologia é povoada por vários casos de combinação intermediária nos eixos liberalização e participação. Essa tipologia reflete o grau de democratização de um país.

Outros esquemas analíticos adotam como critério o sistema econômico (capitalismo, comunismo), o sistema de governo (presidencial, parlamentar, semipresidencial), o regime político (totalitarismo, autoritarismo, democracia), a forma de governo (república, monarquia, anarquia), o sistema legal (*common law*, *civil law*) etc.

Fica evidente, no entanto, a limitação desses esquemas analíticos para a distinção de regiões, cidades, comunidades ou grupos dentro de determinado contexto institucional nacional. Nesse sentido, são necessários estudos e tipologias que sublinhem as diferenças de contextos institucionais infranacionais, infrarregionais e intraorganizacionais, na tentativa de capturar as nuanças das regras localizadas e das microculturas.

Alguns critérios que poderiam ser utilizados para a construção de tipologias institucionais infranacionais são:

- estabilidade das regras e práticas: dinâmicas *versus* estáticas;
- nível de capital social: alto *versus* baixo (PUTNAM, 1996);
- cultura organizacional: autorreferencial *versus* orientada ao usuário/cidadão/cliente;
- cultura organizacional: valorização da igualdade *versus* valorização da diferenciação (de mérito, ocupacional, de geração etc.);
- critério de justiça utilizado para seleção/promoção individual: mérito *versus* confiança pessoal (PETERS, 2001).

O **analista de políticas públicas** deve ser capaz de perceber a adequação de um esquema analítico para o tratamento do seu caso, e também criar seus próprios esquemas, suas próprias categorias analíticas, que sejam férteis para suas análises.

4.4 MINICASO: INSTITUIÇÕES MOLDANDO O COMPORTAMENTO

Em 2019, os fiscais de tributos da Secretaria da Fazenda do Estado X, no Brasil, passaram a ser fortemente pressionados pelo recém-empossado governador, João Grandão, no sentido de aumentar a arrecadação tributária. O Estado estava afundado em dívidas, as despesas correntes eram crescentes e as promessas de campanha eram tantas que o novo governador estava certo de que, se a situação continuasse, não conseguiria ter verba para realizar nem metade das obras e dos projetos de seu programa de governo.

Ao Secretário da Fazenda, Max Tavares, foi dada a incumbência de montar uma equipe de técnicos para elaborar novas estratégias de fiscalização e cobrança do principal tributo estadual, o Imposto sobre Operações Relativas à Circulação de Mercadorias e Prestação de Serviços de Transporte Interestadual e Intermunicipal e de Comunicação (ICMS).

O ICMS incide sobre a circulação/venda de produtos alimentícios, automóveis, combustíveis, remédios, roupas, calçados, além de serviços de comunicação e de transporte intermunicipal e interestadual. É o imposto com o maior nível de arrecadação estadual.

A equipe de técnicos da Secretaria da Fazenda dividiu em quatro grupos as atividades econômicas sujeitas ao ICMS:

- grupo A: serviços de comunicação e fornecimento de energia e gás (20% do total de ICMS arrecadado pelo Estado);
- grupo B: fornecimento de combustíveis, alimentação e bebidas (32% do total de ICMS arrecadado pelo Estado);
- grupo C: vestuário e calçados, veículos e peças, mecânica e metalúrgica, utilidades domésticas, produtos têxteis, materiais de construção, artigos de padaria, artigos de mercearia e lanchonete, artigos de farmácia, enfim, produtos geralmente vendidos por pequenos e médios comerciantes em todo o Estado (28% do total de ICMS arrecadado pelo Estado);
- grupo D: pulverizado em muitos setores de atividade econômica de menor representatividade (20% do total de ICMS arrecadado pelo Estado).

Em suas análises, a equipe técnica da Secretaria da Fazenda chegou à conclusão de que os grupos A e B de produtos e serviços já se encontravam em uma eficiente sistemática de arrecadação. O grupo D nunca recebeu atenção de fiscalização, pois os ganhos incrementais de receita não compensariam os gastos em tempo e pessoal. O grande problema a ser solucionado era a sonegação fiscal do grupo C.

O Plano Gênesis

Os técnicos da Secretaria da Fazenda sabiam que, apesar de representar 28% do ICMS arrecadado no Estado, os produtos e serviços do grupo C tinham o maior potencial de crescimento de arrecadação. Se fosse elaborado um plano inteligente para combater a sonegação, o grupo C poderia até ultrapassar o grupo B em termos de importância para os cofres públicos. Com mais dinheiro em caixa, as obras do plano de governo estariam garantidas.

Quatro problemas graves faziam que o grupo C obtivesse receita abaixo de seu potencial: 1) a criatividade de sonegação dos comerciantes, que sempre criaram artimanhas para driblar o Fisco; 2) a cultura de descompromisso do cidadão, que raramente pede nota fiscal daquilo que compra; 3) o pequeno número de fiscais de tributos para cobrir o elevado número de estabelecimentos comerciais que se enquadram no grupo C; 4) a resignação de parte dos fiscais, que já estavam cansados de serem enganados pelos comerciantes e acreditavam que a sonegação estava legitimada socialmente como "uma necessidade de sobrevivência dos pequenos comerciantes".

Para enfrentar esses quatro problemas, o Secretário da Fazenda, Max Tavares, montou um plano de aumento da arrecadação e deu a ele o nome de Plano Gênesis (em referência ao texto bíblico que sacramenta o pagamento de tributos). Esse plano era composto pelas seguintes grandes medidas:

1 – Contratar 500 novos fiscais de tributos estaduais para que ocupassem os novos postos de trabalho nas recém-criadas Unidades Municipais da Receita Estadual (nem todos os municípios possuíam unidades) e aumentassem o efetivo nas unidades regionais já existentes.

2 – Instalar câmeras de vigilância em todos os estabelecimentos comerciais do Estado que se enquadrassem no grupo C. Tais câmeras estariam apontadas para o caixa do estabelecimento e todas as imagens seriam transmitidas

para a Unidade Municipal da Receita Estadual, que a partir dali poderia controlar a emissão de notas fiscais em todo município de sua competência.

3 – Realizar uma série de campanhas televisivas, e nos jornais de grande circulação, apelando para a consciência do cidadão para que este solicitasse a nota fiscal. O argumento central da campanha seria que, sem nota fiscal, não haveria educação, saúde e segurança, e a campanha teria como garoto-propaganda um famoso ator de novela que personificasse os valores de honestidade e seriedade.

4 – Realizar um programa de treinamento para os novos fiscais contratados, bem como um plano de "choque cultural" com os fiscais com mais tempo de serviço, para que todos incorporassem uma postura de "tolerância zero" em relação a comerciantes flagrados em atitudes sonegadoras, e com indiscutível aplicação de multas.

Cada uma das quatro medidas foi talhada para enfrentar os problemas centrais levantados. É certo que o Plano Gênesis estava tecnicamente bem fundamentado, mas dependia de apoio político para ser colocado em prática. Max Tavares, coordenador da elaboração do Plano Gênesis, passou a lutar nos bastidores para colher apoios. Nos meios de comunicação, o Plano Gênesis foi bem recebido, e Max Tavares levou para casa compromissos de que todo o espaço publicitário necessário para a campanha de conscientização seria disponibilizado a um custo 20% inferior àquele praticado nos contratos entre o governo do estado e a mídia. Ao chegar à Associação dos Fiscais de Tributos do Estado (AFTE), Max Tavares caminhou sobre um tapete vermelho imaculado e ouviu do presidente da AFTE a seguinte frase: "pela primeira vez os fiscais dos tributos têm a honra de ter em nossa sede um homem público que demonstra objetividade e coragem ao enfrentar este problema secular que é a sonegação do ICMS no estado".

O Secretário da Fazenda Max Tavares sabia, no entanto, que era a conversa com o governador João Grandão que definiria as chances de sucesso do Plano Gênesis. O governador tinha maioria folgada na Assembleia Legislativa, e o capital político arrecadado nas urnas dava amplas margens de manobra para João Grandão (havia sido recém-eleito com 60% de votos no primeiro turno).

João Grandão fez perguntas nodais a Max Tavares: Quanto vai custar? Qual será o ganho em arrecadação? Em quanto tempo o valor do investimento vai retornar? Quais exemplos de aplicação de planos similares em outros estados ou países foram considerados para a formação do Plano Gênesis, e quais foram os resultados? Qual será o impacto político da aplicação desse plano para o governo? Com que partes do plano a oposição poderá implicar? Que respostas daremos à oposição, e à opinião pública, quando forem divulgadas possíveis debilidades do plano?

A todas essas perguntas havia uma resposta ou ponderação sensata, que Max Tavares habilmente elaborava com o suporte de informações dos membros da equipe técnica. João Grandão convenceu-se dos argumentos apresentados, encampou a ideia e o Plano Gênesis entrou em operação.

Consequências não previstas

Três anos depois, João Grandão anunciava que não concorreria à reeleição. Os índices de aprovação do governo tinham caído para 19%, e o desgaste era tamanho que João Grandão nem tinha mais vontade de dar entrevista para a televisão.

A principal insatisfação do eleitorado era com o número de obras e projetos não cumpridos. João Grandão passou a se defender dizendo que tinha herdado uma dívida insustentável do governo anterior. O Plano Gênesis, que deveria ser um dos instrumentos para reverter o déficit, foi um grande fracasso. Algumas das consequências não previstas foram:

1 — Alguns comerciantes mudaram a posição de seus caixas para fugir das câmeras e poder continuar sonegando.

2 — As câmeras compradas pelo governo do estado eram de um fabricante menos conhecido, fruto de uma licitação desastrosa, e davam muitos problemas de manutenção. Mesmo tendo proliferado a oferta de serviços de manutenção dos aparelhos, os preços para a manutenção de câmeras continuaram altíssimos.

3 — As câmeras de vigilância foram muito mal recebidas por comerciantes e consumidores. A alegação principal era perda da privacidade. Alguns in-

cidentes cômicos e outros pornográficos, que haviam sido captados pelas câmeras, vazaram para a internet e criaram um grande mal-estar. Em pouco tempo a Justiça em todo o estado passou a receber ações da parte de comerciantes e consumidores, que alegavam danos morais causados pelo vazamento das imagens. A Secretaria da Fazenda teve de suspender a utilização das câmeras enquanto tais ações não eram julgadas. Esse impasse permaneceu até o fim do mandato do governador.

4 – As campanhas de conscientização surtiram efeitos positivos, mas, de qualquer forma, modestos. Em pesquisa publicada no maior jornal do estado, 22,3% dos consumidores alegaram ter passado a exigir a nota fiscal nos últimos anos. Max Tavares comemorou o número em público: "o Plano Gênesis não é perfeito, mas está dando resultados efetivos". No entanto, dados internos da Secretaria da Fazenda mostravam que esse avanço era de apenas 5,5%, e que o motivo da discrepância dos índices era uma falha na pesquisa veiculada, que se baseou na autodeclaração dos consumidores. Esse índice de 5,5%, com relação ao aumento na emissão de notas fiscais, nunca chegou aos jornais.

5 – Após a suspensão do uso das câmeras como instrumento de fiscalização, os fiscais de tributos foram orientados a intensificar a postura de "tolerância zero". Como cada cidade passou a ter uma Unidade Municipal da Receita Estadual, o clima de animosidade entre comerciantes e fiscais alastrou-se em todos os rincões do estado. Os comerciantes e a Federação Estadual do Comércio até apelidaram os fiscais de "buldogues do João Grandão". Isso certamente não repercutiu bem para o governador.

6 – Por causa dos altos custos de manutenção das Unidades Municipais da Receita Estadual, em termos de salários, benefícios, aluguel das salas, equipamentos de recepção das imagens, energia elétrica etc., chegou-se a levantar a possibilidade de extinguir as unidades das cidades que tinham baixa arrecadação. No entanto, a proposta foi inviabilizada por algumas pressões políticas e pela argumentação de que as unidades regionais e a sede da Fazenda na capital não teriam estrutura para receber tantos fiscais excedentes. A proposta seguinte, de demissão desses fiscais excedentes, provocou duras reações por parte da AFTE, que se organizou para obter

apoio político e postergar esse tipo de discussão. Antes do fim do mandato de João Grandão, os novos fiscais de tributos já haviam cumprido três anos de estágio probatório e, a partir de então, só poderiam ser demitidos por justa causa.

Enquanto isso...

No estado Y, vizinho ao estado X, a governadora Janete Benedetti via com boas perspectivas suas chances de reeleição. Quando tomou posse, havia mais de três anos, Janete Benedetti também passou por grandes dificuldades orçamentárias e teve de achar uma solução para a sonegação fiscal do grupo C de produtos e serviços passíveis de ICMS.

A estratégia montada para o combate à sonegação foi diferente. Em vez de aumentar o cerco aos comerciantes, o Secretário da Fazenda, Claudius Clóvis, reuniu um grupo de analistas de políticas públicas para montar um sistema de incentivos à solicitação da nota fiscal por parte do consumidor. O sistema tinha de ser simples, tecnicamente bem estruturado e politicamente viável. A esse sistema deu-se o nome de "CPF na Nota".

O "CPF na Nota" tinha a seguinte lógica: o consumidor passaria a ganhar uma restituição financeira do governo estadual proporcional ao valor da compra impresso na nota fiscal. Ao comprar um produto ou contratar um serviço, o consumidor declararia seu CPF ou CNPJ para que o comerciante registrasse na nota fiscal. A Receita Estadual criou então um registro eletrônico para que o comerciante pudesse declarar todas as vendas associadas aos CPF ou CNPJ de seus consumidores. A Receita também criou um ambiente na internet para que o consumidor pudesse acompanhar as restituições fiscais de cada compra. A restituição financeira poderia vir em abatimento de outros impostos estaduais, ou em crédito em conta-corrente.

A adesão dos consumidores ao sistema foi maciça, uma vez que passaram a perceber vantagem pecuniária na solicitação da nota fiscal. Nos casos em que o comerciante não registrava a nota fiscal no sistema do estado, o próprio consumidor agia como fiscal, denunciando os comerciantes quando percebiam que não haviam recebido a restituição financeira devida.

Os comerciantes passaram a emitir muito mais notas fiscais, pois não tinham argumentos contra uma firme solicitação do consumidor.

O número de fiscais de tributos contratados pelo estado se manteve estável, mas o exército de fiscalização se multiplicou com a ajuda dos consumidores interessados nas restituições.

Depois de alguns anos, Max Tavares e Claudius Clóvis encontraram-se em uma das reuniões do Conselho Nacional de Política Fazendária (Confaz). Max Tavares lamentou-se das frustrações que experimentou à frente da Secretaria da Fazenda de seu estado e elogiou o trabalho do colega. Claudius Clóvis o ouviu com atenção e respondeu: "Obrigado pelos elogios. Lá em 2019, meus analistas de políticas públicas me alertaram que o comportamento das pessoas é apenas sintoma de instituições invisíveis. Mudar a estrutura de incentivos e punições que moldam os comportamentos é muito mais poderoso que atacar diretamente o comportamento".

Bibliografia utilizada para a construção do minicaso

COSTA, M. R. M. et al. *Programa de estímulo à cidadania fiscal – Projeto Nota Fiscal Paulista*. Prêmio Governador Mario Covas: Trabalhos premiados 2007. 2009. Disponível em: <http://www.premiomariocovas.sp.gov.br/2009/conteudo/Premiados2007.html>. Acesso em: 8 jan. 2010.

Questões do minicaso

1. Que instituições formais são retratadas no minicaso?
2. Que instituições informais são retratadas no minicaso?
3. De acordo com o minicaso, o Plano Gênesis e o "CPF na Nota" diferem essencialmente na dosagem de mecanismos (premiação, coerção, conscientização e soluções técnicas) utilizados para influenciar o comportamento dos atores. Quais mecanismos estão mais presentes no Plano Gênesis e quais estão mais presentes no "CPF na Nota"?
4. Qual a diferença entre o Plano Gênesis e o "CPF na Nota" em termos de instrumentos de políticas públicas utilizados?
5. Por que o "CPF na Nota" obteve maior sucesso?

Para debater: as instituições tolhem a liberdade humana. O que são liberdades "boas" e liberdades "ruins"?

4.5 EXERCÍCIOS DE FIXAÇÃO

1. O que são instituições no sentido popular, e o que são instituições no sentido político-sociológico?
2. Qual é a diferença entre instituições formais e informais?
3. Dê três exemplos de instituições formais e três exemplos de instituições informais que influenciam o processo eleitoral brasileiro.
4. Para debater: quais diferenças de cultura política existem entre as grandes metrópoles e as pequenas cidades?
5. Para debater: em que quadrante da tipologia de cultura política (DOUGLAS; WILDAVSKY, 1982) se encontra o Brasil? Por quê?
6. Para debater: você acredita que há variações de culturas políticas entre regiões/estados de um mesmo país? Exemplifique com o caso brasileiro.
7. Para debater: observando a tipologia de Inglehart e Welzel (2010), você acredita que há uma tendência de homogeneização da cultura dos povos do planeta ou um reforço das diferenças culturais entre os povos? Exemplifique com indícios dessas tendências.
8. Crie uma tipologia de instituições com duas variáveis.

4.6 PERGUNTAS DE MÚLTIPLA ESCOLHA PARA REVISÃO CONCEITUAL

Assinale a resposta correta:
1. Se compararmos a política ao futebol, NÃO é instituição:
   (a) Regra do impedimento
   (b) Regra geral que dá três pontos para vitória e um ponto para empate
   (c) A tática do treinador durante a partida
   (d) O tempo de partida de 90 minutos, dividido em dois tempos
   (e) O hábito da reza em círculo dos jogadores antes da partida
2. NÃO é exemplo de instituição:
   (a) Constituição Federal
   (b) Igreja Católica
   (c) Os 10 mandamentos de Deus
   (d) O jeitinho brasileiro
   (e) O líder sindical
3. Segundo Almond e Verba (1963), cultura política paroquial é aquela:
   (a) em que os cidadãos são religiosos
   (b) em que os cidadãos vivem em cidades pequenas

(c) em que os cidadãos são pouco ligados politicamente ao governo central
(d) em que os cidadãos se sentem responsáveis pelos rumos do Estado
(e) em que os cidadãos esperam as benesses do governo central

4. NÃO é grau de democratização, segundo Dahl (1971):
   (a) Fascismo
   (b) Poliarquia
   (c) Hegemonia fechada
   (d) Oligarquia competitiva
   (e) Hegemonia includente

5. São exemplos de hegemonias includentes:
   (a) Brasil, Argentina e Chile
   (b) França, Itália e Alemanha
   (c) Arábia Saudita, Omã e Emirados Árabes Unidos
   (d) Canadá, Estados Unidos e Austrália
   (e) Cuba, China e Vietnã

6. Para Inglehart e Welzel (2010), valores seculares são:
   (a) Valores tradicionais
   (b) Valores religiosos
   (c) Valores que são passados de geração em geração, através dos séculos
   (d) Valores de liberdade individual de pensamento, expressão e ideologia
   (e) Valores superficiais do ser humano

7. No *World Values Survey* de Inglehart e Welzel (2010), são exemplos de país com predomínio de valores seculares e com predomínio de valores de autoexpressão:
   (a) Brasil, Argentina e Chile
   (b) Marrocos, Argélia e Nigéria
   (c) Rússia, Polônia e Bulgária
   (d) China, Coreia e Taiwan
   (e) Suécia, Noruega e Dinamarca

8. Em países em que os valores de sobrevivência predominam (Inglehart e Welzel (2010)), é correto afirmar:
   (a) As pessoas têm baixo Quociente de Inteligência (QI)
   (b) As pessoas têm muita criatividade
   (c) As pessoas supervalorizam a segurança física e material
   (d) O saber religioso é o que predomina
   (e) O saber científico é o que predomina

9. NÃO é esquema de análise de contexto institucional:
   (a) Sistema econômico
   (b) Sistema de governo

(c) Regime político
(d) Sistema legal
(e) Tipologia de atores

4.7 QUESTÕES DE CONCURSOS PÚBLICOS E EXAMES NACIONAIS

1. (Ceperj – EPPGG/Estado do Rio de Janeiro, 2013 – modificada) As políticas públicas no Brasil, a partir do marco institucional da Constituição Federal de 1988, foram ampliadas. A extensão do papel do Estado brasileiro e o desafio de reduzir as desigualdades sociais demandam o desenvolvimento de princípios, técnicas e ferramentas de gestão (planejamento, execução, acompanhamento e controle) de políticas públicas, dentre as quais se destaca a:
   (a) Vigilância socioassistencial, responsável pela elaboração de diagnósticos territorializados acerca dos agravos sociais, em subsídio à atividade de planejamento.
   (b) Criação de sindicatos, de forma a privilegiar a participação da sociedade no desenvolvimento de políticas sociais.
   (c) Impessoalidade das relações, que inibe qualquer forma de tratamento diferenciado entre os membros da sociedade brasileira.
   (d) Avaliação de resultados, com foco nos processos governamentais, considerando as novas formas de governança e de modelo de administração pública.
   (e) Sistema de metas governamentais, sendo este considerado um fim e não um meio para reduzir as desigualdades sociais.

2. (Vunesp – AFA-TCE/Estado de São Paulo, 2017 – modificada) Leia o trecho para responder à questão.

   Fiscalização aponta que municípios descumprem Lei de Resíduos Sólidos

   As prefeituras do Estado de São Paulo descumprem amplamente a legislação que regula o tratamento de resíduos sólidos, mantendo lixões a céu aberto e ignorando normas específicas para gestão dos rejeitos dos setores da construção civil, da saúde e agropecuária. O diagnóstico é da quarta fiscalização ordenada do Tribunal de Contas do Estado de São Paulo em 2016, que verificou a situação de 163 municípios em setembro. A fiscalização observou 43 itens relacionados à Lei n. 12.305 de 2010, que instituiu a Política Nacional de Resíduos Sólidos, e demais regras do setor. Os dados gerais apontam que somente 51,54% dos municípios avaliados já implantaram um plano de gestão integrada dos resíduos sólidos e que 19,63% nem sequer iniciaram sua elaboração. [...]

   (https://www4.tce.sp.gov.br/6524-fiscalizacao-apontamunicipios-descumprem-lei-residuos-solidos. Adaptado)

   Considerando o desenvolvimento institucional da gestão de políticas públicas municipal no Brasil, pode-se afirmar que a ausência de implantação (e de elaboração) do plano supramencionado tem relação, sobretudo, com

(a) as falhas de controle externo do Poder Executivo municipal pela Câmara de Vereadores e o desperdício ativo de recursos públicos ocasionado por descontinuidades administrativas.

(b) a insuficiência de capacidade estatal administrativa, técnica e financeira das prefeituras, sobretudo nos municípios de pequeno porte.

(c) o imobilismo político de prefeitos e a insuficiência de qualificação técnica dos vereadores que restringem a mudança organizacional na gestão pública local, independentemente do tamanho dos municípios.

(d) a falta de motivação dos agentes políticos e a inexistência de um pluralismo institucional nos municípios voltados para o planejamento e a gestão pública.

(e) as lacunas na cultura organizacional da administração pública municipal e o desconhecimento de instrumentos gerenciais de gestão por processos nas prefeituras.

3. (Vunesp – APPGG/Município de São Paulo, 2015 – modificada) São estratégias ou políticas que fazem parte da atenção básica em saúde no Brasil, no âmbito do Sistema Único de Saúde (SUS):

(a) Unidade Básica de Saúde e Saúde da Família.

(b) Sistema de Atendimento Móvel de Urgência e Atenção Hospitalar de Média Complexidade.

(c) Unidade de Pronto Atendimento e Atenção Hospitalar de Média Complexidade.

(d) Saúde da Família e Atenção Hospitalar de Média Complexidade.

(e) Nenhuma das alternativas anteriores.

4. (Vunesp – AGPP/Município de São Paulo, 2016 – modificada) Entre os novos arranjos para a produção de políticas públicas institucionalizados em nível subnacional no Brasil, pode-se apontar:

(a) A descentralização, com o repasse de recursos financeiros, das políticas sociais dos municípios para os estados e a União.

(b) O uso de consórcios públicos intermunicipais.

(c) A reestatização da provisão de serviços públicos com o uso de organizações sociais (OSs) nas áreas de saúde, educação e cultura.

(d) A adoção de formas de coprodução de bens e serviços públicos que desconsideram as organizações do terceiro setor e da iniciativa privada.

(e) Todas as alternativas anteriores.

5. (Vunesp – AFA-TCE/Estado de São Paulo, 2017 – modificada) Em artigo de opinião publicado no Jornal *Folha de S.Paulo*, em 9 de março de 2016, intitulado "Muito além dos Jardins do TCE ", o presidente – na ocasião – do Tribunal de Contas do Estado de São Paulo (TCE-SP), conselheiro Dimas Ramalho, afirma:

> Equivoca-se quem considera nosso trabalho um mero imperativo burocrático de controle de Orçamentos e licitações. Os serviços que prestamos representam uma análise precisa das políticas públicas, o que nos dá a honrosa missão de zelar pelos direitos mais fundamentais. Só avançaremos nesse sentido, porém, se formos além de critérios formais. [...]. A evolução técnica que impulsionamos também precisa vir acompanhada do reconhecimento do TCE-SP como instituição acessível. Cabe a nós trabalhar para que o cidadão se sinta legitimado a ser o fiscal em última instância. Com esse propósito, o tribunal ampliará os canais da ouvidoria, simplificará a linguagem em suas ações de comunicação e continuará transmitindo suas sessões pela internet.

Essa passagem desvela duas tendências da gestão de políticas públicas contemporânea para a função de controle exercida pelos Tribunais de Contas (TCs) no Brasil, quais sejam:

(a) a emissão de pareceres extraformais sobre a adequação e regularidade da gestão pública e a transparência passiva e inteligibilidade para a população da fiscalização realizada pelos TCs.

(b) a mensuração do desempenho das políticas públicas e a responsabilização da sociedade civil pela desburocratização e melhoria dos processos de controle externo na gestão pública.

(c) o crescimento da avaliação dos resultados das ações governamentais e a implantação de instituições participativas informais de controle externo extrainstitucional.

(d) a adoção da auditoria de gestão que analisa a conformidade dos atos da administração com a legislação e a complementação entre o controle interno e o externo.

(e) a institucionalização da auditoria operacional na fiscalização da gestão pública e o acercamento entre o controle externo dos TCs e o controle social levado a cabo pela sociedade civil.

6. (Vunesp – AGPP/Município de São Paulo, 2016 – modificada) Um cidadão, ao solicitar a informação de uma autarquia municipal sobre o número de funcionários públicos que a organização emprega, está apoiado no conceito de _____ na gestão de políticas públicas, institucionalizado pela Lei de Acesso à Informação no Brasil. Assinale a alternativa que preenche corretamente a lacuna.

(a) orçamento participativo
(b) consulta pública
(c) controle interno
(d) audiência pública
(e) transparência passiva

7. (FCC – EPP/Estado de São Paulo, 2009 – modificada) Como instituição política, os Estados federativos estão sujeitos a vários problemas no seu arranjo que afetam a implementação das políticas públicas. No caso brasileiro, algumas dessas dificuldades do regime federativo, podem, em parte, ser compensadas:

(a) Pela obrigação legal de cooperação entre governos locais por meio de consórcios públicos em áreas como saúde e meio ambiente.

(b) Pela capacidade financeira e legal do Governo Federal para induzir a cooperação intergovernamental em determinadas políticas.

(c) Pela clara distribuição constitucional das competências e dos recursos fiscais necessários à realização das políticas próprias a cada nível de governo.

(d) Pelo estímulo à competição intergovernamental por meio da liberalização do financiamento privado de políticas sociais.

(e) Nenhuma das alternativas anteriores.

8. (Vunesp – AGPP/Município de São Paulo, 2016 – modificada) Cada vez mais os governos e gestores de políticas públicas necessitam reconhecer as interligações complexas e inesperadas que existem e surgem entre os problemas públicos e, assim, buscar a integração de políticas públicas. No Poder Executivo municipal no Brasil, o avanço na integração das políticas públicas requer,

(a) do ponto de vista político, o fortalecimento do processo de competição entre secretarias municipais.

(b) do ponto de vista econômico, minimizar o planejamento governamental e dispender atenção quase que exclusivamente na execução dos programas de cada área.

(c) do ponto de vista analítico, o aprofundamento das avaliações setoriais constituindo bases de dados e informações que não tenham interface ou interoperabilidade.

(d) do ponto de vista social, restringir os mecanismos de participação da sociedade civil que retardam o processo decisório e focar na abordagem tecnocrática.

(e) do ponto de vista administrativo, criar instituições intersetoriais como câmaras de políticas públicas e buscar um modelo organizacional mais matricializado.

9. (Ceperj – EPPGG/Estado do Rio de Janeiro, 2012 – modificada) Nos últimas décadas, a produção de políticas públicas por parte de governos tem despertado interesse crescente no Brasil, como desdobramento das instituições democráticas e dos ditames da Constituição Federal de 1988, além da necessidade de maior eficiência e melhores resultados das políticas sociais. Em uma perspectiva geral, são elementos constitutivos desse campo de conhecimento:

(a) O eleitorado, os partidos políticos, o sistema eleitoral e o Tribunal Superior Eleitoral.

(b) As privatizações dos serviços públicos, as agências reguladoras, a parceria público-privada e os investimentos privados.

(c) O Ministério Público Federal, o Tribunal de Contas da União, a Polícia Federal e a Receita Federal.

(d) A própria política pública, as instituições políticas, o processo político, a sociedade política e as organizações responsáveis pela implementação das políticas públicas.

(e) O sistema tributário nacional, os tributos diretos e indiretos, as transferências constitucionais para estados e municípios e a guerra fiscal.

Atores no processo de políticas públicas

CAPÍTULO 5

No capítulo introdutório deste livro, apresentamos a noção de que as **políticas públicas** são estabelecidas por uma miríade de **atores**. Também naquele capítulo mostramos que, mesmo sendo estabelecida ou liderada por algum ator específico, uma política pública recebe influências de diversos atores ao longo do *policy cycle*.

Na literatura das ciências políticas, os atores são aqueles indivíduos, grupos ou organizações que desempenham um papel na **arena** política. Os atores relevantes em um **processo de política pública** são aqueles que têm capacidade de influenciar, direta ou indiretamente, o conteúdo e os resultados da política pública. São os atores que conseguem sensibilizar a **opinião pública** sobre **problemas** de relevância coletiva. São os atores que têm influência na decisão do que entra ou não na **agenda**. São eles que estudam e elaboram propostas, tomam decisões e fazem que intenções sejam convertidas em ações. A palavra "ator" é importada das artes cênicas para as ciências políticas, porque explicita a conotação de interpretação de papéis. Nesse sentido, há um entendimento de que os indivíduos, grupos e organizações que influenciam o processo político não têm comportamentos ou interesses estáticos, mas sim dinâmicos de acordo com os papéis que interpretam. Os atores interagem, alocam recursos, constroem coalizões, resolvem conflitos em um cenário político. Há também um viés **elitista** no emprego da palavra "ator", pois, enquanto os atores interpretam papéis em um enredo e cenário, a plateia assiste passivamente ao desenrolar da história.

O **analista de políticas públicas**, que, por sua vez, também é um ator político, deve ser capaz de identificar os atores no processo de políticas públicas, bem como os padrões de relacionamento entre os atores. Neste capítulo, serão elencadas algumas categorias de atores e é feita a descrição das principais categorias de atores que influenciam o processo de política pública. Por fim, são apresentados alguns modelos de relação e prevalência de atores.

5.1 CATEGORIAS DE ATORES

A categorização de atores serve para agregar aqueles que possuem características em comum e distinguir aqueles com características diferentes. A primeira forma de distinguir tipos de atores é dividi-los em individuais e coletivos. Os atores individuais são pessoas que agem intencionalmente em uma **arena** política. São exemplos de atores individuais os políticos, os burocratas, os magistrados, os formadores de opinião. Atores coletivos são os grupos e as organizações que agem intencionalmente em uma arena política. O destaque dessa definição, "agem intencionalmente", serve para distinguir atores de grupos não coordenados de atores. Os banhistas de uma praia não são atores (coletivamente), mas a Associação dos Moradores e Amigos da Praia de Itaguaçu é um ator. Os donos de postos de combustíveis do Distrito Federal não são um ator, mas um cartel informal entre os donos dos postos é um ator. A **opinião pública** não é um ator, mas o Instituto Brasileiro de Opinião Pública e Estatística é. A comunidade internacional não é um ator, mas a Organização das Nações Unidas, sim. São exemplos de atores coletivos os partidos políticos, a burocracia, os grupos de interesse, as organizações da sociedade civil e os movimentos sociais.

Moon e Ingraham (1998) criaram um esquema analítico chamado *Political Nexus Triad* para estudar reformas administrativas. Esse esquema é formado por três categorias principais: políticos (eleitos e seus designados politicamente), burocratas (selecionados por concurso) e sociedade civil (externos à administração pública).

Outra forma de categorizar atores políticos encontra-se apresentada na **Figura 5.1**.[1]

---

[1] É importante notar que na categoria de atores governamentais foram incluídos apenas atores individuais. Tal decisão foi tomada por ser difícil encontrar e sintetizar padrões de comportamento de atores coletivos como Senado, Câmara, Presidência da República, prefeitura municipal, Supremo Tribunal Federal, Banco Central etc. Pesquisas científicas são necessárias para a identificação de padrões de comportamento historicamente construídos desse tipo de atores.

O fato de alguns atores aparecerem em uma mesma categoria não quer dizer que tenham comportamento ou interesses em comum. A saliência de interesses dos atores é idiossincrática ao contexto político em estudo. Um mesmo ator pode ter diferentes interesses em diferentes contextos ou em diferentes fases do processo de elaboração de política pública, da mesma forma que atores de uma mesma categoria podem ter interesses e comportamentos conflitantes.

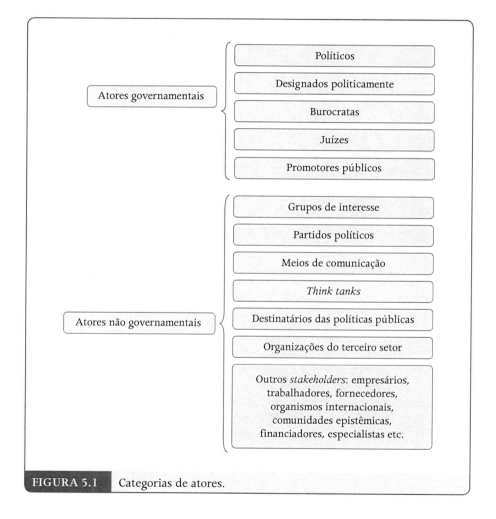

FIGURA 5.1   Categorias de atores.

Cada arena política tem uma configuração de atores bastante peculiar, com prevalência de alguns e ausência de outros. A arena política da área de saúde é ocupada por atores diferentes dos da arena de segurança pública, que por sua vez tem configuração diferente da arena de reformas administrativas. A presença de atores em uma arena acontece em função de quão diretos são os resultados da política pública sobre suas atividades, a probabilidade de efeitos positivos ou negativos da política pública sobre suas atividades, a presença territorial do ator na área de aplicação da política pública, bem como a acessibilidade aos processos decisórios e/ou de **implementação** das políticas públicas. Alguns padrões de comportamento dos atores são apresentados a seguir, na descrição individualizada dos atores relevantes para uma **análise de política pública**. A apresentação desses atores está implicitamente vinculada a um ambiente político-democrático.

5.1.1 POLÍTICOS

Os **políticos** são atores fundamentais no processo de políticas públicas. Quando estão investidos de cargos no Executivo ou no Legislativo, possuem legitimidade para propor e fazer acontecer políticas públicas de grande impacto social.[2]

Os políticos diferenciam-se de outras categorias de atores das seguintes formas:

1 – são representantes de interesses da coletividade: têm legitimidade para agir, exprimir opinião e defender interesses em nome de seus representados;
2 – são portadores de autoridade: possuem autoridade institucionalizada de **tomada de decisão**. Essa autoridade, no entanto, é temporária (dura enquanto durar seu mandato) e limitada pela lei;
3 – são símbolos: atuam como homens públicos em funções cerimoniais, representação do território e são porta-vozes da sociedade e do estado.

O papel primordial dos políticos é o estabelecimento de objetivos políticos, em outras palavras, identificar os **problemas públicos** e decidir quais políticas públicas são adequadas para combatê-los.

---

2 Nessa categoria, são tratados os traços comportamentais dos políticos democraticamente eleitos para funções representativas. Os políticos não o deixam de ser, mesmo quando alijados de cargos executivos ou legislativos. Porém, para fins de simplificação da explicação do comportamento, tratamos os políticos como atores governamentais. A descrição da atuação dos políticos sem mandato eletivo está presente na explicação sobre partidos políticos, cargos comissionados etc.

Os políticos são representantes legítimos de interesses com acesso privilegiado às esferas de poder estatal. Os políticos representam: 1) seus próprios interesses; 2) interesses de seus **partidos políticos**; 3) interesses de **grupos de pressão** (categorias profissionais, setores econômicos, movimentos sociais, corporações, mídia etc.); 4) interesses de áreas geográficas/território; 5) interesses gerais da coletividade. Não raras vezes essas várias fontes de interesses são conflitantes.

Existem políticos que habitualmente lutam por interesses concentrados (dos usineiros, por exemplo), outros habitualmente representam interesses difusos (combate à corrupção, por exemplo) e outros, ainda, revezam seu tempo entre interesses concentrados e difusos. No entanto, por motivos de imagem pública, a grande maioria dos políticos se apresenta como representante de interesses difusos.

Além do estabelecimento de objetivos políticos, da representação de interesses e das funções simbólicas, os políticos também exercem funções educativas e informativas, formando opinião e construindo consensos em torno de causas éticas e ideológicas.

Quando investidos em cargos legislativos, os políticos são atores privilegiados na aprovação de orçamentos e na proposição de prioridades para os gastos públicos. Também no Legislativo, os políticos controlam a **execução orçamentária** feita pelo Executivo.

No Executivo, os políticos são responsáveis pela administração da máquina burocrática, seja direta, seja indiretamente, por meio de designação de ministros, secretários, diretores e gerentes dos órgãos públicos.

Os políticos são beneficiados ou prejudicados eleitoralmente pelo desempenho das políticas públicas, em um processo de *accountability* democrática. Para evitar prejuízos e gerar ganhos de imagem, os políticos apresentam soluções quando existem problemas em voga na mídia e na **opinião pública**, retardam algumas ações públicas para épocas eleitoralmente mais férteis, tentam encontrar um equilíbrio entre indicações de caráter técnico e político para altos cargos executivos, congelam ações públicas politicamente incertas, esquivam-se da responsabilidade pelo baixo desempenho do setor público (***blame shifting***) etc. Os políticos também criam valor, usando suas habilidades de empatia, retórica e visão, para construir consensos em torno de ideias.

5.1.2 DESIGNADOS POLITICAMENTE

Entre o *apex* da estrutura governamental, composto de políticos eleitos democraticamente, e a base da pirâmide, formada por burocratas concursados, existe uma faixa intermediária de cargos públicos ocupada por pessoas indicadas pelo político eleito para servir em funções de chefia, direção e assessoramento na administração pública (**Figura 5.2**).

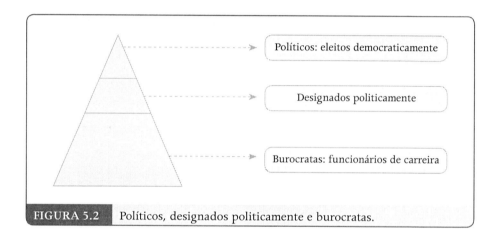

FIGURA 5.2 Políticos, designados politicamente e burocratas.

Na legislação brasileira, existem basicamente dois tipos de **designados politicamente**: aqueles investidos de funções de confiança e aqueles investidos de cargos comissionados.

As funções de confiança são acessíveis exclusivamente aos servidores públicos de carreira, que, a partir de critérios de confiança, são designados politicamente para funções de chefia, direção e assessoramento. Para o **burocrata**, a função de confiança é uma promoção política temporária (enquanto durar o mandato eletivo vigente), e é compensada com gratificação salarial sobre o salário-base.

Os cargos comissionados, ou cargos em comissão, são acessíveis tanto aos burocratas quanto às pessoas externas à administração pública. Legislações específicas estipulam o percentual mínimo de cargos comissionados que devem ser preenchidos com servidores públicos de carreira. São exemplos de cargos comissionados os de ministros, secretários de Estado, secretários municipais e estaduais, presidentes de empresas públicas e várias posições de diretoria nos segundo e terceiro escalões da estrutura governamental federal, estadual e municipal. Os cargos comissionados são livres de nomeação e exoneração, e servem para que as orientações políticas sejam repassadas para o **corpo burocrático** (burocracia), fazendo que a administração pública seja sensível às mudanças nas preferências do eleitorado.

Na prática, os cargos comissionados são uma fonte valiosa de poder para os políticos e partidos. Os cargos comissionados servem como moeda de troca, que os políticos podem oferecer a militantes, pessoas de confiança e técnicos que colaboram na promoção de uma candidatura.

Candidaturas vencedoras em uma campanha eleitoral tentam encontrar um equilíbrio entre indicações de caráter técnico e indicações de caráter político para cargos executivos de primeiro, segundo e terceiro escalões. Se, por um lado, há uma escolha eminentemente técnica para os cargos comissionados, que promovem bons burocratas internos ou pessoal externo com reconhecida competência, os políticos se embatem com aqueles tantos que o apoiaram eleitoralmente e que esperam por cargos na estrutura governamental. Se, por outro lado, há uma escolha eminentemente política para os cargos comissionados, promovendo afiliados e militantes, os políticos são acusados de desprezar critérios de mérito em suas escolhas. Também nesse último caso, os políticos arriscam desempenhos pobres na condução das políticas públicas por falta de capacidade técnica no nível de direção. Esse dilema que partidos e políticos enfrentam é a expressão do dilema entre uma visão retrospectiva (compensar apoio recebido no passado) e uma visão prospectiva (apostar em dividendos políticos futuros).

5.1.3 BUROCRATAS

O termo "burocracia" possui basicamente três conotações: **disfunção procedimental** (conotação popular), **modelo organizacional** (conotação administrativa e sociológica) e corpo de funcionários públicos (conotação das ciências políticas). É essa última conotação que será tratada a seguir.

A burocracia como o corpo de funcionários públicos (burocratas) possui algumas características marcantes que afetam o **processo de políticas públicas**. A função primordial do corpo burocrático é manter a administração pública ativa, não obstante os ciclos eleitorais. As características peculiares da burocracia são: estabilidade de emprego, esquemas de seleção e promoção baseados na competência técnica e experiência adquirida, mecanismos hierárquicos de coordenação.

O modelo organizacional burocrático, como idealizado por Max Weber, deve ser preenchido por um corpo de pessoas qualificadas tecnicamente, com atuação politicamente neutra e em benefício do bem coletivo. Também faz parte do ideal weberiano a atuação **eficiente** da burocracia, em que as tarefas são executadas de acordo com prescrições normativas. Implícita na visão weberiana está a interpretação de que o trabalho do burocrata deve ter o mínimo de discricionariedade, de forma a evitar corrupção, favoritismos ou desvirtuamentos dos interesses coletivos.

A essa visão contrapõe-se uma visão mais positiva do corpo burocrático, considerado um corpo detentor de conhecimentos, criatividade e, quando bem administrado, capaz de evitar a frustração de políticas públicas mal planejadas. Na teoria da administração pública, dois modelos de gestão são considerados antitéticos: o **modelo burocrático** weberiano, que prega os princípios de legalidade e impessoalidade, e o modelo gerencial, que prega conceitos de eficácia e orientação ao cliente/usuário dos serviços públicos (SECCHI, 2009).

Uma das distinções básicas entre esses modelos, no que tange ao tratamento da burocracia estatal, é o aspecto da discricionariedade, ou seja, a liberdade de escolha entre alternativas de ação de que goza o agente público. No modelo burocrático weberiano, a discricionariedade é encarada como exceção, uma patologia que deve ser combatida. No **modelo gerencial**, a discricionariedade do burocrata é vista como necessária para aumentar a eficácia da ação pública.

No modelo gerencial, os burocratas são vistos como detentores de alguns recursos importantes que possibilitam o aumento da **eficácia** das políticas públicas. Em primeiro lugar, são detentores de conhecimento técnico sobre o serviço que prestam. Encontram-se nesse grupo policiais, médicos, contadores, assistentes sociais, professores que conhecem os meandros de suas profissões e, por isso, conseguem entender melhor os requisitos essenciais para um bom funcionamento do serviço público. Em segundo lugar, são os burocratas que têm o privilégio de estar mais próximos dos **destinatários das políticas públicas**, e podem, assim, entender melhor seus comportamentos e suas necessidades. Em terceiro lugar, os burocratas conhecem o funcionamento da máquina estatal melhor que os **políticos** ou as chefias designadas, podendo, dessa forma, desviar de obstáculos práticos na implementação das políticas públicas.

A influência da burocracia acontece em todas as fases do *ciclo de política pública*. Na fase de formação da **agenda**, os burocratas captam os **problemas públicos** de forma direta, percebendo as necessidades dos destinatários das políticas públicas, e separando "problemas irrelevantes" dos "problemas relevantes", que devem ser abordados. Na fase de **formulação de alternativas**, os burocratas subsidiam os políticos com seus conhecimentos técnicos para a formulação e escolha de soluções para os problemas públicos.

É na fase de **implementação** que a burocracia tem seu maior papel, transformando valores e orientações políticas em atividades executadas pela administração pública. É também nessa fase de implementação das políticas públicas que o corpo burocrático consegue beneficiar-se de sua posição privilegiada (assimetria informativa, domínio da execução) para interpretar os objetivos da política pública a favor de seus interesses, de sua comunidade profissional ou do seu estrato social.

Na fase de **avaliação das políticas públicas**, os burocratas abastecem os sistemas de controle com dados relevantes, fornecem aos políticos informações sobre o andamento da implementação, recebem críticas e sugestões vindas dos destinatários das políticas públicas.

Segundo Downs (1967), os burocratas podem ser classificados em cinco categorias, que variam de acordo com os tipos de interesse que defendem:

- alpinistas: são burocratas pragmáticos, focados em suas carreiras e que pensam exclusivamente em escalar a hierarquia governamental;
- conservadores: são burocratas acomodados, resistentes a mudanças e defensores férreos do *status quo*;
- devotos: são burocratas fiéis a uma linha de política pública (por exemplo, causa ambiental, energia nuclear etc.) ou a algum valor de fundo das políticas públicas (por exemplo, igualdade, eficiência, flexibilidade) e lutam para que tais valores e políticas prosperem na cultura burocrática;
- defensores (*advocates*): são burocratas fiéis a uma agência ou organização dentro do setor público e lutam para que esta cresça em tamanho e prestígio;
- homens de Estado: são burocratas leais à sociedade e ao interesse coletivo e obedientes à tradução de vontades políticas em ações. Esses burocratas correspondem ao ideal weberiano de funcionário público.

Mas talvez a categoria mais matizada de burocratas seja aquela que Lipsky (1980) resolveu chamar de *street level bureaucrats*, numa tradução literal "burocratas do nível da rua" (LOTTA, 2012), ou **burocratas de linha de frente**. Esse grupo refere-se aos funcionários da estrutura burocrática da administração pública que têm um contato direto com o público, e que possuem, informalmente, alto grau de liberdade de decisão (discricionariedade).

Entram nessa classe os policiais, os assistentes sociais, os professores, os médicos, os bombeiros e os funcionários de atendimento ao público.

A importância de identificar tal categoria de burocratas está em mostrar que as decisões referentes às etapas de construção da **agenda**, elaboração de alternativas e escolha de alternativas de *policy* podem ser implementadas diferentemente daquilo que foi programado. A autonomia de implementação dos *street level bureaucrats* pode ir de um nível de superconformidade, nos casos em que os funcionários decidem implementar ao pé da letra uma orientação política, a níveis de total desobediência às regras.

Entre as estratégias usadas pelos burocratas de linha de frente, estão: organização do trabalho de acordo com a disponibilidade de recursos da administração pública (número de funcionários, recursos financeiros, tempo), modificação dos objetivos de acordo com a disponibilidade de recursos, criação de alternativas práticas àquilo que está descrito nas regulamentações, leis ou prescrições de tarefas para que as políticas públicas sejam implementadas de forma mais coerente com relação às necessidades dos usuários (***policytakers***) e da própria administração pública.

> **EXEMPLO** *Discricionariedade na sala de aula*
>
> Dentro da sala de aula de uma escola pública, o professor está em contato direto com os usuários do serviço público. Antes de entrar na sala, no entanto, esse professor recebe diversas instruções pedagógicas e administrativas para levar adiante seu trabalho. Uma dessas instruções é o conteúdo programático, que sintetiza a matéria obrigatória daquele curso. Apesar de ser obrigado a seguir o conteúdo, na prática, o professor pode decidir não fazê-lo. Essa discricionariedade de fato pode ser usada para o bem comum, por exemplo, quando o professor decide repor conteúdos mal aprendidos em séries anteriores ou resolve ensinar conteúdos mais atuais e estimulantes para o aluno. Essa mesma discricionariedade pode ser utilizada contra o interesse coletivo, quando o professor decide "matar aula" durante todo o ano. Os sucessos de uma política pública nas áreas de educação, saúde e segurança dependem, entre outras coisas, das escolhas diárias feitas pelos burocratas de linha de frente (professores, médicos, policiais etc.) a respeito de como executam seu trabalho.

5.1.4 JUÍZES

Os juízes são servidores públicos que desempenham importante papel no processo de implementação das políticas públicas. São os juízes que têm a prerrogativa de interpretar a justa ou injusta aplicação de uma lei por parte dos cidadãos e da própria administração pública.

Segundo Regonini (2001), as políticas públicas mais sensíveis às decisões judiciais são:

- **políticas regulatórias** que tratam da liberdade dos indivíduos e das empresas;
- políticas sociais que tratam da redução das desigualdades ou do estabelecimento de oportunidades paritárias para diferentes categorias sociais;
- políticas públicas que tratam, direta ou indiretamente, de liberdades civis ou políticas, como liberdade de expressão, de associação etc.

Os juízes também são protagonistas na elaboração de políticas públicas quando emitem uma decisão judicial ou, no caso de um tribunal, uma súmula que torne pública a interpretação sobre determinada norma legal.

Exemplos da atuação do Poder Judiciário como protagonista do processo de política pública acontecem em casos de decisão sobre a aplicação de leis de cotas raciais para acesso a universidades ou, então, em casos de perda de mandato de políticos que deixaram o partido político que o ajudou a eleger, ou, ainda, no caso do estabelecimento de horário de funcionamento de bares e discotecas em um bairro residencial.

Sendo o centro de decisão de casos que tratam de interesses econômicos e políticos relevantes, os órgãos judiciários são alvos de assédio de grupos de interesses e partidos políticos diretamente afetados por suas decisões.

Em países em que vigora o sistema de *Common Law* (sistema anglo-saxão), como Inglaterra e Estados Unidos, grande parte dos problemas de implementação de políticas públicas é decidida nos tribunais. Nesse sistema existe, tradicionalmente, menor detalhamento da norma legal (papel do Poder Legislativo) e uma ênfase maior no processo de interpretação da aplicação de cada caso, de acordo com a norma legal (papel do Poder Judiciário). Já em países em que vigora o sistema de *Civil Law* (sistema romano-germânico), como Brasil, Itália e Espanha, há uma ênfase maior no detalhamento da legislação com o intuito de diminuir a necessidade de interpretação da aplicação da lei. É sabido que mesmo em contextos jurídicos de *Civil Law*, como no Brasil, há uma tendência para a resolução de vácuos legais por meio da interpretação jurídica, o que valoriza o papel dos juízes no estabelecimento da política pública.

5.1.5 PROMOTORES PÚBLICOS

Igualmente aos juízes, os promotores públicos ou promotores de justiça são servidores públicos que desempenham importante papel no processo de política pública, especialmente no controle de implementação daquilo que está previsto em lei. Os promotores fazem parte do Ministério Público, que possui, entre suas funções, defender interesses difusos, representar a coletividade em ações penais, ações civis públicas e na instauração de inquéritos policiais.

Entre as áreas de especialidade estão o Ministério Público da União, Ministério Público do Trabalho, Ministério Público Eleitoral, Ministério Público Militar e Ministério Público dos estados e do Distrito Federal.

Um exemplo da ação do promotor público como *policymaker* acontece quando ele firma um Termo de Ajuste de Conduta (TAC) com alguma organização que está infringindo alguma legislação. O TAC é uma ferramenta extrajudicial de resolução de má conduta, estabelecendo um prazo para que sejam feitas as devidas correções. Por exemplo, o promotor público pode firmar um TAC com uma prefeitura para que ela faça adequações nas calçadas e rampas de acesso para pessoas com deficiência. Outro exemplo é utilizar o TAC como ferramenta para que um agricultor respeite a faixa de proteção ambiental e faça replantio de mata ciliar ao longo de um curso d'água. Na área trabalhista, uma típica intervenção do Ministério Público do Trabalho é no ajustamento de conduta de empresas que não fornecem os devidos equipamentos de segurança para os empregados.

Mas é na defesa de interesses difusos e coletivos que os promotores públicos encontram um verdadeiro papel no processo de política pública (SILVA, 2001). A independência funcional perante os poderes Executivo, Legislativo e Judiciário permite que o Ministério Público possa servir como guardião do correto funcionamento da administração pública e da justiça. Recentemente, promotores públicos do MPF foram os elaboradores das "10 Medidas Contra a Corrupção", uma proposta para endurecer o sistema punitivo de crimes contra a administração pública, criminalização do caixa dois nas campanhas eleitorais, punição contra juízes e promotores que cometerem ilícitos, dentre outras medidas (MPF, 2017).

Como atores políticos que são, os promotores públicos também têm seus interesses individuais e corporativistas. A defesa de interesses de categoria, a decisão de priorizar certas áreas de controle em detrimento de outras, a velocidade de atuação, a escolha ou priorização dos alvos das ações penais e ações civis públicas, bem como a escolha discricionária do nível de rigor dos TAC fazem que, em diversas situações, os promotores públicos comportem-se igualmente aos demais atores na arena política.

5.1.6 GRUPOS DE INTERESSE

Segundo Cotta, Della Porta e Morlino (2001, p. 151), um **grupo de interesse** "é um grupo de pessoas organizadas voluntariamente que utiliza recursos para influenciar decisões e políticas públicas".[3] Os grupos de interesse também são conhecidos como grupos de pressão.

Os grupos de interesse podem ser formalmente constituídos, a exemplo de sindicatos, colegiados profissionais, associações comerciais, ou serem informais, como nos casos de movimentos feministas, de movimentos dos sem-teto, de grupos ambientalistas etc.

Alguns exemplos da atuação de grupos de interesse são as marchas de sindicatos de trabalhadores em protesto contra uma proposta de reforma previdenciária, a articulação de grupos de empresários na luta pelo relaxamento da aplicação de uma norma ambiental e a articulação de uma associação de universidades para influenciar a regulamentação do ensino a distância.

Os grupos de pressão podem ser vistos sob duas óticas, no que se refere à efetivação democrática. Podem ser considerados uma patologia do sistema democrático, pois conseguem desvirtuar, a seu favor, as decisões sobre políticas públicas. Sob essa concepção, existe a interpretação de assimetria de recursos entre grupos em potencial conflito (por exemplo, sindicatos de trabalhadores *versus* sindicatos patronais, consumidores *versus* comerciantes), e essa assimetria é vista como injusta ou desigual. Por outro lado, os grupos de pressão podem ser percebidos com naturalidade, bem como a sua atuação e a assimetria de recursos entre diferentes grupos. Por essa ótica, eventuais desequilíbrios na ca-

---

3   Tradução livre do original em italiano.

pacidade de influência entre grupos são fisiológicos, ou seja, nada mais que uma justa prevalência de interesses que agregam mais consensos.

Exemplos de recursos utilizados pelos grupos de interesse são os financeiros, os cognitivos e os organizacionais. Os recursos financeiros são essenciais para viabilizar as estratégias e ações do grupo de interesse. Os recursos cognitivos correspondem à capacidade interpretativa sobre dado tema e têm papel fundamental em áreas de políticas públicas que se embatem com conhecimentos tecnicamente específicos (por exemplo, políticas públicas contra o aquecimento global, contra organismos geneticamente modificados e contra a regulamentação da segurança no trabalho). Os recursos organizacionais são a capacidade de planejamento, controle e articulação de indivíduos em torno do objetivo comum. Mancur Olson (1999), em seu clássico livro *A lógica da ação coletiva*, mostra, por exemplo, a enorme dificuldade que grupos grandes encontram para organizar e fazer valer seus interesses: o custo de organização é altíssimo, assim como a probabilidade de não cooperação individual. Para Olson (1999), grupos pequenos ou relativamente pequenos conseguem se organizar de forma mais efetiva que grupos numericamente grandes, como no caso de um embate entre empresas de telefonia celular (grupo pequeno) contra os usuários da telefonia celular (grupo grande).

Grupos grandes são aqueles que sofrem custos elevados na organização de seus membros, como nas ocasiões em que são abundantes em número e/ou são vítimas de dispersão territorial. Exemplos de grupos de pressão grandes são: grupos de consumidores, sindicato de trabalhadores, grupo de aposentados, classes profissionais e grupos ambientalistas.

Grupos pequenos ou relativamente pequenos apresentam baixos custos na organização de seus membros, como nas ocasiões em que seus membros são poucos ou quando cada membro tem condições de arcar, mesmo sozinho, com o ônus da ação coletiva. São exemplos de grupos pequenos: grupos industriais setoriais, grandes produtores agrícolas etc.

Os grupos de interesse influenciam: a) o reconhecimento ou encobrimento de problemas públicos, utilizando canais privilegiados aos meios de comunicação e as instâncias de poder governamental; b) a prospecção de soluções, apresentando metodologias de controle do problema, de forma a não afetar seus interesses; c) a tomada de decisões, pressionando direta ou indiretamente os tomadores de decisão; d) a implementação das políticas públicas, influenciando os agentes implementadores; e) a avaliação das políticas públicas, sublinhando diante da opinião pública a eficácia ou ineficácia das políticas públicas.

Os grupos de interesse utilizam vários meios para fazer seus interesses serem ouvidos e respeitados no processo de elaboração de políticas públicas: campanhas publicitárias, *lobby*, financiamento de campanhas eleitorais, marchas ou paradas, greves e também corrupção ativa. Em alguns casos, a simples existência de um grupo de pressão consegue influenciar o desenho da política pública. Nesses casos, os *policymakers* moldam suas decisões e seus comportamentos prevendo potenciais reações a um programa ou regulação que venha a prejudicar ou beneficiar interesses de um grupo de pressão relevante.

5.1.7 PARTIDOS POLÍTICOS

Os **partidos políticos** são organizações formalmente constituídas em torno de um projeto político, que buscam influenciar ou ser protagonistas no processo de decisão pública e administração do aparelho governamental, por meio da formação e canalização de interesses da sociedade civil. Os partidos políticos são qualitativamente diferentes de grupos de interesses, pois:

- influenciam as decisões governamentais diretamente, seja como aliados, seja como opositores do governo;
- medem suas forças por meio de eleições;
- são organizações exclusivamente formais, com registro em órgão competente (no Brasil, o Tribunal Superior Eleitoral), com estatuto formalizado e estrutura organizacional.

A principal função dos partidos políticos é servir de elo entre os interesses da sociedade e o governo.

Na sua articulação com a sociedade, existem duas interpretações sobre como os partidos políticos atuam: uma proativa e outra reativa. A interpretação proativa entende que os partidos políticos têm papel de socialização política de valores, usando a ideologia como tecnologia de persuasão e construção de consensos. Já a interpretação reativa visualiza os partidos políticos como **agentes** de interesses já cristalizados na sociedade, lutando para que as demandas sociais sejam contempladas nas **políticas governamentais**.

No que diz respeito ao contato com as esferas governamentais, os partidos políticos incorporam funções práticas:

- recrutamento e preparação de políticos para que se tornem governantes;
- controle do aparato governamental por meio de seus agentes políticos;

- fiscalização da atuação governamental, principalmente quando o partido político se encontra na oposição ao governo;
- coordenação da atuação e votação parlamentar;
- formulação e avaliação das políticas públicas.

Os partidos políticos, como organizações formais, dependem de recursos financeiros para o funcionamento de suas atividades. Esses recursos são patrocinados por grupos de interesse, indivíduos, organizações, membros do partido político e o próprio governo.

De acordo com Panebianco (1990), existem dois tipos de partidos políticos nas democracias ocidentais: os partidos ideológicos de massa e os partidos profissionais eleitorais.

Os partidos de massa se caracterizam por estarem atrelados à defesa de determinadas categorias sociais ou profissionais e por valorizarem o uso da ideologia para conquistar "corações e mentes". O partido de massa possui estrutura organizacional verticalizada e tradicionalmente se financia por meio de contribuições de seus filiados, além do trabalho voluntário dos militantes. Os partidos profissionais eleitorais são pragmáticos, representam interesses de diversas categorias e classes sociais, mesmo que opostas, no intuito de agregar o máximo de votos nas disputas eleitorais. São formados por pessoal profissionalizado e financiam suas atividades, em grande parte, por meio de doações de grupos de interesse. Seduzem o eleitorado mostrando as potenciais vantagens de seus programas e projetos para aqueles que os elegerem.

Por motivos históricos e institucionais, os grandes partidos políticos brasileiros são considerados pragmáticos, frágeis, com baixa valência ideológica e com pouca coesão interna (RODRIGUES, 2002; KINZO, 2004).

5.1.8 MEIOS DE COMUNICAÇÃO – MÍDIA

A **mídia** é uma categoria de atores relevante nas democracias contemporâneas, pelo seu papel de difusor de informações, as quais são importantes para a manutenção da própria democracia. A mídia também exerce papel de controle sobre a esfera política e a atuação da administração pública, realizando jornalismo investigativo, denunciando corrupção e apontando as melhores práticas.

Com a cobertura da mídia sobre eventos de natureza política, há também um alargamento do processo de ***accountability*** democrática, ou seja, a possibilidade de os cidadãos responsabilizarem seus representantes por boas e más ações.

Os detentores dos meios de comunicação, no entanto, também são portadores de interesses e visões de mundo. Os jornais, os canais de televisão e as estações de rádio desempenham papéis determinantes nas fases de construção da **agenda** e de **avaliação das políticas públicas**.

A capacidade dos meios de comunicação de influenciar a **opinião pública** é reconhecida (PAGE, 1996). Problemas são mais facilmente percebidos pela população quando os meios de comunicação os exaltam. Problemas públicos recorrentes, mas adormecidos na atenção da população, como epidemias de febre amarela, a prostituição infantil ou o excesso de burocracia para a abertura de empresas, revestem-se de importância no momento em que os meios de comunicação resolvem fazer uma insistente cobertura dos temas.

Da mesma forma, partidos políticos, agentes políticos e o governo são particularmente atentos à agenda da mídia, a fim de moldar suas próprias agendas, discursos e ações. Alguns estudiosos acreditam na existência de uma cadeia de determinação entre a **agenda da mídia**, a **agenda política** e a **agenda formal** (KINGDON, 1984; LIGHT, 1999).

Conforme mostra a **Figura 5.3**, essa cadeia de determinação pode ter duas direções: a) modelo de iniciativa externa (*outside initiative model*), em que a agenda da mídia influencia a agenda política, e esta influencia a agenda formal; b) modelo de mobilização (*mobilization model*), em que os governantes utilizam de sua visibilidade nos meios de comunicação e seu poder de formação de opinião pública para fazer com que específicos problemas públicos sejam percebidos pela população (COBB; ROSS; ROSS, 1976).

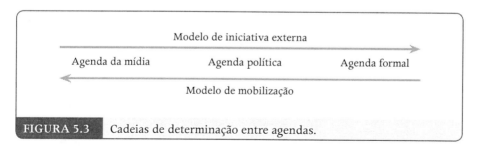

FIGURA 5.3 Cadeias de determinação entre agendas.

Às vezes chamados de "o quarto poder", os meios de comunicação também têm um papel importante no modo de entender os problemas públicos, suas causas, seus limites. Os esquemas interpretativos fornecidos pelos editores e jornalistas têm a capacidade de alterar a percepção das causas de um problema, como os acidentes nas estradas, por exemplo. A ênfase dada nas reportagens sobre a imprudência dos motoristas e a falta de manutenção adequada das vias facilita a ascensão de soluções como o controle da bebida alcoólica e a privatização das estradas e congela a proposição de soluções como a necessidade de duplicação das rodovias ou a adoção de sistemas alternativos de transporte.

Outra potente forma de exercer influência sobre a opinião pública é a decisão da mídia de ignorar ou dar pouca atenção a certos problemas públicos. A mídia tem a prerrogativa de entender que um problema público não seja suficientemente relevante para constar de suas edições.

Problemas públicos podem ser ignorados pelos meios de comunicação, seja pelo próprio interesse dos grupos de comunicação, seja pela incapacidade técnico-cognitiva dos jornalistas de tratar o problema, seja pelo baixo retorno de audiência com a veiculação de certos problemas.

O **pluralismo** dos meios de comunicação varia de país para país, estado para estado, cidade para cidade. O ideal pluralista tem como valor de fundo a representatividade, a oportunidade de dar voz a diversas classes sociais, grupos de interesses e correntes ideológicas. Em muitos contextos, esse ideal não é alcançado, fazendo que o processo de elaboração de políticas públicas também seja moldado por certas informações e visões de mundo difundidas pelos meios de comunicação.

Atores importantes que se utilizam dos meios de comunicação são formadores de opinião, articulistas e editores que conseguem criar consenso em torno de questões por meio do uso de argumentos políticos, econômicos, ambientais etc.

Quanto ao papel de avaliação, a mídia atua como propagadora de interpretações de sucessos ou fracassos das políticas públicas. Informações sobre o desempenho da administração pública e das políticas públicas são importantes para a tomada de decisão dos eleitores, dos políticos e dos governantes. Frequentemente, uma reportagem especial de um jornal de grande circulação gera mais impacto na percepção da eficácia de uma política pública do que um trabalho de avaliação técnica estruturado. Nesse sentido, a mídia desempenha um papel de construção de consensos em torno da continuação, correção ou **extinção** de uma política pública.

Por fim, a mídia também é, além de coadjuvante no processo de elaboração de políticas governamentais, protagonista na elaboração de suas próprias políticas públicas. O papel que os meios de comunicação desempenham na promoção de campanhas de conscientização para problemas públicos (por exemplo, desperdício de recursos, necessidade de doadores de sangue, urgências ambientais) torna-os importantes articuladores de ações individuais em prol de um benefício coletivo.

5.1.9 THINK TANKS

Think tanks são organizações de pesquisa e aconselhamento em políticas públicas (SOARES, 2009; TEIXEIRA, 2013; SECCHI; ITO, 2015). Também conhecidos como institutos de políticas públicas ou usinas de ideias, os *think tanks* atuam na produção e disseminação de conhecimento relevante para a **formulação**, decisão e **avaliação de política pública** (SMITH, 1991). Os *think tanks* também fazem **advocacy**, ou seja, ativismo na formação da agenda da mídia política e institucional e influência da opinião pública quanto a problemas públicos e alternativas de políticas públicas (SECCHI, 2012).

Na Europa e nos Estados Unidos, os *think tanks* são organizações reconhecidas pela sua capacidade de influenciar os rumos das políticas públicas. Desde o século XX, organizações como a RAND Corporation (especializada em política exterior e de defesa), Urban Institute (especializado em políticas urbanas), Brookings Institution (vários temas) e American Enterprise Institute (vários temas) têm influenciado de maneira notável as políticas públicas nos Estados Unidos. Na Europa, os *think tanks* proliferaram desde o nascimento da União Europeia, e exemplos são o European Policy Centre, o Centre for European Reform e o Centre for European Policy Studies.

No Brasil eles também existem, embora muitos não explicitem o termo *think tank* em suas apresentações (SOARES, 2009). O Instituto de Pesquisa Econômica Aplicada (Ipea), o Departamento Intersindical de Estatística e Estudos Socioeconômicos (Dieese), o Instituto de Estudos do Trabalho e Sociedade (Iets), o Centro Brasileiro de Relações Internacionais (Cebri) são exemplos de *think tanks* brasileiros.

Um *think tank* difere de uma empresa de consultoria, pois é focado na produção de novos conhecimentos, e não apenas na aplicação de conhecimentos já construídos para a mudança organizacional ou de política pública. Um *think tank* difere de um grupo de pesquisa acadêmico, pois, em vez de produzir conhecimento teórico, é focado no aconselhamento do **policymaker**, ou seja, em repassar conhecimentos de aplicação imediata nas várias etapas do **processo de política pública**.

Segundo McGann (2005) e Soares (2009), os *think tanks* podem ser:

- de escopo geral (várias áreas de políticas públicas) ou de escopo restrito (poucas áreas ou temas);
- dependentes de recursos públicos ou dependentes de recursos societais;
- com viés ideológico ou "neutros" ideologicamente.

Os *think tanks* são úteis para os governos e suas **burocracias**, já que muitas vezes estes não possuem tempo ou conhecimento suficiente para a tarefa de análise de políticas públicas (*public policy analysis*). Também são úteis para a sociedade quando disseminam informações sobre os **problemas públicos** (por exemplo, viabilidade do trânsito nas cidades, índice de preços ao consumidor, nível de desmatamento de um bioma etc.). Frequentemente os membros de *think tanks* são convidados pela **mídia** para dar depoimentos sobre a situação de um problema público ou a pertinência de uma alternativa de política pública.

5.1.10 POLICYTAKERS

Os **destinatários das políticas públicas** são os indivíduos, grupos e organizações para os quais a política pública foi elaborada. Também conhecidos como *policytakers*, os destinatários geralmente são rotulados como uma categoria passiva de atores, ou seja, uma categoria que mais recebe influência do que provoca no processo de elaboração de políticas públicas.

Jacobs e Shapiro (1994) lembram, no entanto, que existem situações em que os destinatários conseguem moldar a opinião pública e articular os interesses de grupos difusos. Cada vez mais são perceptíveis os efeitos de destinatários de políticas públicas que atuam como ativistas na internet (websites, blogs, redes sociais), articuladores de interesses coletivos, formadores de opinião, membros de redes de políticas públicas (REGONINI, 2001). A **opinião pública** é um conceito central nesse debate, como julgamento coletivo sobre determinado tema, que é capaz de influenciar as escolhas políticas.

Ainda em outras situações, os destinatários das políticas públicas também assumem o papel de tomadores de decisão, como no caso das **políticas constitu-**

tivas (os políticos são, ao mesmo tempo, *policytakers* e *policymakers*), em casos de políticas de gestão pública (GAETANI, 2004), e em todos os casos em que indivíduos, grupos e organizações são chamados para participar da **tomada de decisão** (por exemplo, **planejamento orçamentário** participativo, conselhos gestores etc.).

É reconhecido, no entanto, que os destinatários das políticas públicas têm seu potencial de influência prejudicado quando são dispersos geograficamente, heterogêneos e incapazes de organizar recursos em torno da defesa de seus interesses. Nesse sentido, corporações, grupos de interesse e os meios de comunicação logram comparativamente mais articulação de seus interesses que a categoria dos destinatários.

Em alguns casos, quando a política pública é destinada a categorias ou áreas geográficas mais delimitadas, a organização dos destinatários em torno de uma ação coletiva é mais provável. Nesse tipo de caso, os destinatários das políticas públicas tornam-se grupos de pressão ou mesmo uma **rede de políticas públicas**.

> **EXEMPLO** *Boicotando o boicote*
>
> São recorrentes as tentativas realizadas por donos de automóveis para criar redes sociais, uma articulação de suas ações, a fim de forçarem a diminuição dos preços dos combustíveis. Uma das estratégias mais utilizadas é a articulação dos consumidores via redes sociais no sentido de boicotarem uma rede distribuidora de combustível. O objetivo é forçar uma demanda menor em um dos distribuidores, que, por sua vez, terá de baixar seus preços, o que provocará uma subsequente queda nos preços dos distribuidores concorrentes. O grande problema para a efetivação dessa estratégia é o elevado número de consumidores, sua dispersão, preferências heterogêneas e a incapacidade de gerar recursos para uma ação coletiva consistente e durável. Muitos resistem ao boicote, pois têm o hábito de abastecer no distribuidor boicotado, e outros tantos nem ficam sabendo da campanha, por não usarem redes sociais ou e-mail. Com tantos boicotadores do boicote, a ação coletiva fica prejudicada e o preço do combustível permanece o mesmo.

5.1.11 ORGANIZAÇÕES DO TERCEIRO SETOR

As organizações do terceiro setor são organizações privadas sem fins lucrativos que lutam por algum interesse coletivo. Elas atuam em áreas sociais em que a ação estatal é insuficiente ou inexistente, como saúde, educação, meio ambiente, cultura e proteção de minorias. São exemplos de organizações do terceiro setor o SOS Mata Atlântica, o Contas Abertas, a Operação Amazônia Nativa (Opan), a Igreja Católica, o Politize!, o Instituto Nordeste Cidadania.

As organizações do terceiro setor se distinguem dos grupos de pressão porque estes articulam suas ações na busca de interesses dos próprios membros do grupo, enquanto as organizações do terceiro setor articulam suas ações na busca de um interesse primordialmente coletivo (externo ao grupo).

O termo "terceiro setor" refere-se à complementação do que seria o "primeiro setor", o Estado, e o "segundo setor", as organizações empresariais. Exemplos de organizações do terceiro setor são as organizações não governamentais, as fundações privadas e as entidades filantrópicas.

Uma das principais tendências recentes no campo da gestão de políticas públicas é a chamada governança pública, ou *public governance*. Na literatura de administração pública e ciências políticas, **governança pública** é entendida como um modelo de interação horizontal entre atores estatais e não estatais no processo de construção de políticas públicas (KOOIMAN, 1993; RICHARDS; SMITH, 2002). A etiqueta *"governance"* denota pluralismo, no sentido de que diferentes atores têm, ou deveriam ter, o direito de influenciar o processo de elaboração de políticas públicas. A governança pública efetiva-se com parcerias público-privadas, coordenação interorganizacional de implementação de políticas públicas e com mecanismos participativos de **deliberação** e avaliação das políticas públicas.

As organizações do terceiro setor enquadram-se nesse conjunto de expectativas gerado pela governança pública. Por sua defesa de interesses entendidos como coletivos, as organizações do terceiro setor são chamadas para participar tanto na tomada de decisão como na implementação e avaliação das políticas públicas.

Nos processos de tomada de decisão e avaliação das políticas públicas, os mecanismos mais evidentes são os planejamentos governamentais participativos e os conselhos gestores setoriais (saúde, meio ambiente, criança e adolescente etc.). As organizações da sociedade civil contribuem em um processo de compartilhamento de conhecimentos e *frames* cognitivos, para melhor compreensão dos contornos e obstáculos das políticas públicas. O ideal democrático da governança pública é o aumento da legitimidade das ações governamentais, maior **accountability** e substituição da confrontação de preferências pela construção conjunta destas.

No momento da implementação das políticas públicas, as organizações do terceiro setor transformam recursos públicos e privados em serviços e projetos de caráter social.

5.2 MODELOS DE RELAÇÃO E DE PREVALÊNCIA

Além dos atores descritos anteriormente, outros que conseguem deixar suas marcas em alguns processos de elaboração de políticas públicas são os fornecedores, os especialistas, os organismos internacionais e as comunidades epistêmicas. Descrever uma relação exaustiva de atores relevantes seria uma tarefa que extrapolaria os limites deste livro.

Em vez disso, apresentaremos alguns modelos de relação e de prevalência de atores nos processos de políticas públicas. Por modelo de relação nos referimos a constructos teóricos, testados empiricamente, de como os atores interagem, quais são suas conexões, coalizões e enfrentamentos mais prováveis. Por modelo de prevalência nos referimos a constructos teóricos, também alimentados pela observação prática, de quais atores conseguem fazer valer suas vontades sobre a vontade dos demais atores em um **processo de política pública**. Em suma, trata da distribuição de poder na sociedade.

Esses modelos nada mais são que esquemas interpretativos de como as coisas acontecem nas arenas políticas. Os modelos de relação apresentados são o **modelo principal-agente** e as **redes de políticas públicas**. Os modelos de predomínio expostos são o **elitismo** e o **pluralismo**. Por fim, o modelo de **triângulo de ferro** consegue combinar, ao mesmo tempo, aspectos de relação e predomínio.

5.2.1 MODELO PRINCIPAL-AGENTE

O modelo principal-agente tem origem em vertentes racionalistas da economia e enfatiza uma relação contratual entre dois tipos ideais de atores, o **principal** e o **agente**. O *principal* é aquele que contrata uma pessoa ou organização para que ela faça coisas em seu nome. O *agente* é a pessoa ou organização contratada pelo principal. O modelo principal-agente pode ser usado para interpretar relações entre acionistas e diretoria de uma empresa, entre empresa e funcionários, entre cidadãos e o governo, entre o governo e a burocracia.

Usando o modelo principal-agente para interpretar fenômenos em **políticas governamentais (Figura 5.4)**, pode-se perceber uma cadeia de relacionamentos composta por três elos principais:

1 – os cidadãos são o principal e os políticos eleitos são os agentes;
2 – os políticos eleitos são o principal e os designados politicamente são os agentes;
3 – os designados politicamente são o principal e a máquina burocrática é o agente.

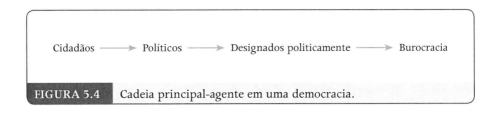

FIGURA 5.4 Cadeia principal-agente em uma democracia.

O problema implícito em uma relação entre agente e principal é fazer que os interesses do principal sejam efetivamente levados adiante pelo agente. Nesse modelo, os interesses do agente nem sempre coincidem com os interesses do principal, e isso é um obstáculo para a efetivação da vontade do principal.

Além da não conformidade de preferências, o modelo principal-agente aponta outro grande problema: a assimetria informativa. Nesse modelo, o agente possui claras vantagens de informação em relação ao principal. A assimetria informativa entre esses atores acontece, por exemplo, entre políticos recém-eleitos (principal) que não dominam o funcionamento do modelo burocrático e os burocratas que o dominam (agente), ou então entre o cidadão (principal) e o político (agente) que consegue mascarar sua baixa *performance* parlamentar com atos simbólicos de grande impacto.

A assimetria informativa pode resultar em seleção adversa (*adverse selection*) ou risco moral (*moral hazard*). A seleção adversa é o risco que corre o principal de escolher mal seu agente. Exemplo de seleção adversa seria a contratação de uma empreiteira de obras, por meio de licitação, que se demonstra ineficiente e ineficaz durante a implementação, trazendo custos de tempo, dinheiro e credibilidade para o governo. O risco moral é a possibilidade de o agente ludibriar o principal, por exemplo, um fiscal ambiental que aceita suborno e não cumpre seu papel de aplicar multas ou o mascaramento do baixo desempenho dos funcionários de um hospital público em um relatório enviado à Secretaria de Saúde.

Para evitar esses problemas de agência, o principal deve estabelecer mecanismos de controle sobre a ação do agente e estruturas de incentivo e punições para estimulá-lo a cumprir as expectativas do principal. A cadeia de *accountability* (*accountability chain*) funciona inversamente à cadeia de agência, ou seja, para cada delegação há um ou mais meios de controle do agente.

5.2.2 REDES DE POLÍTICAS PÚBLICAS

Uma **rede de políticas públicas**[4] é uma estrutura de interações, predominantemente informais, entre atores públicos e privados envolvidos na formulação e implementação de políticas públicas (**Figura 5.5**). Os atores da rede possuem interesses distintos, mas interdependentes, e tentam resolver problemas coletivos de uma maneira não hierárquica. As redes de políticas públicas são compostas de atores públicos e privados que se sintam motivados para debater e agir em torno de temas de interesse comum.

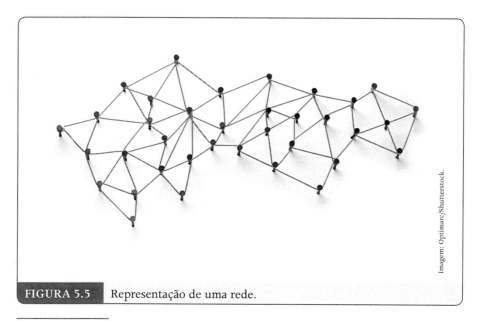

FIGURA 5.5   Representação de uma rede.

---

[4] Uma rede de políticas públicas também pode ser considerada uma modalidade específica de organização de atores públicos e privados dentro de uma área de políticas públicas.

Segundo estudiosos do tema (RHODES, 1997; KLIJN, 1998; BÖRZEL, 1997; REGONINI, 2005), as principais características das redes de políticas públicas são:

- auto-organização e autonomia;
- interdependência entre os atores que as compõem;
- liberdade de entrada e de saída para seus membros;
- controle disperso, conhecimentos dispersos, relações informais e não hierárquicas;
- busca de interesses externos aos membros da rede.

Essa estrutura de interação está presente, por exemplo, em campanhas de conscientização (por exemplo, economia de energia elétrica), em campanhas de colaboração (por exemplo, doação de sangue, campanha do agasalho etc.), na luta pela promoção turística de um território e no enfrentamento de uma calamidade (enchente, terremotos, epidemia etc.).

Alguns desenvolvimentos teóricos na área de redes são:

- Comunidades de políticas públicas (*policy communities*): redes de atores, organizados em torno de uma área de políticas públicas, que se reconhecem reciprocamente e compartilham uma linguagem e um sistema de valor. Para Wright (1988), as comunidades de políticas públicas são compostas de atores que compartilham interesses e identidades comuns. Existe maior estabilidade dos atores que as compõem, e o ingresso de novos membros não depende apenas da motivação individual, mas também da capacidade do indivíduo de demonstrar traços comuns àquela comunidade. Como em toda rede de política pública, os interesses conflitantes também ocorrem no interior das comunidades. Exemplos disso seriam as redes de descendentes de imigrantes que interagem para manter as tradições, a língua e lutar pela dupla cidadania no país de destino, e as redes de praticantes católicos que se organizam para arrecadar mantimentos para famílias de baixa renda.
- **Redes temáticas (*issue networks*)**: segundo Heclo (1978), são redes de atores que se formam em torno de assuntos específicos (*issues*), como legalização de drogas brandas, legalização do aborto, promoção da alimentação *slow food*, movimento dos atingidos por barragens, grupos de defesa da arara-azul.

- Comunidades epistêmicas (HAAS, 1992): redes de pessoas, em geral ligadas à academia, que acreditam no método científico de pesquisa e compartilham os mesmos quadros interpretativos, linguagem e modelos causais de dado objeto de estudo. Essas comunidades se encontram em congressos e seminários e divulgam seus trabalhos por meio de revistas científicas. Exemplos dessas comunidades são os economistas neoclássicos, os sociólogos da corrente marxista e os cientistas céticos do aquecimento global.
- Redes e mídias sociais: as redes sociais são estruturas de atores e suas relações que influenciam o fluxo de ideias, informação, bens materiais e poder (MARQUES, 2006). As relações entre os atores das redes sociais têm sido potencializadas sobremaneira pelas mídias sociais, plataformas de interação pela internet que se baseiam na construção compartilhada de conteúdos e que permitem a participação interativa dos usuários (KAPLAN; HAENLEIN, 2010; JOSEPH, 2012). Exemplos são o Facebook, Twitter, Instagram e o Whatsapp. Exemplos do uso das mídias sociais para a influência política foram as organizações das marchas contra a corrupção no Brasil, o Brexit no Reino Unido e o movimento separatista da Catalunha.
- Coalizões de defesa (SABATIER; JENKINS-SMITH, 1999): conjuntos de atores públicos e privados que compartilham padrões normativos e modelos causais e que se engajam na defesa de políticas públicas coerentes com suas crenças básicas. Nessa perspectiva, uma área de política pública pode ser formada por mais de uma **coalizão de defesa**, cada uma lutando para difundir sua visão de mundo.

5.2.3 MODELOS ELITISTAS

A vertente "elitista" da ciência política consolidou a visão de que poucos atores (elites) têm a capacidade de determinar o rumo das políticas públicas. Nesse sentido, há um predomínio de certas categorias de atores sobre outras. Um dos precursores dessa corrente foi o sociólogo e político Robert Michels, que defendeu, em seus trabalhos do início do século XX, a existência de uma lei de ferro da oligarquia (*Iron Law of Oligarchy*), ou seja, o entendimento de que em todas as sociedades o poder de decisão política sempre foi privilégio de uma elite.

Mas quem faria parte dessa elite? A partir da noção fundamental de elite, vários modelos interpretativos tentaram dar uma resposta satisfatória para o descobrimento de atores que possuem vantagens objetivas no **processo político**. Segundo os teóricos do governo de partido (*party government*), são os partidos políticos que dominam o cenário político, pois estes são os atores que têm acesso privilegiado (mandatos eletivos) ao processo decisório de políticas públicas relevantes, e porque dentro dos partidos políticos nascem os programas de governo que guiam o destino de um país (WILDENMANN, 1986).

De acordo com os teóricos do governo da burocracia, são os servidores públicos de carreira que detêm a primazia política, pois têm conhecimento de como funciona a estrutura do estado (sabem dizer o que é ou não institucionalmente factível), têm facilidade de organizar seus próprios interesses. É a burocracia que, afinal, implementa as políticas públicas, podendo interpretar com sua ótica e interesse as prescrições vindas da esfera política (LOWI, 1969; LIPSKY, 1980; PETERS, 2001).[5]

A abordagem neocorporativista diz que os grupos de interesses e o Estado criam uma relação de dependência mútua capaz de excluir do processo político atores periféricos ou não articulados.

Segundo Schmitter (1974, p. 93-94), corporativismo é

> um sistema de representação de interesses no qual suas unidades constituintes são organizadas em um número de categorias singulares, obrigatórias, não competitivas, ordenadas hierarquicamente, e funcionalmente diferenciadas, reconhecidas ou licenciadas (se não criadas) pelo Estado e beneficiárias de um monopólio representativo deliberado dentro de suas respectivas categorias, que dão em troca a observação de certos controles na seleção de líderes e na articulação de demandas ou apoios.[6]

Nessa concepção, sindicatos de trabalhadores, federações empresariais, corporações militares e conselhos profissionais são capazes de usar o *esprit de corps* para que seus recursos (financeiros, técnicos, organizacionais etc.) sejam determinantes no processo de construção das políticas públicas.

Para marxistas estruturalistas, como Althuser e Poulantzas, a elite em um sistema capitalista é representada pelos detentores do capital. Segundo essa corrente, o Estado é dominado pelos interesses econômicos capitalistas que o

---

[5] Uma aplicação da interpretação de governo da burocracia para a política industrial brasileira é feita por Rua e Aguiar (1995).
[6] Tradução livre do original em inglês.

forçam a reproduzir os esquemas de exploração de uma classe (trabalhadores) pelos de outra (capitalistas). As políticas públicas, por consequência, nada mais são que expressões de um Estado reprodutor dos interesses do capital.

O principal viés dessas correntes interpretativas é a descrença na capacidade de outras categorias fazerem valer seus interesses nos sistemas democráticos. Ou seja, os modelos elitistas centram a atenção no copo meio cheio (poucos detêm o poder) e se furtam a reconhecer que o copo também está meio vazio (outros tantos também conseguem influenciar).

5.2.4 MODELO PLURALISTA

Da mesma forma que o **modelo elitista**, o **modelo pluralista** tenta responder a uma questão básica da ciência política: "Afinal, quem é que manda?". Ao contrário do elitismo, o modelo pluralista não percebe a predominância de um ator ou conjunto de atores, chegando à conclusão de que todos conseguem influenciar, de alguma maneira, as decisões e os caminhos tomados pela **comunidade política**.

A pedra fundamental para essa escola de pensamento foi o livro *Who Governs?*, publicado em 1961 por Robert A. Dahl, que traz os resultados de uma pesquisa empírica conduzida na cidade de New Haven, nos Estados Unidos. Segundo Dahl, no processo político ocorre uma convergência de vários vetores de interesses de grupos e indivíduos. Cada um, com seus recursos e suas capacidades organizativas, tem a possibilidade de influenciar o processo decisório e os **resultados** das políticas públicas.

Recursos à disposição dos atores são o dinheiro, o tempo, o conhecimento, o *status* social, o carisma e a habilidade de persuasão. Também de acordo com a escola pluralista, existe uma distribuição desigual, entre atores, dos recursos necessários para a efetivação de seus interesses. Em algumas arenas, certos recursos são mais valiosos, enquanto, em outras, outros recursos são mais valiosos. Outras vezes, ainda, os recursos estão disponíveis para os atores, mas lhes falta interesse para utilizá-los.

Dessa forma, os pluralistas acreditam que não há como prever, de antemão, que uma categoria de ator sempre terá vantagem objetiva sobre outras categorias, em distintas arenas políticas.

O modelo pluralista foi criticado por se basear em uma ideologia que implicitamente recriminava a necessidade de um Estado redistributivo, pois todos os membros da sociedade conseguiriam se fazer presentes no processo político. Por conta dessas críticas, Charles E. Lindblom passou a relativizar o pluralismo em seu livro *Politics and markets* (1977), afirmando que existem posições privilegiadas de poder nas democracias ocidentais orientadas para o mercado. O próprio Dahl, com Lindblom, no prefácio da reedição do livro *Politics, economics, and welfare* (DAHL; LINDBLOM, 1976), coloca dúvidas em relação à capacidade de mobilização dos interesses políticos em um sistema desigual social e economicamente.

5.2.5 TRIÂNGULOS DE FERRO

Um dos modelos que combinam aspectos de relação e de predomínio é o chamado modelo dos **triângulos de ferro** (*iron triangles*). Esse modelo interpretativo esteve muito em voga nos anos 1960, nos Estados Unidos, na compreensão das relações de apoio mútuo entre grupos de interesses, políticos parlamentares e burocratas membros de agências governamentais. Segundo tal esquema, vide **Figura 5.6**, a relação entre esses três grupos de atores é considerada crucial na definição de políticas públicas nacionais, principalmente nas áreas de regulamentação ambiental, política energética, políticas de estímulo ao desenvolvimento econômico e política de segurança nacional.

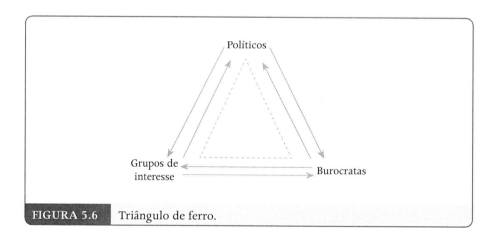

FIGURA 5.6 Triângulo de ferro.

Nessa representação gráfica, as setas representam o intercâmbio de favores entre os três atores: os **grupos de interesse** financiam as campanhas eleitorais dos **políticos** e, em troca, recebem uma legislação que os beneficiam. A relação de troca de favores entre políticos e **burocratas** acontece da seguinte maneira: os políticos defendem configurações orçamentárias que garantam a sobrevivência ou a ampliação de algumas agências ou departamentos governamentais e, em troca, recebem dos burocratas a implementação de políticas públicas (por exemplo, veloz ou lenta, atenta ou frouxa, não implementação) que atenda aos seus interesses. Completando o triângulo, os grupos de interesse fazem *lobby* com a administração pública na defesa do interesse de algumas agências e departamentos governamentais e, em troca, recebem dessas mesmas agências uma implementação mais amigável da regulamentação que toca os interesses daqueles grupos (por exemplo, controle seletivo de poluição, avaliação positiva de produtos fornecidos pelas empresas etc.).

Segundo Adams (1981), esse triângulo de ferro também teria a capacidade de alijar os poderes Executivo e Público em geral das arenas decisórias em alguns setores de política pública.

Tal esquema de interpretação das relações e do predomínio desses três grupos de atores poderia ser aplicado à realidade brasileira, talvez para uma **análise** sobre política de fomento agrícola, ou a outras áreas para as quais, tradicionalmente, os grupos de interesse têm *lobby* montado em Brasília. Apesar de difuso, esse modelo é criticado por ser reducionista nas categorias de atores que compõem o triângulo e por retratar uma realidade histórica e geograficamente localizada: políticas governamentais federais dos Estados Unidos das décadas de 1950 e 1960 (HECLO apud JORDAN, 1981).

5.3 MINICASO: ATORES CONTAGIADOS PELO PÂNICO[7]

Em uma cidade de porte médio do interior, o problema da criminalidade era constante. Semanalmente, a Polícia Civil emitia uma média de 84 boletins de ocorrência de casos de furto (a residências, de automóveis, no comércio etc.), sete ocorrências de roubo (de automóveis, de motocicleta, de cargas diversas etc.) e duas ocorrências relacionadas a tóxicos (porte e tráfico de entorpecentes). A média de registros de homicídios era de dois casos semanais. Grande parte dos casos de homicídios vinha da periferia, das comunidades mais fragili-

---

[7] Agradecemos à Polícia Civil de Santa Catarina, que forneceu alguns dados estatísticos para a construção deste minicaso.

zadas, e geralmente estava relacionada ao consumo e ao tráfico de drogas, à violência doméstica e, nos fins de semana, a brigas em boates e bailões.

Os três jornais de circulação local faziam a cobertura de parte dos casos nas suas páginas policiais, e a população parecia habituada com a situação. "Sempre tem malandro por aí, a gente tem de se cuidar", afirmou uma dona de casa de um bairro de classe média, em reportagem de uma emissora de rádio que cobria um caso de assalto à mão armada.

No entanto, no último fim de semana do mês de janeiro, duas ocorrências despertaram a indignação da população.

- Em uma chácara no interior do município, houve uma tentativa de assalto frustrada, que acabou com a morte do proprietário e provocou um ferimento grave à sua esposa. O proprietário da chácara morto no assalto era o presidente da Associação Comercial e Industrial da cidade.
- Na saída de uma danceteria no centro da cidade, um casal de jovens foi abordado por três assaltantes que resolveram fazer um sequestro-relâmpago. O rapaz foi trancado no porta-malas do carro, e a moça ficou refém dos assaltantes no banco de trás. Os bandidos perambularam com o carro das vítimas até as seis horas da manhã, e molestaram a moça sexualmente. De manhã cedo, fizeram o casal sacar dinheiro de suas contas-correntes em caixas eletrônicos e depois soltaram o casal. Ambos os jovens eram de famílias tradicionais da cidade (o pai da jovem era um dos proprietários do jornal de maior circulação na região).

Na segunda-feira seguinte, os jornais da cidade estamparam em sua primeira página: "Onda de crimes assola a cidade", "Basta de violência!", "População pede medidas de segurança". O tema da segurança foi destaque na rádio, nos jornais e nos noticiários da TV regional durante o mês de fevereiro inteiro.

No início de fevereiro, partidos políticos, principalmente da oposição, articularam-se com diversas entidades da sociedade civil para realizar uma passeata em prol da segurança. A passeata teve a participação de 1.500 pessoas e foi considerada um sucesso.

O presidente da Câmara Municipal interrompeu o recesso parlamentar e convocou todos os vereadores para sessões extraordinárias, a fim de debater o tema da segurança. Um dos vereadores, que há tempos já reivindicava a criação de uma Guarda Municipal, finalmente obteve o apoio de seus colegas vereadores.

O Secretário de Segurança e Direitos Humanos do município foi exonerado do cargo, e um novo secretário foi designado para a pasta, agora rebatizada de Secretaria de Segurança Pública. O novo secretário já chegou com uma proposta de impacto: recompensar financeiramente os policiais que apreendessem drogas e armas ilegais.

O juiz da Infância e Juventude do município, percebendo o clamor popular, também tomou uma medida. Decretou toque de recolher para todos os menores de 18 anos, entre as 22 horas e as 6 horas da manhã. Em entrevista nos meios de comunicação, o juiz justificou sua medida dizendo que muitos casos de furtos e roubos estavam relacionados a menores, e sua medida ajudaria a frear a onda de violência.

Apesar do pânico coletivo instaurado, o setor de estatística da Polícia Civil havia notado apenas um pequeno acréscimo nos casos de delinquência, relacionado a furtos a domicílios no mês de janeiro, período em que pessoas de classe média deixavam seus lares para passar férias na praia. Com relação a homicídios, roubos e crimes relacionados ao tráfico de drogas, os números estavam estabilizados, e os registros policiais de janeiro eram considerados "normais". Esses índices permaneceram praticamente inalterados durante todo o ano.

Depois da tempestade, a calmaria

Um ano após a suposta "onda de criminalidade", a situação era a seguinte: o juiz da infância e juventude do município suspendeu o toque de recolher, sob pressão das famílias de classe média e classe alta. Quando suspendeu sua medida, o juiz alegou que "a situação de delinquência juvenil havia voltado ao normal, não sendo mais necessária a medida". O secretário de Segurança do município não conseguiu emplacar sua proposta de recompensar financeiramente os policiais. Essa proposta foi chamada de "descabida e mercenária" por políticos da oposição e até por alguns representantes do governo, que previam como consequência o forjamento de apreensões de drogas e armas por parte de policiais, a fim de conseguir tais prêmios.

A única proposta que vingou foi a de criação da Guarda Municipal. Foram realizados concursos para a seleção de policiais, comprados automóveis, equipamentos, e um edifício da prefeitura desocupado foi transformado em sede da Guarda Municipal recém-criada.

No entanto, a nova corporação policial foi designada para zelar pelo patrimônio público e privado, auxiliar no respeito às normas de trânsito municipais, entre outras atividades mais brandas. A necessidade de repressão à criminalidade e à violência, e a investigação dessas ocorrências, que tinham sido os argumentos utilizados para a criação da Guarda Municipal, continuaram sendo realizadas pelas polícias Militar e Civil.

Questões do minicaso

1. Quais são os atores individuais e coletivos retratados no minicaso?
2. Quais são os atores governamentais e não governamentais retratados no minicaso?
3. Quais são as fases do ciclo de política pública retratadas no minicaso?
4. Com base no minicaso, debata a influência da agenda da mídia sobre a agenda política.
5. Com base no minicaso, debata a influência da agenda política sobre a agenda formal.
6. O entendimento de que a mídia tem o poder de determinar a agenda política, e por consequência a agenda formal, é derivado de uma concepção elitista. Contraponha esse pressuposto de determinação da agenda pela mídia usando argumentos da escola pluralista.
7. No minicaso é rapidamente descrito como nasceu a Guarda Municipal. Qual modelo de tomada de decisão (veja o Capítulo 3) se enquadra melhor para a análise desse caso?
8. Apesar das estatísticas oficiais apontarem para uma normalidade nos índices de criminalidade, havia uma sensação de "onda de criminalidade". Escreva sobre a "guerra de informações" promovida por atores para inflar ou esvaziar problemas públicos, bem como para promover ou denegrir alternativas de políticas públicas, exemplificando com um caso nacional.

5.4 EXERCÍCIOS DE FIXAÇÃO

1. Que atores ocupam os três níveis da estrutura organizacional de uma Administração Pública (Poder Executivo) e quais os seus papéis?
2. Quais são os três sentidos da palavra "burocracia"?
3. Com base no sentido de "corpo de funcionários públicos", dê exemplos de burocracias nas áreas de segurança pública, defesa do meio ambiente, regulação financeira nacional, regulação da concorrência (por exemplo, no setor de telecomunicações, no setor de energia elétrica), comunicação televisiva e radiodifusão.
4. O que são burocratas de linha de frente?

5. De que modo o Judiciário e o Ministério Público estabelecem políticas públicas?
6. Dê exemplos de grupos de interesse de sua cidade, estado ou de todo o país.
7. O que diferencia "partidos políticos" de "grupos de interesse"?
8. Dê exemplos de destinatários de políticas públicas distributivas, redistributivas, regulatórias e constitutivas.
9. Qual é o papel das organizações da sociedade civil na governança pública? Exemplifique com um caso de enfrentamento de uma catástrofe natural (por exemplo, terremoto, maremoto, inundações etc.).
10. Qual é a diferença entre modelos de relações e modelos de predomínio na análise de atores de políticas públicas?
11. Qual é a diferença entre a interpretação "elitista" e a interpretação "pluralista" do domínio do processo político?
12. Para debater: é a concepção elitista ou a concepção pluralista que melhor ilustra o domínio da política na sua cidade? Isso sempre foi assim ao longo da história da cidade?
13. Para debater: dê exemplos de municípios, estados ou países em que haja maior predomínio político de um grupo específico (elitismo) e uma acessibilidade generalizada aos meios de poder (pluralismo).

5.5 PERGUNTAS DE MÚLTIPLA ESCOLHA PARA REVISÃO CONCEITUAL

Assinale a resposta correta:
1. NÃO é ator no processo de política pública:
    (a) O político
    (b) O analista de política pública
    (c) A opinião pública
    (d) O partido político
    (e) O burocrata
2. NÃO é característica do político como ator:
    (a) Representa seu próprio interesse
    (b) Representa interesse do seu partido político
    (c) Representa interesse do seu território
    (d) Luta por interesses coletivos
    (e) Age de acordo com o modelo de racionalidade absoluta
3. NÃO é significado da palavra "burocracia":
    (a) Modelo organizacional
    (b) Conjunto de funcionários públicos de carreira
    (c) Disfunção gerada pelo excesso de formalidade e impessoalidade

(d) Confusão entre o patrimônio público e privado
   (e) Modelo racional legal
4. O que é *blame shifting*?
   (a) Pactuar com a oposição
   (b) Jogar para outro ator a responsabilidade de falhas nas políticas públicas
   (c) Cooptar pessoas e organizações
   (d) Processo de troca-troca de favores
   (e) Recompensar aqueles que são fiéis politicamente
5. NÃO é burocrata de linha de frente:
   (a) Professor da Universidade Estadual do Amazonas (Ueam)
   (b) Funcionário do setor de Recursos Humanos da Companhia Estadual de Energia
   (c) Assistente social da prefeitura
   (d) Médico do Programa de Saúde da Família (PSF) do município
   (e) Enfermeiro do Hospital da Universidade Federal de Juiz de Fora (HU/UFJF)
6. Como atores no processo de política pública, os juízes NÃO são:
   (a) *policymakers*
   (b) *policytakers*
   (c) servidores públicos
   (d) alvos de assédio de grupos de interesse
   (e) neutros moralmente
7. É exemplo de grupo de interesse:
   (a) Organização das Nações Unidas (ONU)
   (b) Partido dos Trabalhadores (PT)
   (c) Central Única dos Trabalhadores (CUT)
   (d) Governo Federal
   (e) José Sarney
8. Diferença entre partidos políticos e grupos de interesses:
   (a) Os grupos de interesses são organizações informais
   (b) Os partidos políticos disputam eleições
   (c) Os partidos políticos têm influência política
   (d) Os grupos de interesses não são atentos à ética
   (e) Os grupos de interesse defendem seus interesses
9. Segundo Panebianco (1990), os partidos profissionais-eleitorais são:
   (a) pragmáticos
   (b) insensíveis a pesquisas de opinião e de preferências dos eleitores
   (c) defensores de uma ou poucas categorias de atores
   (d) predominantemente financiados por seus filiados
   (e) comprometidos em difundir uma ideologia
10. NÃO é função dos meios de comunicação:
    (a) Avaliar políticas públicas.

(b) Influenciar a agenda política.
(c) Frear seus valores e visão de mundo nos editoriais.
(d) Fiscalizar a ação governamental.
(e) Promover a *accountability* democrática.

11. NÃO é organização do terceiro setor:
    (a) Usina Hidrelétrica de Itaipu Binacional
    (b) Lions Clube
    (c) Associação dos moradores do Morro Santa Marta
    (d) Federação Catarinense de Municípios (Fecam)
    (e) Federação das Indústrias do Estado do Rio de Janeiro (Firjan)

12. No modelo principal-agente, quem é o principal imediato do designado politicamente:
    (a) O burocrata
    (b) O eleitor
    (c) O político
    (d) A Igreja
    (e) O Estado

13. É exemplo de rede temática (subtipo de rede de políticas públicas):
    (a) Movimento de combate à corrupção
    (b) Partido Democrático Trabalhista (PDT)
    (c) Mercosul
    (d) Associação Brasileira de Organizações Não Governamentais (Abong)
    (e) Forças Armadas

14. NÃO é modelo elitista de interpretação da distribuição do poder na sociedade:
    (a) Governo de partido
    (b) Governo da burocracia
    (c) Corporativismo
    (d) Rede de política pública
    (e) Marxismo estruturalista

15. NÃO se refere ao modelo pluralista:
    (a) Acredita que os diversos atores têm igual capacidade de influência política
    (b) Modelo interpretativo
    (c) Modelo derivado das ciências políticas
    (d) Acredita que diferentes atores utilizam diferentes recursos para influenciar politicamente
    (e) Acredita na inexistência de grupo dominante

16. NÃO se refere ao modelo do triângulo de ferro:
    (a) Os grupos de interesse têm poder decisivo
    (b) Os ministros de Estado têm poder decisivo
    (c) Os legisladores têm poder decisivo

(d) Os burocratas têm poder decisivo
(e) A relação entre os atores é de "toma lá dá cá"
17. NÃO é elemento do modelo gerencial:
   (a) Foco na eficiência administrativa
   (b) Foco na eficácia
   (c) Autonomia dos gestores na tomada de decisões
   (d) Adoção de ferramentas da administração privada na administração pública
   (e) Orientação a resultados
18. Governança Pública é:
   (a) Governo feito pelo burocrata, sem o viés político
   (b) Governo em parceria horizontal entre Estado e sociedade
   (c) Governo centralizado na administração pública
   (d) Governo sem a administração pública
   (e) Ingerência de um país sobre a autonomia de governo de outro país
19. NÃO se refere à *accountability*:
   (a) Controle político
   (b) Controle social
   (c) É prerrogativa de contador registrado no Conselho Regional de Contabilidade (CRC)
   (d) Transparência
   (e) Responsabilização
20. NÃO é ator que faz análise de políticas públicas:
   (a) Opinião pública
   (b) Servidor público de uma secretaria estadual
   (c) Professor/pesquisador de uma universidade
   (d) Ocupante de cargo em comissão
   (e) Jornalista de revista de circulação nacional

5.6 QUESTÕES DE CONCURSOS PÚBLICOS E EXAMES NACIONAIS

1. (Esaf – AFC/Governo Federal, 2012 – modificada) Uma das possíveis maneiras de compreender as políticas públicas pode ser pela ação pela qual os governos traduzem suas orientações e propósitos políticos em programas e ações que produzirão resultados ou mudanças no mundo real. Segundo esse enfoque, assinale a opção que indica a quem compete a responsabilidade pelo desenho das políticas públicas.
   (a) Dos governos, dos grupos de interesse e dos movimentos sociais, em que cada um deles tem igual grau de influência no desenho da política pública.
   (b) Dos governos, dos grupos de interesse e dos movimentos sociais, em que cada um tem maior ou menor influência no desenho da política pública, dependendo do tipo de políticas e das coalizões que integram o governo.

(c) Exclusiva dos governos.
(d) Exclusiva de grupos de interesse.
(e) Exclusiva dos movimentos sociais.

2. (Vunesp – AGPP/Município de São Paulo, 2016) *"Quem ganha o quê, quando e como"* – ideia difundida em um livro de Harold Lasswell em 1936 – permanece até os dias atuais como uma das definições mais conhecidas sobre o que são políticas públicas, denotando sua natureza essencialmente política. Sobre a relação entre política e política pública, pode-se afirmar corretamente:

   (a) Consenso, ameaça, barganha, troca de favores, *lobby* e pressão pública são algumas das formas de ação política utilizadas por atores no processo de construção das políticas públicas.
   (b) Sempre é a política quem determina as políticas públicas, não sendo possível a política pública determinar a política.
   (c) Situações de crise, calamidade e catástrofes são problemas que originam políticas públicas, independentemente de se tornarem uma questão política.
   (d) Grupos sociais, econômicos e religiosos têm pouco poder para influenciar a tomada de decisão nas políticas governamentais.
   (e) Um governo que não toma uma atitude sobre um determinado problema não está fazendo política pública, uma vez que a inação não configura uma decisão política.

3. (Vunesp – EPP/Estado de São Paulo promoção interna, 2017) Leia o trecho e responda à questão.

   > O Presidente do Conselho Regional de Medicina (Cremesp) disse em entrevista à GloboNews que a nova ação da Polícia Militar e da Guarda Civil Metropolitana na região da Cracolândia neste domingo vai novamente contra o que estava sendo combinado entre entidades civis e os governos estadual e municipal para atender e tratar usuários de drogas. [...]
   >
   > (https://g1.globo.com/sao-paulo/noticia/cremespcritica-nova-acao-na-cracolandia)

   Sabe-se que a implementação de políticas públicas envolve uma série de atores, estruturas e recursos para que, o que fora planejado possa, de fato, se materializar em ação. Pode-se afirmar, portanto, que esse processo também é permeado de escolhas e distintas abordagens, correspondentes aos valores, entendimentos e intenções dos envolvidos na condução dos projetos e atividades. Considerando a implementação de uma política pública para atendimento de usuários de drogas, assinale a alternativa que melhor transparece a abordagem desejável aos gestores públicos nesse caso.

   (a) Definir a estratégia de ação a partir de critérios exclusivamente tecnicistas, com respaldo de conselhos técnicos, associações científicas e especialistas de notório saber.
   (b) Adotar as preferências da comunidade, em consonância com as pesquisas de opinião pública sobre o que deve ser feito sobre o tema.
   (c) Seguir preferencialmente o direcionamento da vertente política, desde que alinhadas com outras políticas convencionais relacionadas ao tema.

(d) Viabilizar a participação dos agentes implementadores na elaboração da estratégia de execução, com especial atenção às peculiaridades do caso.

(e) Direcionar as decisões *top-down* do estado para um modelo compartilhado entre estado e município e, assim, assegurar a integração de esforços entre órgãos desses níveis de governo.

4. (Inep – Enade/Administração Pública, 2015 – modificada)

> Os pressupostos da teoria da agência estão embasados em uma relação contratual na qual o principal encarrega o agente de desenvolver alguma atividade de seu interesse, podendo surgir os seguintes conflitos nessa relação: (I) divergência de objetos entre principal e agente, (II) dificuldade de monitoramento das ações do agente e (III) divergência de posicionamento, entre principal e agente, em relação ao risco envolvido no gerenciamento da atividade. Percebe-se que o problema de agência fundamenta-se, principalmente, na questão da informação incompleta (assimétrica), que remete à posse, pelo agente, de um conjunto privilegiado de informações sobre as atividades desenvolvidas no relacionamento com o principal.
>
> BAIRRAL, M. A. C; SILVA, A. H. C; ALVES, F. J. S. Transparência no setor público: uma análise dos relatórios de gestão anuais de entidades públicas federais no ano de 2010. *Revista de Administração Pública*, v. 49, n. 3, maio/jun. 2015 (adaptado).

Considerando o texto acima e sua inter-relação com a avaliação de políticas públicas, avalie as seguintes afirmações.

I. A criação da Lei de Responsabilidade Fiscal inviabiliza a aplicação da teoria da agência na administração pública, pois o cidadão (agente) possui informações completas acerca das atividades desenvolvidas pelo gestor público (principal), inexistindo conflito na agência.

II. Na prestação de contas públicas, a divulgação de informações incompletas pelo gestor público (agente) ao cidadão (principal), prejudica o controle social das políticas públicas implementadas.

III. A transparência na divulgação da informação pública serve como uma forma de aproximação entre o cidadão (principal) e o gestor público (agente), e poder facilitar a avaliação de políticas públicas.

É correto o que se afirma em

(a) I, apenas.
(b) II, apenas.
(c) III, apenas.
(d) I e II, apenas.
(e) II e III, apenas.

5. (Ceperj – EPPGG/Estado do Rio de Janeiro, 2012 – modificada) A formação da agenda governamental nas sociedades democráticas é um processo complexo, gerando muitas vezes tensões e conflitos. No Brasil não é diferente, em razão das desigualdades sociais e de demandas não resolvidas. Leia as seguintes afirmações:

I. A formação da agenda governamental conta somente com a participação do alto *staff* da administração pública, do Ministério Público e de parlamentares do Poder Legislativo.

II. No mundo contemporâneo, a formação da agenda governamental sofre influência de diversos atores não governamentais como os grupos de pressão, acadêmicos e mesmo da opinião pública em geral.

III. Na maioria das vezes os grupos de pressão agem mais no sentido de incluir temas na agenda governamental, enquanto os acadêmicos utilizam seu forte poder de veto.

IV. A agenda governamental pode ser definida como a lista de problemas ou assuntos que recebem atenção e prioridade por parte do governo e dos cidadãos.

São corretas:

(a) I e II
(b) I e III
(c) II e III
(d) II e IV
(e) III e IV

6. (Vunesp – AGPP/Município de São Paulo, 2016 – modificada) Em um edital de concurso público, lê-se: "São atribuições dos Assistentes de Gestão de Políticas Públicas, dentre outras, executar, sob supervisão especializada, as atividades de suporte técnico associadas à implementação e execução de programas governamentais e atendimento ao cidadão, cujas ações são conduzidas sob a forma de projetos/atividades e prestação de serviços públicos". Pela descrição, no que se refere à função dessa carreira no processo de políticas públicas, pode-se afirmar que ela ocupa preponderantemente a posição de

(a) Burocracia de nível estratégico.
(b) Direção pública.
(c) Gerência tática de programas governamentais
(d) Designados políticos.
(e) Burocracia de nível operacional e de nível de rua.

7. (FCC – EPP/Estado de São Paulo, 2009 – modificada) As *policy networks*, que se formam nos sistemas político-administrativos dos Estados contemporâneos, caracterizam-se por apresentarem:

(a) redes de atores que se constituem em torno de algumas questões mais estreitamente delimitadas, formando laços de solidariedade relativamente intensos, mas bastante instáveis.

(b) um conjunto de associações que representam interesses de grande porte e estabelecem canais relativamente institucionalizados de negociação e gestão em torno de políticas estruturais.

(c) estruturas horizontais de ação, densidade comunicativa relativamente alta, sistemas informais de controle mútuo comparativamente intensos e barreiras de acesso relativamente baixas.

(d) alto grau de fragmentação e rivalidade entre seus membros, resultando em frágeis laços internos de solidariedade, o que impossibilita a defesa contra outros arranjos organizacionais hierárquicos.

(e) processos e procedimentos formais e prescritos pelas constituições que predominam por meio de coalizões burocráticas de caráter hierárquico.

8. (FCC – EPP/Estado de São Paulo, 2009 – modificada) Em contraste com a teoria weberiana, a análise das políticas públicas nos estados contemporâneos argumenta que as burocracias:

(a) não têm interesse nem capacidade política para se contrapor aos interesses dos grupos econômicos e políticos dominantes.

(b) representam os interesses das maiorias politicamente organizadas que se expressam nos governos eleitos.

(c) são os únicos grupos que detêm o conhecimento necessário e suficiente para formular políticas que envolvem um elevado nível de especialização.

(d) são capazes de coletar e processar informações relevantes e possuem *expertise* necessária para exercer um papel central na formulação das políticas.

(e) são os atores mais qualificados para formular, implementar e avaliar as políticas públicas.

9. (FCC – EPP/Estado de São Paulo, 2009 – modificada) Quando se trata de implementar uma política que exige o contato direto da burocracia com os cidadãos-usuários, é fortemente recomendável:

(a) delegar a responsabilidade sobre o desenho da política pública exclusivamente aos burocratas de nível de rua.

(b) terceirizar as atividades que exigem contato direto com os cidadãos para evitar os custos com o controle dos funcionários de linha.

(c) estabelecer mecanismos centralizados e automatizados de controle de burocracia responsável pela implementação da política.

(d) padronizar o máximo possível os procedimentos de atendimento do pessoal de linha, evitando que estes interfiram na sua formulação.

(e) incluir mecanismos de participação da burocracia implementadora tanto na formulação como na execução da própria política.

10. (Esaf – EPPGG/Governo Federal, 2008 – modificada) A pesquisa contemporânea sobre políticas públicas tem explorado o papel da burocracia não somente na implementação das decisões tomadas, mas também na sua própria formulação. Ao contrário da imagem simples de uma burocracia apartidária, neutra, objetiva, estritamente técnica e movida pela ética da obediência, emerge desses estudos um ator capaz de interagir com outros atores, de ter preferências e de afetar todo o ciclo das políticas públicas. Sobre os modelos de interações de políticos e burocratas, previstos na literatura sobre o tema, examine os enunciados abaixo e assinale a resposta correta.

I. Burocratas e políticos são portadores de valores e objetivos afins, atuam em carreiras que não são estanques e tendem a se aliar e cerrar fileiras contra interferências e pressões externas capazes de ameaçar seus projetos políticos comuns.
II. Burocratas e políticos que operam em áreas setoriais especializadas agem como adversários, disputando tanto decisões quanto questões e interesses específicos, como o apoio de uma clientela comum.
III. Burocratas e políticos envolvidos em atividades executivas são aliados e disputam com os políticos que operam no Legislativo o controle do poder e das decisões, geralmente divergindo quanto ao conteúdo das políticas e à alocação de valores públicos.
IV. Devido ao seu domínio das informações técnicas essenciais e à sua capacidade de controlar a máquina governamental, a burocracia pode assumir, em algumas ocasiões, o controle de determinadas decisões políticas.

(a) Todos os enunciados estão corretos.
(b) Os enunciados números 1, 3 e 4 estão corretos.
(c) Os enunciados números 2 e 3 estão corretos.
(d) Os enunciados números 2, 3 e 4 estão corretos.
(e) Os enunciados números 1 e 4 estão corretos.

11. (Vunesp – EPP/Estado de São Paulo promoção interna, 2017) Leia o trecho e responda à questão.

> *Desmatamento para obra do Rodoanel Norte*
>
> Um desmatamento irregular de cerca de 4 mil metros quadrados de vegetação aos pés da Serra da Cantareira, equivalente à metade de um campo de futebol, paralisou há mais de duas semanas as obras do Trecho Norte do Rodoanel, na altura dos Parques Municipais do Bispo e Itaguaçu, na zona norte de São Paulo. O embargo, feito pela Secretaria Municipal do Verde e do Meio Ambiente, é o novo capítulo da disputa de competência entre as esferas municipal e estadual sobre a fiscalização do empreendimento. [...]
>
> A Secretaria confirmou que não notificou a Cetesb e manteve a posição de que tem o poder de legislar sobre o município. A Dersa, estatal estadual responsável pela construção, admite o erro e diz que a área foi derrubada por causa de uma mudança no projeto para a abertura de um túnel. Mesmo admitindo o desmatamento irregular, a Dersa não reconhece o embargo feito pela Secretaria e promete recorrer.
>
> (Jornal O *Estado de S.Paulo*, 29 de agosto de 2013)

O "nó" de implementação de politica pública ilustrado por esse caso específico de paralisação das obras do Rodoanel é tipificado como

(a) ambiguidade na diretriz da política pública entre governo estadual e a Dersa.
(b) omissões legais do município no contexto da política pública estadual.
(c) obstáculos políticos criados pela oposição a partir de uma brecha jurídico-legal.
(d) limitações de recursos para a adequada ação da Dersa nessa política pública.
(e) conflitos interjurisdicionais entre a Secretaria Municipal do Verde e a Cestesb.

12. (Esaf – EPPGG/Governo Federal, 2008 – modificada) Enquanto as preferências dos atores sociais, na formulação das políticas públicas, são definidas pelas suas expectativas quanto aos resultados das políticas e pelas consequências antecipadas das

diferentes alternativas, os burocratas levam em consideração todos os fatores abaixo, exceto:

(a) O significado da representação burocrática de interesses, dada a sua preocupação com o risco de perder legitimidade por discriminar contra interesses não organizados e seu interesse em contribuir para transformar a correlação de forças existente.

(b) O significado de cada uma das alternativas no quadro das suas relações com outros agentes públicos e das rivalidades entre as agências do Estado, inclusive a preservação dos seus poderes formais diante de outras agências com funções superpostas.

(c) Interesses institucionais relativos a orçamento, expansão do *staff*, manutenção das organizações burocráticas, a interferência ou não de outros órgãos públicos nas suas decisões e arranjos internos.

(d) A sua visão da boa política e do interesse público, a partir dos quais se desenvolvem concepções sobre seu papel e missão institucional e projetos próprios sobre o que seria a "boa sociedade".

(e) O significado dos processos, rotinas e práticas estabelecidos na formulação e na implementação das políticas públicas, os custos e benefícios processuais associados a cada alternativa.

13. (Vunesp – EPP/Estado de São Paulo promoção interna, 2017) Com vistas a alterar o comportamento organizacional dos servidores de uma autarquia estadual, a diretora-presidente, juntamente com sua assessoria técnica, elaborou uma série de novas medidas administrativas. Dentre elas, ficou determinado que todos os empregados públicos desta entidade deveriam utilizar um relógio de ponto para registrar o horário de chegada e de saída do trabalho, do que decorreu a necessidade de alterações normativas, bem como a aquisição de equipamentos e materiais para implantação dessa decisão. Entretanto, apesar do apoio da alta direção envolvida no processo, as alterações normativas e os procedimentos licitatórios para a aquisição dos equipamentos começaram a demorar mais do que o esperado, o que transpareceu a falta de interesse de outros atores na viabilização desse novo procedimento. Esse tipo de barreira de implementação de políticas, programas e projetos no setor público é identificado como

(a) oposição burocrática.
(b) mudança de prioridade.
(c) inviabilidade política.
(d) dicotomia política-administração.
(e) insulamento tecnoburocrático.

14. (Esaf – EPPGG/Governo Federal, 2008 – modificada) O conceito de burocracia de nível de rua surgiu da percepção da importância dos servidores que interagem direta e continuamente com o público. Sobre a burocracia de nível de rua e seu papel

nas políticas públicas, de acordo com a literatura, todos os enunciados abaixo estão corretos, exceto:

(a) As decisões que esses servidores tomam, as rotinas que estabelecem e os procedimentos que inventam para lidar com a incerteza e as pressões do trabalho vão dar as características reais das políticas públicas.

(b) Para implementar uma política pública formulada nos altos escalões, é necessária uma contínua negociação a fim de que a burocracia de nível de rua se comprometa com suas metas.

(c) O conflito político em torno da política pública não se limita aos grupos de interesse, mas atinge também as lutas entre diferentes níveis de servidores e entre a burocracia de nível de rua e os cidadãos.

(d) São atores dotados de poder político insignificante, mas formam uma "comunidade de *policy-making*" e fazem escolhas políticas, em vez de simplesmente aplicar as decisões tomadas pelos níveis superiores.

(e) Os preconceitos da burocracia de nível de rua influenciam o tratamento dado aos cidadãos, fazendo com que nem sempre a lei seja aplicada segundo os princípios da imparcialidade e impessoalidade.

15. (Vunesp – EPP/Estado de São Paulo promoção interna, 2017 – modificada) O correto diagnóstico de um problema público demanda, necessariamente, o uso de dados confiáveis e precisos sobre a situação a ser resolvida. O Governo Federal, por exemplo, tem um sistema de planejamento com institutos de pesquisas como o Ipea e o IBGE, os quais provêm bancos de dados, indicadores e estudos que subsidiam o processo de políticas públicas, desde a compreensão do problema até a avaliação de possíveis impactos. Entretanto, apesar do suporte de organizações desse tipo, o processo de diagnóstico dos problemas no setor público e a consequente definição das diretrizes governamentais enfrentam uma série de problemáticas. A esse respeito, é correto afirmar que, no setor público, há dificuldade

(a) em delimitar um problema, uma vez que as problemáticas são agregadas e, muitas vezes, não possuem uma causa.

(b) em construir consensos a partir de um diagnóstico, haja vista que os problemas públicos geralmente são estruturados.

(c) de se visualizar soluções para um problema diagnosticado, já que muitas vezes a situação não é passível de resolução paliativa, apenas definitiva.

(d) de se diagnosticar as causas de um problema, pois a retórica da versão oficial deslegitima a análise dos dados, informações e indicadores.

(e) em se compreender as distintas facetas de um problema, que se apresentam de diferentes formas para os diversos atores que são afetados e interessados pela questão.

16. (Esaf – AFC/Governo Federal, 2008 – modificada) Sobre os atores envolvidos no processo de políticas públicas, assinale o único enunciado incorreto:

(a) Atores são exclusivamente aqueles que têm algum tipo de interesse em jogo em uma política pública e variam conforme a sua inserção institucional, os seus recursos de poder e suas expectativas quanto aos efeitos das decisões sobre tais interesses.

(b) Os atores visíveis definem a agenda de políticas enquanto os atores invisíveis têm maior poder de influência na escolha das alternativas de resolução dos problemas.

(c) São atores invisíveis aqueles que, embora atuem fora do centro das atenções da sociedade, são dotados de elevado poder de influenciar as políticas públicas devido à sua posição econômica, como financistas, banqueiros, empreiteiros.

(d) Também são atores invisíveis as comunidades de especialistas que agem de forma relativamente coordenada: acadêmicos, consultores, assessores e funcionários legislativos, burocratas de carreira e analistas ligados a grupos de interesses.

(e) Os empresários políticos são atores de origem diversa, dispostos a investir recursos para promover políticas que possam lhes favorecer, por exemplo: políticos eleitos ou sem mandato, burocratas de carreira, lobistas, jornalistas, acadêmicos.

17. (Vunesp – EPP/Estado de São Paulo promoção interna, 2017) Em um blog jornalístico na internet, no dia 16 de agosto de 2017, foi noticiada uma reportagem com o título "Carreiras de Estado criticam 'pacote de maldade' do governo federal". O primeiro parágrafo do texto expõe que:

> O Fórum Nacional Permanente de Carreiras Típicas de Estado (Fonacate), que representa mais de 180 mil servidores públicos, reagiu, nesta quarta-feira, ao que chamam de "pacote de maldade" anunciado, na terça-feira, pelo governo federal. O Fórum expressou contrariedade [...]. Segundo eles, as medidas destinadas ao funcionalismo público não passam de subterfúgios para tirar o foco dos principais problemas que assolam o país.
> (http://www.blogdodiario.com.br/)

A respeito da relação de conflito entre os atores políticos e a burocracia (funcionalismo público), tal como expressa na notícia, é correto afirmar que

(a) políticos são atores que agem pelo patrimonialismo, enquanto os burocratas são agentes que pensam na profissionalização da gestão pública.

(b) o corporativismo burocrático pode afetar o interesse público tanto quanto o fisiologismo praticado pela classe política.

(c) políticos são orientados pelos interesses e valores pessoais, enquanto os burocratas pautam suas ações pelo conhecimento técnico e habilidades gerenciais.

(d) burocratas são prudentes e focam o bem comum, e os políticos são impetuosos e têm comportamento arrivista.

(e) burocratas e políticos podem trocar favores para dirimirem os seus conflitos, formando uma coalizão de defesa em prol da sociedade.

18. (Vunesp – EPP/Estado de São Paulo promoção interna, 2017). Em março de 2017, a carreira de Especialista em Políticas Públicas (EPP) do Estado de São Paulo comple-

tou sete anos de efetivo exercício profissional. Trata-se de uma das carreiras típicas da Administração Pública Estadual relacionadas com o ciclo de gestão governamental e de políticas públicas, assim como a carreira de Analista em Planejamento, Orçamento e Finanças Públicas. Tradicionalmente, a função primordial do corpo burocrático dessa natureza é manter a administração pública ativa, não obstante os ciclos eleitorais, sendo organizada pelos princípios de seleção e promoção baseados na competência técnica e experiência adquirida, estabilidade no emprego e mecanismos hierárquicos de coordenação, dentre outros. Considerando as peculiaridades da burocracia estável e permanente no processo de políticas públicas, assinale a alternativa correta.

(a) O papel dos burocratas do nível de rua na implementação de políticas públicas torna-se menos relevante na medida em que as legislações se tornam mais claras e delimitadas.

(b) No modelo gerencial de gestão pública, a burocracia de médio escalão é idealmente impessoal e racional e busca a maximização da eficiência e eficácia dos serviços públicos.

(c) A tipificação de burocratas alpinistas revela o novo perfil do funcionalismo estatal, composto por empreendedores públicos comprometidos com o alcance dos objetivos governamentais.

(d) A assunção de cargos de confiança por parte de um burocrata pode alterar significativamente sua atuação no ciclo de políticas públicas.

(e) Devido ao conhecimento aprofundado das nuances da governabilidade política, a burocracia operacional é essencial na definição dos rumos das políticas públicas.

19. (CEPERJ – EPPGG/Estado do Rio de Janeiro, 2013) O modelo de análise de políticas públicas em que as políticas são, na maioria das vezes, modificadas e raramente substituídas, assumindo um caráter conservador, não sendo vistas como um reflexo de demandas dos governados, é denominado:
    (a) incremental.
    (b) elitista.
    (c) racional.
    (d) de sistemas.
    (e) de grupos.

20. (Vunesp, APDO/Município de São Paulo, 2015 – modificada) A gestão de políticas públicas contemporânea pressupõe que o processo decisório governamental não deva se restringir às organizações estatais, mas deva considerar também os atores não estatais que interagem no domínio público do chamado Estado-rede. O nome do conceito (ou modelo de gestão) relacionado à essa dinâmica é
    (a) governança pública.
    (b) governabilidade.

(c) coalizões de defesa.
(d) *accountability*.
(e) responsividade.

Estilos de políticas públicas

Os **estilos de políticas públicas** constituem-se em "procedimentos operacionais padrão de elaborar e implementar políticas"[1] (RICHARDSON; GUSTAFSSON; JORDAN, 1982, p. 2). Um estilo é "um jeito de fazer as coisas", ou uma tática de condução de um processo.

A elaboração de uma **política pública** pode ser conduzida, por exemplo, de forma mais autocrática ou mais democrática; ou com o predomínio de mecanismos de premiação ou de coerção. A crença implícita nos estudos de estilos de políticas públicas é que os *policymakers* desenvolvem e/ou herdam táticas razoavelmente estáveis de tratamento dos **problemas** que entram em suas **agendas**. A cristalização de um estilo provoca efeitos muito práticos na gestão das políticas públicas: método de **tomada de decisão**, método de **avaliação das políticas públicas**, método de coordenação de ações, método de resolução de conflitos etc.

Uma pergunta básica que ronda a dimensão "estilos" é: os **atores** políticos são livres para escolher um estilo de política pública?[2]

Se a resposta a essa pergunta for "sim", então analisar estilos de políticas públicas é relevante para que os atores protagonistas façam a escolha do "melhor"

---

1 Tradução livre do original em inglês.
2 Talvez o ator nunca tenha total autonomia para escolher qual estilo vai adotar na condução de um processo de *policy-making*. Os indivíduos têm personalidades e estilos diferentes. No entanto, a escolha de um líder para a coordenação de um setor, um projeto ou uma ação pode ser influenciada pelo estilo dos indivíduos disponíveis para essa função. Exemplificando: uma organização pode alocar um líder mais democrático para coordenar atividades que exijam maior "orientação para o relacionamento", e alocar um líder mais autocrático para coordenar atividades que exijam maior "orientação para a tarefa".

método, ou seja, aquele que tenha mais chance de resolver o problema público que se tem em mão ou que atenda a valores básicos da arena política em questão (**equidade, eficiência,** flexibilidade etc.).

Se a resposta à pergunta for não, então a **análise** se desloca para a tentativa de entender quais são os determinantes de um estilo de política pública: uma arena política determina o estilo? Os estilos políticos variam de acordo com o setor de intervenção? Os estilos políticos variam de acordo com a **cultura** e as regras formais (instituições)? Será que **políticos** têm um estilo de política pública mais ou menos padrão, enquanto **burocratas**, grupos de **pressão** ou organizações da sociedade civil usam outras táticas? Ou, ainda, será que em algumas fases do *policy cycle* há prevalência de certos estilos, enquanto em outras há prevalência de outros estilos?

Inúmeras pesquisas nas áreas de sociologia, ciências políticas, administração, comportamento organizacional têm abastecido o debate sobre estilos de direção, estilos políticos e estilos de liderança. As respostas que se poderiam dar àquela pergunta básica revestem de relevância a análise de estilos de políticas públicas tanto para fins descritivos (de que maneira funcionam as coisas) como para fins prescritivos (de que maneira deveriam funcionar as coisas). O **analista de políticas públicas** deve ser capaz de identificar os elementos essenciais dos estilos para que então possa fazer diferenciações em estudos comparativos. Neste capítulo, serão apresentados alguns esquemas analíticos que servem para simplificar uma análise de estilos e também alguns modelos causais sobre estilos que podem ter valência prescritiva.

6.1 TIPOLOGIA DE RICHARDSON, GUSTAFSSON E JORDAN

Richardson, Gustafsson e Jordan (1982) fazem a distinção entre estilos de política pública (*policy styles*) que são predominantes em diferentes países, **comunidades políticas** e **redes de políticas públicas**.

Segundo esses autores (**Figura 6.1**), os estilos de política pública variam de acordo com:

a – a abordagem na resolução de problemas (de proativo a reativo);
b – a relação entre atores governamentais e atores sociais (consensual a impositivo).

No eixo proativo-reativo, está contemplada a distinção entre estilos racionalistas e incrementalistas. Por um lado, o estilo proativo é caracterizado pela **racionalidade**, clareza nos objetivos e análise pautada nas opções de solução. Já o estilo reativo dá maior ênfase ao **incrementalismo**, à atenção aos obstáculos políticos e institucionais e à mudança possível.

Por trás de estilos proativos está presente uma lógica gerencialista, em que os objetivos são previamente fixados, e então parte-se para uma análise do ambiente, a fim de lapidar aqueles objetivos racionalmente estabelecidos. A intenção é uma mudança significativa da realidade.

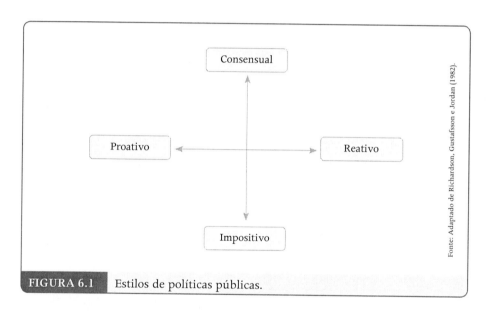

FIGURA 6.1 Estilos de políticas públicas.

Já o estilo reativo está embebido de uma lógica política, em que primeiro faz-se uma análise do ambiente, dos meios disponíveis e dos obstáculos, para só então definir objetivos mais realistas. Nessa lógica, a **formulação** e a **implementação** de uma política pública não são frutos da expressão de intenções transformadoras dos *policymakers*, mas sim reflexos de pressões políticas insustentáveis que fazem que surjam respostas políticas adequadas a essas pressões (SUBIRATS, 1989).

No eixo consensual-impositivo fica evidente a tônica da abertura à participação de mais atores no processo de construção e implementação das **políticas**.

Em um extremo desse eixo, encontra-se o estilo impositivo, em que os protagonistas do **processo de *policymaking*** preferem tomar decisões autônomas não obstante a oposição de outros atores periféricos (estilo centralizador). No outro extremo encontra-se o estilo consensual, em que os atores protagonistas tentam balancear, contrastar e mesmo alterar suas próprias posições em um processo aberto para a participação de mais atores.

A intersecção desses dois eixos constitui um mapa de estilos, um conceito particularmente interessante para análises comparativas sobre elaboração e implementação de políticas públicas. Tanto o teste desse mapa de estilos como a colocação de casos sobre esse mapa dependem de pesquisa empírica. O **analista de políticas públicas** que queira utilizar esse mapa, ou qualquer outro esquema analítico, deve explicitar definições operativas precisas daquilo que entenda por consensual, impositivo, proativo e reativo.

Além da tipologia de Richardson, Gustafsson e Jordan, outros exemplos que podem ser utilizados pelo analista para diferenciar estilos são: a distinção entre **modelo *top-down*** e **modelo *bottom-up***, descrita no Capítulo 3, na discussão sobre implementação; e a distinção entre o **modelo da racionalidade absoluta**, o **modelo da racionalidade limitada**, o do **incrementalismo** e o **modelo da lata do lixo**, que também pode ser encontrado no Capítulo 3, na discussão sobre a tomada de decisão.

6.2 ESTILO REGULATÓRIO *VERSUS* ESTILO GERENCIAL

De que forma o ***policymaker*** pode criar homogeneidade na ação dos ***policytakers***? Basicamente há duas formas: ou aumenta-se o número e o detalhamento das regras (restrições *ex ante*) ou dá-se recompensas por acertos e punição por erros (recompensa e punição *ex post*).

Os atores que adotam um estilo regulatório confiam que, aumentando o número de regras, ou deixando as regras mais explícitas e detalhadas, criarão restrições para ação dos atores e, assim, conseguirão aumentar as chances de coordenação das ações.

Já os atores que adotam um estilo gerencial preferem recompensar os bons exemplos ou punir os infratores e deixar claro para todos que há consequências positivas ou negativas para seus atos.

Em um artigo semanal, McCubbins, Noll e Weingast (1989) fizeram a análise dos mecanismos de controle de agências federais norte-americanas às políticas públicas que lhes eram impostas. Nesse artigo, são mapeados alguns mecanismos de controle:

- *ex ante* a) elaborar regras mais claras e precisas; e b) melhorar a publicidade das regras.
- *ex post* a) aplicar punição (ou recompensa); b) melhorar a avaliação criando sinalizadores (*fire alarms*) e vigilância (*watchdogs*).

Na gestão das políticas públicas, e em especial na gestão de **políticas regulatórias**, a escolha do mecanismo predominante de controle das ações do *policytakers* tem impactos diretos nas probabilidades de sucesso e insucesso da política pública.

> **EXEMPLO** *Proibição de animais em circos*
>
> Os circos de todo o Brasil usam animais como suas principais atrações. Elefantes, ursos, leões, cavalos e macacos fazem a alegria da criançada. O problema é que parte dos circos maltrata seus animais de forma horrorosa: alguns animais passam fome, outros ficam em jaulas apertadas, outros são adestrados de maneira inadequada.
>
> O Instituto Brasileiro do Meio Ambiente e dos Recursos Naturais Renováveis (Ibama), o Ministério Público e a polícia se revezam no controle e no encaminhamento de denúncias contra proprietários de circos que não respeitam a Lei n. 9.605/98, que trata de crimes contra a fauna e a flora. Mesmo com a existência dessa lei, animais continuam a ser maltratados nos circos do Brasil.
>
> O que fazer nesses casos?
>
> De um lado, as sociedades protetoras dos animais pressionam pela proibição completa, pois acreditam que os órgãos de fiscalização são incapazes de fazer cumprir a lei.
>
> De outro, o Ministério da Cultura, a classe dos artistas e a Associação Brasileira de Circos Itinerantes contra-argumentam, dizendo que efetivamente há aqueles que maltratam, e estes devem ser punidos rigorosamente, mas a grande maioria dos
>
> *continua* ▶

> circos trata os animais adequadamente. Também colocam que a atividade circense ficaria inviabilizada se fosse proibida a apresentação de animais, por serem as estrelas do espetáculo.
>
> Em 2019, doze estados brasileiros já havia adotado a via *ex ante*: criaram regulamentação que restringe ou proíbe o uso de animais em circo. Os outros estados brasileiros preferem a via *ex post*: em vez de criar legislação específica, preferem confiar na legislação genérica já existente (Lei n. 9.605/98) e na punição desencadeada pelos órgãos de fiscalização.
>
> O assunto é polêmico. Desde 2006 tramita no Congresso Nacional um projeto de lei (7.291/2006) que trata do registro dos circos e do uso de animais nas atividades circenses.

A discussão de mecanismos de controle também está presente nos estudos de modelos organizacionais na Administração Pública. Por um lado, no **modelo burocrático** há especial atenção aos controles *ex ante* e de processo, no **respeito** aos valores de formalidade e **eficiência administrativa** (SECCHI, 2009). Por outro, no **modelo gerencial**, o foco está nos resultados, na capacidade de atingir metas, e são os controles *ex post* (ou *a posteriori*) que são mais importantes (BRESSER-PEREIRA, 1996).

Aqueles que adotam um estilo regulatório têm confiança no Poder Legislativo e na racionalidade das regras emanadas por ele. O estilo gerencial se apoia nos mecanismos de implementação e controle (Executivo, Ministério Público) e confia no sistema Judiciário.

O mesmo raciocínio se aplica para políticas intraorganizacionais: se algum funcionário insiste em chegar atrasado ao trabalho, o chefe pode escolher criar mais controles estritos de horário para todos os funcionários (ponto eletrônico, folha ponto etc.) ou, então, aplicar sanções por falta de pontualidade àquele atrasadinho. Se o professor flagra o aluno "colando" durante o exame, ele pode instituir regras que no futuro dificultem a cola (proibição do uso do boné, aparelhos celulares confiscados etc.) ou, então, punir exemplarmente aquele aluno infrator. Naturalmente, o aperfeiçoamento e a combinação de mecanismos *ex ante* e *ex post* podem tornar mais eficazes a implementação das políticas públicas.

6.3 PARTICIPAÇÃO NA CONSTRUÇÃO DE POLÍTICAS

O tema da participação é um dos mais recorrentes nas análises dos processos de elaboração, implementação e **avaliação de políticas públicas**.

Como foi visto anteriormente, na discussão do eixo consensual-impositivo do esquema de Richardson, Gustafsson e Jordan (1982), a participação é tema de especial interesse, pois é uma das formas mais evidentes de classificar estilos de políticas públicas. Existem estilos mais participativos e menos participativos.

Mas o que seria um processo de política pública mais ou menos participativo? Toda a produção acadêmica na área de participação mostra que existem muitas espécies (por exemplo, agregação de preferências, **deliberação**) e níveis de participação (por exemplo, informação, conselho, interferência direta etc.) (HALVORSEN, 2003; BINGHAM; NABATCHI; O'LEARY, 2005; FUNG, 2006). Nesse sentido, há que se fazer a distinção entre decisão coletiva (concepção decisionística) e deliberação (concepção argumentativa) (AVRITZER, 2000). A concepção decisionística refere-se ao processo de tomada de decisão coletiva em que são somadas as preferências dos atores por meio do voto. Parte-se do pressuposto de que os atores são informados, capazes de ordenar suas preferências e de fazer cálculos do que é melhor para si e para a coletividade (DOWNS, 1956). O modelo decisionístico se viabiliza por mecanismos de voto, eleição e regra de maioria. Uma das principais críticas feitas ao modelo de soma de preferências recai sobre a limitação cognitiva e informacional dos indivíduos em fazer "boas escolhas" (**modelo da racionalidade limitada**).

A concepção argumentativa, ou deliberativa, refere-se ao processo de tomada de decisão coletiva no qual os atores fazem um intercâmbio de razões e argumentos na tentativa de homogeneizar as preferências individuais. Parte-se do pressuposto de que os atores constroem suas preferências e convicções na interação com seus pares, e que a "vontade coletiva" pode (e deve) ser alcançada em um processo construtivo de diálogo (HABERMAS, 1989). Na concepção argumentativa, a coletividade não prescinde de seu papel ativo nas escolhas públicas mesmo tendo elegido representantes. Mecanismos típicos de democracia deliberativa são os fóruns participativos e os conselhos gestores. Esses mecanismos também sofrem críticas, em geral relacionadas à captura dos espaços de deliberação por atores muito interessados (*high demanders*), redução do pluralismo e outros "paradoxos da democracia deliberativa", como a espiral do silêncio e a autorreferencialidade (NOELLE-NEUMANN, 1984; REGONINI, 2005; CURINI, 2006).

Archon Fung elaborou um esquema analítico dos tipos de participação chamado **cubo da democracia** (*democracy cube*), que consegue sintetizar os três eixos que constituem um processo mais ou menos participativo (**Figura 6.2**):

Segundo Fung (2006), a participação varia de acordo com:

1 – quem pode participar (acessibilidade);
2 – como são compartilhadas as informações e as tomadas de decisões (tipo de interação);
3 – qual é o *link* entre as discussões e a decisão (grau de influência).

O primeiro eixo diz respeito à forma como são selecionados os participantes. Nesse eixo estão presentes oito modalidades, que vão desde a abertura total para participação, passando pelos critérios políticos de seleção, até chegar aos critérios técnicos de seleção.

O segundo eixo classifica os processos participativos de acordo com a forma de interação entre os atores no momento da tomada de decisão. Esse eixo é composto de seis tipos de interações, que vão de pouco intensas (por exemplo, apenas ouvir) a mais intensas (por exemplo, interação comunicativa e decisória).

O terceiro eixo tenta representar o grau de influência que as pessoas envolvidas no processo de decisão possuem. Nesse eixo são apresentados cinco graus

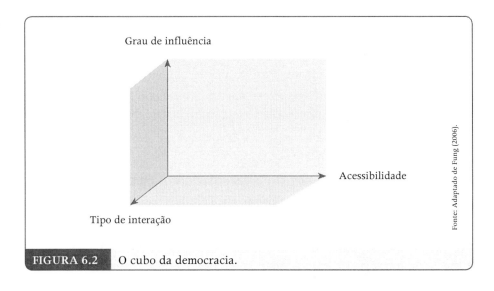

FIGURA 6.2   O cubo da democracia.

de autoridade, que vão desde nenhuma autoridade (por exemplo, a decisão já foi tomada pelos atores centrais e a participação é inócua) até o máximo nível de autoridade (por exemplo, os participantes são responsáveis pela decisão).

> **EXEMPLO** *Orçamento participativo*
>
> Como exemplo da variação no eixo "acessibilidade", um governo municipal pode elaborar uma proposta orçamentária com a participação do secretariado técnico, em uma reunião a portas fechadas. Pode ainda ampliar a participação fazendo que mais funcionários da prefeitura participem desse tipo de decisão. Ou, ainda, ampliar a participação para fora dos limites da prefeitura, envolvendo organizações da sociedade civil, sindicatos, empresas e o cidadão comum.

> **EXEMPLO** *Política de saneamento básico*
>
> Como exemplo da variação no eixo "tipo de interação", um processo de construção de uma política estadual de saneamento básico pode acontecer com a participação de alguns poucos que falam e outros tantos que só escutam, ou pode permitir que a plateia expresse sua opinião, ou, ainda, pode usar mecanismos de agregação de preferências (por exemplo, votação), ou então mecanismos de ajustes recíprocos de preferências, nos quais todos falam e escutam sucessivamente (deliberação).

> **EXEMPLO** *Conselho municipal de desenvolvimento*
>
> Como exemplo da variação no eixo "grau de influência", um conselho municipal de desenvolvimento pode ser só de fachada, quando os atores são convidados ou participam mais para aprender do que para decidir; ou pode ser de nível consultivo, quando os participantes têm poder de aconselhar os tomadores de decisão; ou pode ser de nível de compartilhamento total da capacidade de decisão, quando as decisões tomadas no conselho têm aplicabilidade imediata na prefeitura.

A participação pode acontecer em momentos distintos do *policy cycle*. A participação pode ficar restrita apenas ao momento de prospecção de soluções, ou pode ser ampliada para o momento da decisão formal. A participação de mais atores pode acontecer no momento da implementação da política pública, como nos modelos de **governança pública** em parcerias público-privadas e em redes de implementação de **políticas públicas** (KOPPENJAN; ENSERINK, 2009). O momento de avaliação da política pública também pode ser abastecido com informações de fornecedores, cidadãos, funcionários públicos etc.

No Brasil, mecanismos mais comuns de ampliação da participação cidadã nos processos de decisão pública são as audiências públicas, os conselhos gestores setoriais (saúde, educação, assistência social, meio ambiente etc.) e métodos de planejamento participativos (por exemplo, orçamento participativo, planos diretores elaborados pelos munícipes etc.).

Fung (2006) lembra que a participação afeta diretamente a legitimidade, a justiça e a eficácia das políticas públicas. Uma política pública elaborada de forma mais participativa também agrega maior quantidade e qualidade de informações disponíveis para a tomada de decisões adequada, além de maior quantidade de recursos disponíveis (por exemplo, recursos materiais para implementação) e maior heterogeneidade de esquemas cognitivos (útil para tratamento de problemas complexos). A participação também traz a possibilidade de consolidação do senso de pertencimento e responsabilidade coletiva. Apesar de o valor da participação ser amplamente aceito na maioria das democracias ocidentais, existem algumas dificuldades para a efetivação da participação: custo de coordenação das ações e contribuições dos atores envolvidos, dificuldade de resolução de conflitos, custos de oportunidade. Esses problemas são agravados ainda mais quando há escassez de tempo para a coordenação de todos os atores (SECCHI; FEIJÓ; ITO, 2015).

Existe ainda a distinção entre correntes contingenciais e não contingenciais da participação (**Figura 6.3**). As correntes contingenciais da participação afirmam que o nível ideal de participação (maior ou menor) depende de variáveis ambientais (por exemplo, maturidade dos participantes, tipo de decisões em mão, urgência). Exemplos de modelos contingenciais de tomada de decisão são o modelo de estilo de liderança de Vroom e Jago (1988) e o modelo de liderança situacional de Hersey e Blanchard (1993).

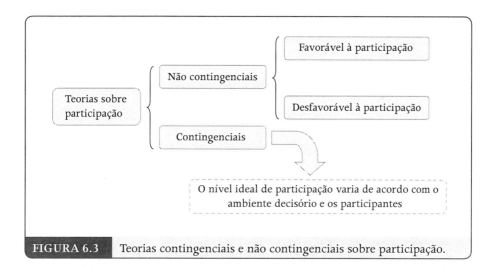

FIGURA 6.3 Teorias contingenciais e não contingenciais sobre participação.

Já as teorias não contingenciais de participação defendem ou desprezam o valor da participação por princípios éticos. De um lado, Habermas (1983) e Cohen e Sabel (1997) defendem que a participação tem valor em si, e não nos potenciais resultados que um processo participativo possa trazer (maior eficácia, maior igualdade etc.). De outro, correntes normativas centralizadoras defendem exatamente o contrário: para Schumpeter, a participação é prejudicial, principalmente em questões nacionais, pois poucos têm capacidade de discernir os fatos, preparação para agir sobre os fatos e senso de responsabilidade (TEIXEIRA, 1997). Nesse entendimento, a participação desvirtuaria com "vieses" políticos decisões que deveriam ser técnicas.

6.4 MINICASO: O NÍVEL DE PARTICIPAÇÃO IDEAL

O prefeito de sua cidade foi reeleito e entre suas promessas de campanha está a de "fazer uma revolução na política cultural do município". No início de janeiro, ele nomeou você como o novo secretário municipal da Cultura.

O prefeito espera que a Secretaria Municipal da Cultura organize eventos culturais e realize ações coordenadas com as escolas públicas, as associações de bairro e outras organizações privadas e não governamentais. Essas ações devem tratar de questões culturais, que incluem o resgate histórico municipal, cursos de artes (fotografia, pintura, escultura, poesia, literatura, teatro, música, dança), apoio à expressão artística (mostras, festivais culturais, shows) e eventos para o debate sobre cultura na cidade (seminários, palestras e oficinas).

A estrutura da Secretaria Municipal da Cultura que você herdou pode ser vista na **Figura 6.4**:

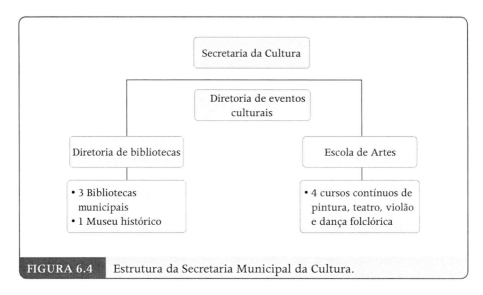

FIGURA 6.4 Estrutura da Secretaria Municipal da Cultura.

Para o primeiro ano de mandato, o orçamento destinado à área cultural já está definido dentro daqueles padrões habitualmente apertados, mas, para o próximo ano, o prefeito garantiu que faria o possível para dobrar a verba para essa área de política pública. Consciente disso, o prefeito espera que, neste primeiro ano, você dê continuidade às atividades culturais que já vinham sendo desempenhadas pelo secretário anterior, além de cumprir a grande meta: a elaboração do Plano Municipal de Cultura (PMC). O PMC deverá ser preparado até agosto (prazo dado pelo prefeito) e, além de conter diretrizes de longo prazo, deverá ser detalhado a ponto de definir quais atividades culturais serão realizadas nos próximos três anos de mandato.

A pergunta que você se faz agora é: como vou elaborar esse PMC? E, mais especificamente, quem eu convido para fazer parte dos debates de elaboração do PMC? Você se coloca algumas opções:

- opção A: elaborar o PMC sozinho, fazendo consultas pontuais para obter informações com diretor de bibliotecas, com diretor de eventos culturais e com diretora da Escola de Artes;

- opção B: elaborar o PMC em processo deliberativo com o diretor de bibliotecas, a diretora de eventos culturais e a diretora da Escola de Artes;
- opção C: elaborar o PMC não só com as diretorias de cultura, mas também com todos os funcionários das bibliotecas, do museu, além do pessoal administrativo e dos professores dos cursos de Artes;
- opção D: elaborar o PMC de forma totalmente aberta, realizando diversas reuniões com todos os diretores e funcionários da Secretaria Municipal da Cultura, além de envolver representantes das escolas, das associações de bairro, de outras organizações privadas e não governamentais, e todos os munícipes interessados em atividades culturais.

Antes de decidir por uma dessas opções, você faz algumas reflexões:

- Se eu decidir sozinho, será mais tranquilo. Pegarei as informações de que preciso sobre a situação atual e as necessidades das diretorias e escolherei as atividades culturais que realmente são de interesse coletivo. Por outro lado, poderei enfrentar resistência dos diretores e dos funcionários da Secretaria por adotar um estilo centralizador. Também não devo desprezar a possibilidade de a população não aprovar as atividades que proporei no PMC, pois, como sou recém-empossado, não conheço todas as necessidades culturais da população. Mas uma coisa é certa, esse PMC ficará pronto até agosto, e o prefeito terá esse documento em mão para ajudar na argumentação a favor do orçamento para cultura.
- Se eu decidir com a minha diretoria, terei algumas complicações: o diretor de bibliotecas é muito ranzinza e conservador, vai ser resistente a várias propostas e planos inovadores. A diretora da Escola de Artes é muito idealista, acha que tudo é possível e que o dinheiro é infinito; ela vai propor mil ideias mirabolantes sem pé nem cabeça. A diretora de eventos culturais é jovem, mais centrada. O problema é que foi recém-nomeada para a diretoria e sabe menos que eu sobre o funcionamento e as necessidades culturais do município. Embora envolver os três diretores possa ajudar a quebrar resistências à minha pessoa no nível gerencial, serão os funcionários e professores da Secretaria que implementarão, posteriormente, as diretrizes e serão os responsáveis pela efetividade das ações.
- Se eu decidir envolver todo o pessoal da Secretaria, com certeza conseguirei o apoio interno necessário. O problema, no entanto, é que esse estilo de

decisão pode acabar por manter as coisas do jeito que estão. Por exemplo: o curso de dança folclórica tem sido um fracasso de público, mas o professor responsável brigará visceralmente pela manutenção do curso.

A mesma coisa se aplica a outros cursos, eventos tradicionais e atividades promovidas pelas bibliotecas. Outro problema desse método é que talvez não tenhamos informações diretas da população sobre quais atividades culturais ela considera necessárias.

Se eu decidir envolver todo mundo, meus problemas de informação ficam resolvidos. Terei informações sobre as necessidades da população, maior detalhamento das atividades planejadas nas escolas, o que possibilitará parcerias com outras organizações culturais do município. Tanto internamente (na prefeitura) como externamente (na comunidade), o PMC será considerado legítimo. O grande problema é a dor de cabeça que isso criará: imagine convocar toda a sociedade para tantas reuniões de discussão do PMC, os recursos necessários quanto ao espaço físico, tempo dedicado pelos meus funcionários para convocar e confirmar reuniões, escrever atas, além dos materiais necessários para as reuniões. Outra possibilidade é a confusão que será colocar em um único plano ideias tão diversas e conflitantes dos mais diferentes atores comunitários: cada associação de bairro pedirá cursos em seus bairros, dois ou três aposentados solicitarão curso de língua polonesa, cada escola vai querer moldar o calendário de eventos da secretaria de acordo com seu calendário escolar etc. Além disso, não tenho certeza de que será viável sintetizar tantas visões, interesses e ideias no PMC até agosto. Há que se destacar um ponto positivo de envolver todo mundo: com tantas reuniões e debates, a população certamente perceberá que a área cultural da prefeitura está colocando a mão na massa.

Bibliografia utilizada para construção do minicaso

BERGAMINI, C. W. *Liderança*: administração do sentido. São Paulo: Atlas, 1994.
SECCHI, L.; PLEBANI, F. The level of participation in deliberative arenas. In: *Anais do XXX Enanpad*. Salvador, 2006.

Questões do minicaso

1. Qual opção você escolheria? Justifique sua resposta.
2. Caso o conteúdo da tomada de decisão não fosse a elaboração do PMC, mas sim a escolha de um software de controle das finanças, ou a decisão sobre o diâmetro ideal

para a tubulação do esgotamento sanitário, você adotaria a mesma opção? Justifique sua resposta.
3. Caso o prefeito lhe desse apenas um mês para elaborar o PMC, e não oito meses, você adotaria a mesma opção? Justifique sua resposta.
4. Que outras táticas de tomada de decisão você adotaria? (Por exemplo, envolver alguns no começo e outros no fim, elaborar um texto-base para enquadrar a discussão etc.).
5. Se você fosse o prefeito desse município, levaria em conta os estilos pessoais de liderança (mais autocrático ou mais democrático, por exemplo) na escolha do seu secretariado? Justifique sua resposta.
6. Faça uma reflexão sobre a influência da personalidade do gestor e do contexto de tomada de decisão (conteúdo, urgência, características dos participantes etc.) nos estilos de políticas públicas.

6.5 EXERCÍCIOS DE FIXAÇÃO

1. O que são estilos de políticas públicas?
2. Para debater: você acredita que o estilo de política pública seja dependente da categoria de atores? (Por exemplo, políticos são mais democráticos que burocratas?)
3. Qual é a diferença entre estilo proativo e estilo reativo?
4. Qual é a diferença entre estilo consensual e estilo impositivo?
5. Qual é a diferença entre estilo regulatório e estilo gerencial?
6. Descreva os três eixos/dimensões de participação no "cubo da democracia" de Fung (2006)?
7. Diferencie teorias contingenciais de teorias não contingenciais sobre participação.

6.6 PERGUNTAS DE MÚLTIPLA ESCOLHA PARA REVISÃO CONCEITUAL

Assinale a resposta correta:
1. NÃO é estilo de política pública na tipologia de Richardson, Gustafsson e Jordan (1982):
    (a) Consensual
    (b) Neutro
    (c) Impositivo
    (d) Proativo
    (e) Reativo
2. NÃO é mecanismo de participação cidadã:
    (a) Audiência pública

(b) Plebiscito
(c) Orçamento participativo
(d) Câmara dos Deputados
(e) Conselho estadual de Assistência Social

3. Afirma-se a partir do cubo da democracia de Fung (2006):
   (a) A participação é ruim para a tomada de decisão
   (b) A participação é boa para a tomada de decisão
   (c) A participação varia em acesso, interação e influência
   (d) Quanto maior a participação, mais custos de transação
   (e) Quanto menor a participação, mais rápida a decisão

4. De acordo com as teorias contingenciais sobre participação:
   (a) O nível de participação depende do contexto e das pessoas
   (b) A participação é ruim para a tomada de decisão
   (c) A participação é boa para a tomada de decisão
   (d) A participação é um mal necessário
   (e) O nível de participação é definido tecnicamente

5. É exemplo de processo deliberativo:
   (a) Conclave entre os cardeais da Igreja Católica para votação e escolha do próximo papa
   (b) Escolha do presidente da República no Brasil
   (c) Plebiscito para a divisão do estado do Pará
   (d) Debate e escolha consensual do local para o churrasco da turma
   (e) Debate televisivo entre os candidatos ao governo estadual

6. NÃO corresponde à concepção decisionística de tomada de decisão coletiva:
   (a) Soma de preferências individuais
   (b) Construção de consenso entre os atores
   (c) Voto
   (d) Regra de maioria
   (e) As eleições para vereador são um exemplo

7. É exemplo de método participativo na implementação de política públicas:
   (a) Parceria Público-Privada (PPP)
   (b) Fórum temático
   (c) Orçamento participativo
   (d) Audiência pública
   (e) Conferência nacional de segurança pública

8. NÃO é exemplo de mecanismos *ex ante* de controle:
   (a) Criação de novas regras
   (b) Extensão das regras

(c) Divulgação das regras
(d) Punição por descumprimento às regras
(e) Detalhamento das regras

6.7 QUESTÕES DE CONCURSOS PÚBLICOS E EXAMES NACIONAIS

1. (Vunesp – EPP/Estado de São Paulo promoção interna, 2017) Leia o trecho e responda à questão.

   > *Governo oficializa revogação da reorganização escolar em São Paulo e promete diálogo nas escolas*
   >
   > [...] A decisão foi tomada após uma onda de protestos realizada por estudantes que ocuparam escolas por todo o estado. Nesta sexta-feira (4), 196 escolas estavam ocupadas, segundo a Secretaria da Educação – o sindicato dos professores, Apeoesp, afirma que são 205. O governador recuou e suspendeu a reestruturação que previa o fechamento de mais de 90 escolas e afetaria mais de 300 mil alunos nesta sexta. [...]. (*Portal G1*, 5 de dezembro de 2015)

   Esse caso real demonstra uma possível incongruência no processo de políticas públicas gerada por uma firme convicção de cumprimento de objetivos institucionais em contraposição a uma baixa atenção aos obstáculos políticos e possíveis resistências à mudança. Face ao exposto, é correto afirmar que o estilo inicial adotado nesta política pública estadual foi:
   (a) racionalista.
   (b) contingencial.
   (c) reativo-impositivo.
   (d) tecnocrático.
   (e) incremental.

2. (Vunesp – APPGG/Município de São Paulo, 2015 – modificada) Os estilos racionalista e incrementalista de políticas públicas se diferenciam porque:
   (a) O primeiro define os objetivos a priori e parte de solução preferida, e o segundo lança atenção aos obstáculos politicos e à mudança possível.
   (b) O primeiro avalia as alternativas de forma comparada, e o segundo avalia as alternativas de acordo com as metas a serem alcançadas.
   (c) O primeiro considera todas as alternativas de políticas, e o segundo considera as melhores alternativas.
   (d) O primeiro se aplica à formulação, implementação e avaliação da políticas públicas, e o segundo se aplica apenas à implementação das políticas públicas.
   (e) O primeiro define as metas de acordo com critérios reativos, e o segundo define as metas de acordo com critérios proativos.

3. (Vunesp – APPGG/Município de São Paulo, 2015 – modificada) No conceito de racionalidade limitada nas políticas públicas, as limitações à racionalidade devem-se aos fatores:
   (a) individuais (como a memória) e econômicos (como a eficiência).
   (b) individuais (como as preferências) e organizacionais (como a hierarquia).
   (c) econômicos (como a efetividade) e individuais (como os valores).
   (d) organizacionais (como a disponibilidade de informações e de tempo) e individuais (como a cognição).
   (e) organizacionais (como o ambiente organizacional) e individuais (como as emoções).

4. (Vunesp – EPP/Estado de São Paulo promoção interna, 2017) Cada vez mais os governos têm utilizado uma série de mecanismos para melhor detectar as demandas sociais e fomentar o diálogo entre poder público e a sociedade civil. Uma dessas estratégias tem sido a utilização de espaços virtuais para a construção coletiva de soluções, seja por meio de fóruns, enquetes ou por plataformas interativas que viabilizem a participação digital. No caso do estado de São Paulo, por exemplo, durante a elaboração do PPA 2016-2019, os cidadãos puderam eleger virtualmente políticas públicas prioritárias que pudessem ser traduzidas em ações governamentais. Entretanto, ao se observar esse estilo de política pública pelo esquema analítico dos tipos de participação de Fung (2006) – chamado de cubo da democracia –, é correto afirmar que há
   (a) simplicidade para a interação entre os cidadãos, já que são múltiplos atores e demandas envolvidas, o que facilita a intensidade da comunicação.
   (b) certeza sobre o grau de influência, haja vista a disposição dos governos em evidenciar de que forma as diversas contribuições colaboraram para a tomada de decisão.
   (c) complexidade no tipo de interação entre os atores sociais, considerando que a relação entre os cidadãos é mais intensa no momento da tomada de decisão.
   (d) dificuldade na acessibilidade para participação, uma vez que boa parte da população não tem acesso ou não faz uso das ferramentas computacionais para acessar portais governamentais.
   (e) incerteza sobre o grau de influência, uma vez que existem critérios políticos e/ou técnicos de escolha dos atores sociais que podem participar.

5. (Vunesp – AGPP/Município de São Paulo, 2016 – modificada) No âmbito científico, modelo é uma representação simplificada de algum aspecto do mundo real. Pode ser uma representação física concreta – como um protótipo de carro ou a maquete de um edifício –, bem como sínteses interpretativas que são usadas conceitualmente para tentar explicar um fenômeno social. O estudo das políticas públicas apresenta distintos modelos que servem de lente analítica.

Assinale a alternativa que faz a correta relação entre o modelo e os seus pressupostos.
(a) O modelo proativo-impositivo baseia-se na concepção de que a política pública é resultado da interação entre os grupos; os indivíduos com interesses comuns se unem para apresentar suas demandas ao governo.
(b) O modelo consensual-reativo considera as variações do papel do Estado e das funções do governo no decorrer dos anos para explicar a orientação e o conteúdo das políticas públicas.
(c) O modelo de redes de políticas públicas baseia-se na interação sempre formal e hierárquica entre atores estatais que se sentem motivados para debater e agir sobre problemas públicos comuns.
(d) O modelo elitista considera que o poder está concentrado no grupo dominante (a elite) e sugere que o povo é apático e mal-informado quanto às políticas públicas. Nesse sentido, a elite molda a opinião das massas e as políticas públicas acabam por traduzir as preferências e valores do grupo dominante.
(e) O modelo participativo considera a sociedade como composta por vários centros de poder: os velhos grupos e os novos grupos. Nesse sentido, a política pública se define pela racionalidade de seus múltiplos decisores governamentais.

6. (Vunesp – AGPP/Município de São Paulo, 2016) Um dos mecanismos de participação nas políticas públicas no Brasil são os conselhos, cuja composição e competência são determinadas pela lei que os instituiu. Assinale a alternativa que descreve corretamente uma característica dos conselhos de políticas públicas no nível municipal.
(a) São espaços públicos permanentes que, embora ligados à estrutura do Poder Executivo, não são, no entanto, subordinados a ele.
(a) Todos os conselhos de políticas públicas devem remunerar os conselheiros, via de regra.
(a) Todos os conselhos de políticas públicas são obrigatoriamente de caráter deliberativo.
(a) No que se refere à participação do poder público, sua composição deve ser integrada por representantes das três esferas de governo da federação.
(a) Sempre os representantes da sociedade civil devem ser leigos e oriundos de movimentos sociais.

7. (FCC – EPP/Estado de São Paulo, 2009 – modificada) Diferentemente dos conselhos municipais de políticas públicas, a adoção de formas de Orçamento Participativo na gestão de políticas pública local:
(a) encontra seu principal obstáculo na participação maciça da sociedade, que não tem qualificação técnica para elaborar um orçamento.
(b) é um mecanismo participativo que incorpora membros da comunidade ao processo decisório sobre a alocação de parcela dos recursos orçamentários municipais.

(c) foi introduzida por legislação federal, aprovada pelo Congresso Nacional em 2003.

(d) é uma política do tipo *bottom-up*, isto é, decidida e operada pelas comunidades locais, com suporte financeiro de governos municipais e estaduais.

(e) tem apresentado reduzido impacto redistributivo na alocação de recursos orçamentários porque foi capturado por interesses de parcelas da sociedade civil mais abastadas.

8. (Vunesp – APDO/Município de São Paulo, 2015 – modificada) Um dos preceitos mais relevantes para o Estado Democrático de Direito na perspectiva da gestão de políticas públicas na atualidade é a participação social. Assinale a alternativa que descreve de forma correta o espaço de participação social em relação ao seu funcionamento no Brasil.

(a) As consultas públicas são espaços geralmente presenciais destinados à compreensão das principais demandas e reclamos da sociedade em questões bastante específicas, que podem ser operacionalizadas por meio de mesas de negociação e PPAs participativos.

(b) As ouvidorias públicas são espaços não institucionalizados configurados por grupos de trabalhos paritários, nos quais organizações da sociedade civil estabelecem um diálogo virtual com representantes do poder público sobre algum assunto.

(c) As conferências de políticas públicas podem ser tanto consultivas como deliberativas, nas quais é prevista certa permanência no tempo. São compostas por representantes da sociedade civil escolhidos pelos órgãos do Estado.

(d) Os conselhos de políticas públicas são caracterizados por eventos que ocorrem com periodicidade específica (geralmente a cada dois anos), nos quais as principais decisões de áreas temáticas em políticas públicas são tomadas.

(e) As audiências públicas são encontros públicos presenciais, promovidos pelo governo e órgãos públicos, com o objetivo de discutir aspectos concernentes a uma determinada política, sendo abertas à participação dos indivíduos e dos grupos interessados.

Políticas públicas, orçamento e finanças

No século XX assistimos a uma crescente intervenção estatal na formulação e implementação de políticas, programas e serviços públicos, com vistas à aceleração do crescimento econômico e à redução de suas instabilidades cíclicas (teoricamente justificadas pela corrente keynesiana do pensamento econômico[1]). Também foi visível a atuação dos organismos governamentais na mitigação das desigualdades e problemas sociais (ao amparo do pensamento político social-democrático), com o surgimento de uma economia pública e de uma rede de proteção social heterogênea ao longo do tempo e nas diferentes regiões do planeta (STIGLITZ, 1995). O campo teórico e prático das políticas públicas nasce na metade do século XX como uma reação a essa necessidade de análise e gestão das políticas governamentais, ganhando autonomia em relação à Ciência Política e à Economia.[2]

A orçamentação, por seu lado, existe antes mesmo do Estado moderno, em que pese ter dado um salto de qualidade profundo, quanto ao instrumento de planejamento e gestão, somente a partir do segundo pós-guerra. Foi com o advento da orçamentação por programas, surgida nos Estados Unidos, nos anos

---

1 A *teoria geral do emprego, do juro e da moeda*, de John Maynard Keynes, de 1936, foi a obra que justificou teoricamente a intervenção estatal na economia de mercado, até então rechaçada pelos teóricos neoclássicos (1870-1930), defensores da ideia de que o mercado encontra, por si só, ao sabor da lei da oferta e da procura, o equilíbrio com pleno emprego.
2 Haveman e Margolis (1972) trazem uma coletânea clássica que permite ter uma noção clara da interação que, nos anos 1960-1970, começou a ocorrer entre o campo da orçamentação e o da gestão de políticas públicas.

1950, que o **orçamento público** deixou de ser apenas um instrumento de controle político para se tornar um sistema e um processo de planejamento, organização e controle gerencial dos gastos públicos, com vistas à eficiência no uso dos recursos e à busca coordenada do cumprimento das funções cada vez mais complexas e amplas dos governos (BURKHEAD; MINER, 1974).

As duas áreas-meio da atuação governamental, e também de conhecimento técnico-científico, abarcadas pela gestão de políticas públicas e pela administração orçamentária, se desenvolveram autonomamente, crescendo a primeira no interior da Ciência Política, fundamentalmente, e a segunda, como derivação da Ciência Econômica. E o fizeram em momentos distintos ao longo da História. A orçamentação levou séculos para adquirir sua feição atual, enquanto a gestão de políticas públicas surgiu e se consolidou em poucas décadas, como ciência, como técnica e como prática.

Embora lidem com o mesmo objeto (a ação do governo para ampliar os níveis de bem-estar socioeconômico) e tenham o mesmo objetivo (desenvolver concepções, metodologias e técnicas para qualificar a decisão e a ação do governo), as políticas públicas e a orçamentação ainda carecem de esforços de aproximação, tanto conceitual quanto operacional, aglutinando em torno de si duas comunidades de estudiosos e homens práticos distintas. Assim, a conexão entre teorias e práticas de gestão de políticas públicas e de orçamentação segue sendo um desafio expressivo, cujo enfrentamento poderá produzir novos avanços científicos e práticas inovadoras de interesse para os governos e sociedades.

Toda e qualquer política pública se beneficiará de um tratamento que compatibilize os avanços de concepção e traçado de programas e projetos desenvolvidos por essa área com aqueles acumulados pela área da orçamentação, pois com essa compatibilização se passará a considerar, com a devida ênfase, na decisão e na ação governamental, maior clareza sobre o quê, como, com quem e para quem fazer (derivadas da área de políticas públicas) e maior consistência com relação a quanto destinar a que/quem e como financiar os gastos decorrentes (contribuição da orçamentação).

Na proposta eurística deste livro, no Capítulo 3, as políticas públicas se desenvolvem em um ciclo de sete fases, enquanto a orçamentação obedece a quatro fases (elaboração/planejamento, discussão e aprovação parlamentar, execução com controle interno, e avaliação/controle externo). Um ponto de partida para a necessária compatibilização entre as duas áreas pode ser aquele em que essas distintas fases sejam percebidas em interação umas com as outras, retroalimentando-se ao longo do tempo. Isso é importante porque a concretude da política pública passa pelo gasto público necessário para materializá-la; e porque o gasto público previsto no orçamento padece de sentido se não for orientado pela lógica das políticas públicas.

7.1 INTERSECÇÃO ENTRE O CICLO DA POLÍTICA PÚBLICA E O CICLO ORÇAMENTÁRIO

Por meio da **Figura 7.1** é possível compreender a intersecção que existe entre o ciclo da política pública e o ciclo orçamentário.[3]

Na parte superior do diagrama (retângulos em cinza) encontra-se o ciclo completo da política pública, com acréscimo da bifurcação entre continuidade e extinção da política pública, na etapa final, para que seja possível considerar esse ciclo paradigmático levando-se em conta a anualidade orçamentária. Na parte inferior (retângulos pontilhados) está o ciclo orçamentário, concebido plurianualmente (num horizonte de quatro anos) e anualmente.

Tendo em vista que o governo existe para cumprir funções e perseguir prioridades definidas, de tempos em tempos, pela sociedade, considera-se a política pública como o âmbito no qual são estabelecidas essas funções e prioridades, determinando os objetivos dos gastos públicos. Concomitantemente, considera-se o orçamento como o *locus* da compatibilização entre as prioridades e metas das políticas públicas com a restrição financeira com que os governos se defrontam (dada a escassez de recursos). Dessa forma, os problemas sociais, que as políticas públicas têm por finalidade enfrentar, são postos frente a frente com a capacidade econômica da sociedade e do governo para manter os programas (por meio dos quais o governo estabelece e implementa as ações que materializam as políticas públicas). O modo de decidir as políticas públicas prioritárias, bem como as ações (programas, projetos e atividades) no interior de cada uma delas, em um regime democrático, passa pelo processo eleitoral e pelas formas

---

[3] Para a compreensão do ciclo orçamentário e tarefas relacionadas, ver Pires (2010). É conveniente reforçar que o ciclo orçamentário se repete, invariavelmente, segundo as suas etapas; enquanto o ciclo de políticas públicas ocorre sem necessariamente seguir rigorosamente suas fases.

210 | POLÍTICAS PÚBLICAS – CONCEITOS, CASOS PRÁTICOS, QUESTÕES DE CONCURSOS

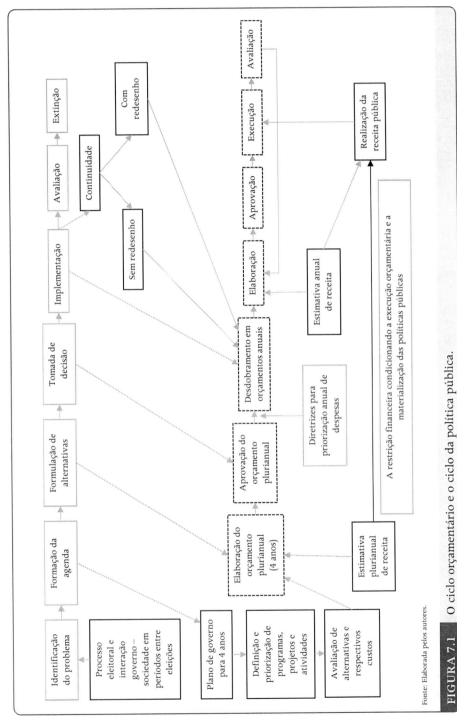

FIGURA 7.1 O ciclo orçamentário e o ciclo da política pública.

Fonte: Elaborada pelos autores.

de interação entre o governo e a sociedade nos interstícios temporais entre uma eleição e outra. Esses processos permitem a identificação de problemas (primeira etapa do ciclo da política pública).

A segunda etapa (formação da agenda) dialoga com processo de definição do plano de governo. Os governantes eleitos, juntamente com a burocracia e a tecnoburocracia sob seu comando, respeitados os papéis de cada um desses segmentos que compõem a administração pública, procuram, neste momento, transformar a plataforma eleitoral vitoriosa em programas, projetos e atividades prioritários, considerando alternativas e custos (análise custo-benefício).

Da interação entre a formulação de alternativas (terceira etapa do ciclo da política pública) com o trabalho dos gestores orçamentários para escolher opções com base em boas relações custo-benefício – com a necessária priorização de programas, projetos e atividades – resulta o orçamento plurianual[4] (para um horizonte de quatro ou mais anos).

A aprovação do orçamento plurianual corresponde à quarta etapa do ciclo da política pública (tomada de decisão), incluindo todo o processo que envolve desde os grupos de interesse e gestores no campo das políticas públicas até legisladores (em geral os que aprovam, em última instância, os orçamentos anuais e plurianuais), passando, evidentemente pelos governantes e gestores orçamentários. Até essa fase (considerando-se ambos os ciclos), o horizonte temporal envolvido é de médio prazo (4 anos) e as decisões são estratégicas: são definidos e desenhados os programas, com base em diagnósticos, escolhas de alternativas, avaliações custo-benefício, com participação de atores políticos e agentes governamentais das diversas áreas de políticas públicas, do planejamento governamental e da orçamentação pública.

Daí em diante, o processo de gestão orçamentária se impõe sobre o processo de gestão de políticas públicas, na medida em que encolhe o horizonte temporal de planejamento para um ano (devido ao intransponível princípio orçamentário da anualidade). O que resta de escolha estratégica, doravante, é a normatização anual que parametriza as prioridades anuais de gasto, a serem escolhidas entre projetos e atividades previamente previstos no orçamento plurianual,

---

[4] No Brasil, o instrumento de orçamentação plurianual é o Plano Plurianual (PPA), estabelecido pela Constituição Federal de 1988.

tendo por limitante estimativa da receita anual, que atualiza – e corrige, se necessário – a estimativa para quatro anos, que embasará o orçamento plurianual. Nesse momento, os atores políticos detentores dos poderes Executivo e Legislativo, os agentes das áreas orçamentária e das políticas públicas, além dos grupos de interesse, têm espaço de atuação para se reposicionarem acerca de suas prioridades, uma vez que novas estimativas de receitas facilitam (no caso de superação das previsões iniciais) ou dificultam (no caso de não atingimento das previsões iniciais) a materialização das propostas iniciais do orçamento plurianual. Justamente por isso, a qualidade das estimativas de receita para o médio prazo (os quatro anos do orçamento plurianual) é de fundamental importância: caso elas sejam subestimadas, ampliam os conflitos na fase de elaboração das políticas e programas; caso sejam superestimadas, adiam esse acirramento para a fase da **execução orçamentária**, momento em que o irrealismo será flagrado. É notável que no processo de definição da estimativa de receita (tanto anual, como plurianual) a tendência é os técnicos da área orçamentária se manterem conservadores, enquanto os técnicos da área de políticas públicas se colocam contra o excesso de restrições, em defesa de suas respectivas áreas de atuação.

A fase de implementação da política pública coincide com as três primeiras fases do processo orçamentário anual: a cada ano o governo elabora uma proposta orçamentária (planejamento), esta é aprovada (discussão e votação legislativa) e, em seguida, executada. Essa execução transcorre de acordo com as disponibilidades financeiras que vão se materializando com o avançar da receita pública. Ou seja, é na fase da sua execução que o orçamento (um conjunto de autorizações legislativas para realizar dispêndios em diversas políticas públicas, além de despesas administrativas) se torna gasto público, efetivamente, transpondo as políticas públicas do planejamento governamental para a solução de problemas da sociedade. Portanto, uma prática orçamentária que desconsidere ou considere inadequadamente o rico e conflituoso processo de gestão das políticas públicas empobrece a dimensão financeira do governo. Por outro lado, uma prática de gestão de políticas públicas que desconsidere a orçamentação estará desprovida de possibilidades bem administradas de materialização financeira, diminuindo a qualidade da intervenção governamental sobre a realidade. Ambas as situações são indesejáveis, mas infelizmente muito encontradiças, por razões as mais variadas, que incluem insuficientes capacidades técnicas, vontade política contrária e dificuldades de integração entre as áreas orçamentária e de políticas públicas – por conta de obstáculos conceituais, técnicos e de perfil dos profissionais.

O ciclo orçamentário finaliza com a avaliação, que gera *feedback* para o planejamento/elaboração do orçamento do próximo período. Já o ciclo da política pública se encerra com a extinção da política pública, após a avaliação. Essa diferença ocorre porque o orçamento tem prazo predefinido para se extinguir: um ano (para o próximo ano se elabora e aprova um novo orçamento); enquanto a política pública se extingue quando o problema que a gerou foi resolvido, não havendo prazo prévio para isso. Mas, na medida em que se considera que a política pública se subordina ao orçamento para receber recursos financeiros, é preciso considerá-la "fatiada" em períodos anuais. Dessa forma, ao final de cada ano ela pode se extinguir ou permanecer, conforme indique a avaliação. E, ao continuar, poderá ser com ou sem redesenho – seguir como já vinha sendo ou seguir com novas características, ao sabor do que for indicado pela avaliação.

O desencontro entre a avaliação na gestão de política pública e na gestão orçamentária não se observa somente quanto ao horizonte temporal (sendo necessário "fatiar" as políticas para que caibam nos doze meses do orçamento). Vai mais além. O que se entende por avaliação é distinto em cada área, assim como os métodos para realizá-la, devendo existir um esforço específico para que convirjam. A avaliação de políticas públicas é um processo densamente político, que se beneficia de metodologias e técnicas que ainda estão sendo construídas, com alta sofisticação e muita controvérsia. A **avaliação orçamentária**, por seu turno, embora também esteja passando por efervescência em busca de indicadores de eficiência, eficácia, efetividade, sustentabilidade etc., se ancora em duas linhas bastante definidas, relacionadas ao controle. De um lado, busca-se ampliar o controle do Poder Executivo sobre as diversas áreas que o compõem, manejando políticas públicas específicas – a questão é saber se resultados estão sendo obtidos e metas estão sendo atingidas e se isso é feito com devido respeito às normas e princípios. De outro, procura-se manter o controle do Legislativo (com ajuda de tribunais de contas) sobre o Executivo, com vistas à utilização republicana e econômica do dinheiro público. Um controle socioestatal emergente (por meio de orçamentos participativos e de conselhos gestores de políticas públicas) procura aprofundar a natureza democrática do planejamento, acompanhamento e avaliação das políticas públicas e dos orçamentos, apontando na direção do aperfeiçoamento dos instrumentos de *accountability* em que se constituem os mecanismos diversos de controladoria, monitoramento e avaliação das finanças e das políticas públicas.

7.2 DA POLÍTICA PÚBLICA AO ORÇAMENTO, DO ORÇAMENTO AO GASTO PÚBLICO E DESTE À SOLUÇÃO DE PROBLEMAS

O orçamento público anual é um conjunto de autorizações legislativas para a realização de gastos governamentais posteriores à sua aprovação.[5] Ou seja, os valores ali constantes são dotações. Para que essas dotações possam se tornar gastos será necessário financiamento: receitas governamentais (principalmente as tributárias) ou empréstimos obtidos pelo governo. O que é orçamentário se torna financeiro no momento em que, dispondo de fundos, o governo realiza uma despesa. Quer dizer, somente à medida que o governo obtém suficientes receitas (ou crédito) poderá realizar o seu orçamento.

As dotações orçamentárias são previsões de recursos para a materialização de todos os gastos públicos, aí incluídos os gastos com as políticas públicas. Dessa forma, há um passo das políticas públicas em direção ao orçamento quando estas se organizam por meio de programas (geralmente plurianuais), aos quais se prevê um conjunto de dotações para investimentos e custeio. A **Figura 7.2** ilustra este processo.

Estimada a receita para quatro anos (fontes tributária, patrimonial e outras, além de endividamento, que acarretará redução de financiamento futuro, devido à necessidade de amortização da dívida e pagamento dos juros), o governo estabelece despesas quadrienais com os programas que comporão seu orçamento plurianual.

Do orçamento plurianual, de onde se origina enquanto concepção programática (conjunto de projetos e atividades articulados para ações e intervenções na realidade) voltada à solução de problemas nas diversas áreas de atuação governamental (áreas-meio e áreas-fins), agora dotada de fonte de financiamento, a política pública migra para o orçamento anual na forma de despesas fixadas para doze meses, dependentes de receitas a se realizarem. É dessa forma que a polí-

---

[5] O "Glossário de termos orçamentários e assuntos conexos", que consta de Pires (2010), constitui auxílio para a compreensão de eventuais expressões menos conhecidas para se entender a gestão orçamentária.

CAPÍTULO 7 – POLÍTICAS PÚBLICAS, ORÇAMENTO E FINANÇAS

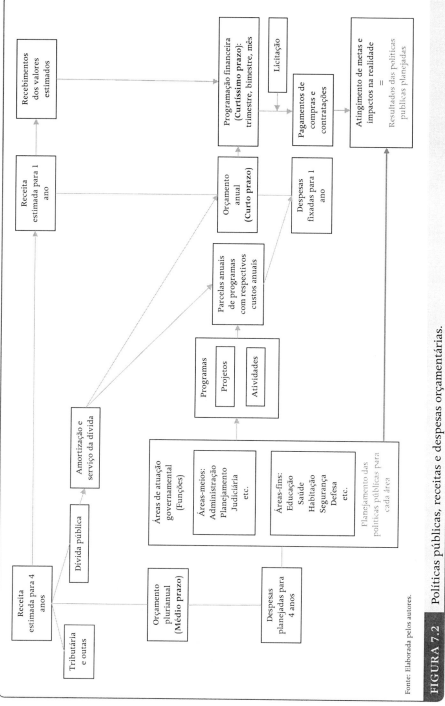

FIGURA 7.2 Políticas públicas, receitas e despesas orçamentárias.

Fonte: Elaborada pelos autores.

tica pública se encontra com as finanças públicas, cujo objeto são a receita, a despesa, os resultados orçamentários e a dívida pública; dessa maneira são destinados os recursos financeiros para a execução das políticas públicas.

Uma vez obtida a receita pelo governo, a dotação orçamentária recebe autorização (trimestral, bimestral ou mensal) para ser utilizada (**execução orçamentária**, subordinada à programação financeira realizada pelos órgãos competentes de cada governo) e é, finalmente, gasta em compras, contratações ou transferências, ao longo de um ano, conforme o previsto no orçamento e conforme as possibilidades de pagamento permitidas pela receita pública.

Realizadas as despesas, espera-se que os problemas que deram origem à política pública, e justificaram as dotações orçamentárias alocadas nos programas a ela correspondentes, sejam total ou parcialmente resolvidos, o que será aferido por meio da avaliação do atingimento de metas e dos impactos obtidos sobre a situação-problema.

7.3 AS DIMENSÕES ORÇAMENTÁRIAS E FINANCEIRAS DA POLÍTICA PÚBLICA E SEUS DESAFIOS

Toda política pública se reveste de uma dimensão orçamentária e de uma dimensão financeira. A primeira consiste em transformar a política pública em programas, projetos e atividades, com respectivos custos (já feitas as análises entre alternativas disponíveis para a solução dos problemas) e inseri-los, primeiro, no orçamento plurianual e, depois, nos sucessivos orçamentos anuais. A segunda se relaciona à necessidade de que as dotações inseridas nos orçamentos anuais venham a ser executadas, ou seja, que os gastos previstos sejam empenhados (autorizados pelos órgãos fazendários), liquidados (que em linguagem orçamentária quer dizer que as compras e contratações sejam feitas) e pagos.

Percorrer esse longo caminho coloca uma série de desafios às políticas públicas, para que se tornem realidade, impactando as situações-problema concretas. Sem que a gestão orçamentária seja tratada tecnopoliticamente (PIRES, 2010), os obstáculos nesse caminho podem ser intransponíveis.

No âmbito do **planejamento orçamentário**, não é simples a transformação de uma política pública em programa ou programas. As dificuldades, nesse momento, são as de adequar as linguagens e metodologias da área de políticas públicas às de orçamentação, as de vencer a disputa com as demandas de outras áreas por serem prioritárias no plano de governo e as de conseguir dotações suficientes. Em seguida, se trata de conseguir fazer que o que foi prioridade plurianual prevaleça também com prioridade anual: do contrário, as dotações previstas no orçamento plurianual não recebem autorização para o gasto efetivo, que deve passar pelo orçamento anual.

No âmbito da **execução orçamentária**, a política pública que tenha vencido os obstáculos anteriores, do planejamento, deve conseguir anuência dos gestores fazendários e do chefe do Executivo para que seja ela a ter autorização para a liberação trimestral, bimestral ou mensal de recursos, conforme o andamento da receita pública. Quando a estimativa de receita vai se confirmando ao longo do ano, os conflitos existem, mas são menos profundos do que quando a estimativa de receita resulta menor do que a prevista, e obriga a que sejam praticados contingenciamentos (reduções preventivas) de liberações financeiras, restando saber sobre que políticas públicas recairão os cortes necessários e, em certas circunstâncias obrigatórios (por exigência de responsabilidade fiscal, por exemplo). Ainda como parte da **execução orçamentária**, a política pública pode sofrer retardos e questionamentos por conta do processo licitatório exigido sempre que aquisições e contratações sejam necessárias (o que acontece na maioria dos casos). Acontece que as licitações são procedimentos que, visando à economicidade e impessoalidade nas aquisições do poder público, redundam em chamamento de potenciais fornecedores por meio de editais (quando os valores não podem ser dispendidos pela via das compras diretas) e na avaliação da melhor proposta; o risco de problemas nesses processos e procedimentos é grande e há sempre demora para conduzi-los de modo a reduzir tais riscos. Mesmo depois do contrato firmado, ainda existe ainda a possibilidade de não cumprimento de quesitos ou de cumprimento insuficiente ou inadequado, dando margem a interrupções ou rearranjos.

Todo o processo orçamentário, ademais, se dá sob a vigilância dos agentes dos controles interno (auditorias internas ou congêneres) e externo (Tribunais de Contas por exemplo), focados em garantir lisura e impessoalidade nos atos e fatos das finanças públicas, além de garantia de bom uso do dinheiro público. Pode acontecer, ainda, de o governo adotar formas de controle social, como os orçamentos participativos e os conselhos gestores de políticas públicas. Embora todas essas formas de controle complexifiquem e tornem mais morosa a despesa pública e, por conseguinte, as ações das políticas públicas, são altamente desejáveis do ponto de vista da garantia de atitude republicana e democrática na gestão governamental.

7.4 ESPECIFICIDADES NO CASO DAS POLÍTICAS PÚBLICAS NÃO ESTATAIS

Existem políticas públicas ou frações de políticas públicas concebidas e/ou implementadas por entes não estatais.[6] Entidades privadas, com ou sem fins lucrativos, mantidas por empresas, famílias ou grupos de voluntários, se envolvem com o desenvolvimento e/ou com o financiamento de ações e atividades conducentes à materialização de objetivos de políticas destinadas à solução de problemas que seriam de responsabilidade dos governos. Podem fazê-lo de modo autônomo ou em parceria com os governos. Assim funcionam muitas organizações não governamentais (ONGs) e organizações da sociedade civil para fins públicos, com financiamento privado ou misto (doações de particulares e subvenções governamentais), constituindo o que se convencionou chamar de terceiro setor, que contemporaneamente vem dando grande contribuição à solução de problemas que os governos não conseguem enfrentar ou que enfrentam inadequadamente sem certos tipos de ajuda.

O aspecto mais inconveniente da assunção de políticas públicas por entes não governamentais é o risco de descontinuidade. Se uma política pública existe para amparar comunidades ou grupos de indivíduos que dela carecem, ou como forma de assegurar direitos, sua interrupção tem consequências graves e, ao fim e ao cabo, o governo terá que assumi-la. Além disso, esse tipo de arranjo para enfrentar problemas coletivos não goza da sanção dos cidadãos-eleitores-contribuintes para ser implementado, uma vez que não passa pelo processo de discussão pelos poderes constituídos por meio de eleições: quando uma empresa tem em suas mãos o arbítrio de destinar parte dos recursos públicos (impostos que deveria pagar e fica em seu poder por força de lei de incentivo), não fica sujeita à aprovação ou reprovação do cidadão no processo eleitoral.

Quando financiada totalmente com recursos privados, a política pública é conduzida com total autonomia da entidade financiadora, havendo, quando

---

6 Complementarmente, ver a discussão sobre abordagem estadocêntrica e multicêntrica resumida no Capítulo 1 deste livro.

muito, a necessidade de preencher formalidades eventualmente exigidas pelo governo para credenciamento. Mas quando o financiamento envolve recursos públicos, mesmo que seja uma parcela pequena, a política pública, no que tange à parte financiada pelo governo, se submete à lógica formalista dos orçamentos públicos, da licitação, dos controles interno e externo. Exceto quando se trata de gasto tributário – aquela situação em que o gasto feito por uma empresa ou indivíduos é abatido de tributos por ela ou por eles devido ao fisco, como contrapartida por essa contribuição nas políticas públicas –; nesse caso, o controle governamental se limita à verificação da veracidade do gasto pela empresa, para fins de abatimento. Por isso discute-se a necessidade de inclusão do gasto tributário no orçamento, já que ele é uma receita pública, originalmente, e um gasto público levado a efeito por particulares.

Existem também políticas públicas cuja materialização se dá mediante contrato de gestão: são definidos objetivos e metas e destinados volumes específicos de recursos orçamentários para persegui-los; os repasses são feitos para que a contratada desenvolva as atividades previstas, sendo avaliada para justificar o pagamento. Trata-se da forma mais complexa e arriscada para se conduzir políticas públicas, mas também uma das mais inovadoras tentativas de agilizar e tornar eficiente a ação pública, por várias razões, entre as quais as pressões para bom atendimento, o fim dos contratos quando atingidos objetivos e metas ou sua interrupção no caso de ineficiência etc. Os contratos de gestão encontram-se, ainda, em fase de experimentação. Com o tempo se saberá se melhoram as políticas públicas ou não, em sua combinação de **orçamento público** com gestão financeira privada.

7.5 MINICASO: DESAFIOS À ORÇAMENTAÇÃO PARTICIPATIVA EM PREFEITURAS

Orçamento participativo é uma metodologia de gestão orçamentária, surgida no Brasil nos anos 1970-1980 (e disseminada em vários países, em seguida) que inclui o diálogo governo-comunidade no processo decisório das finanças públicas, principalmente locais (PIRES, 2000). Oportuniza, não sem conflitos e dificuldades de ordem técnica, que as diretrizes de políticas públicas sejam claras e que suas respectivas demandas tenham que ser priorizadas, perante a limitação de recursos financeiros e materiais, pois do contrário promessas vagas (exacerbando expectativas) tendem a reduzir a governabilidade e desbastar o capital político do prefeito e de sua equipe. Experiências desenvolvidas levaram à percepção de que o orçamento participativo pode ser mais eficaz se iniciar no processo de elaboração dos Planos Plurianuais exigidos das prefeituras a partir do segundo ano de cada governo eleito, desde que tais documentos ultrapassem a condição, ainda generalizada no país, de mera formalidade. Este minicaso procura abarcar políticas públicas, orçamentação (plurianual) e participação popular nos governos locais.

Você (recém-formado em Gestão de Políticas Públicas, tendo no currículo um bom desempenho acadêmico e experiências extensionistas que o habilitam a uma prática profissional tecnopolítica, ou seja, que considera tanto os aspectos técnico-científicos quanto os jogos do poder na gestão pública, nas suas análises e proposições), juntamente com outro jovem que se formou em Administração Pública, também conhecedor da obra de Secchi (2016), com trabalho de conclusão de curso aprovado com louvor em Administração Financeira e Orçamentária Pública, foram incumbidos pelo prefeito recém-eleito de uma cidade brasileira de 50 mil habitantes para conduzir, respectivamente, a Secretaria de Planejamento e a Secretaria de Finanças. A missão inicial dada a vocês pelo prefeito eleito (um pequeno agricultor que se elegeu pela sua atuação no cooperativismo regional, disposto a modernizar a administração e a dialogar com a comunidade) é fazer que o Planejamento lidere o processo de formulação de políticas públicas locais, enquanto Finanças ofereça condições para viabilizá-las financeiramente. O prefeito escolheu vocês por confiar em suas respectivas competências profissionais, mas também por serem dinâmicos e potencialmente capazes liderar o processo em conjunto. Disse-lhes: "Não quero que o Planejamento seja uma secretaria que só trata do que deveria ser feito (sem saber com que dinheiro) e que Finanças seja uma secretaria que só informa que faltam recursos (sem se preocupar com as consequências sobre a vida da comunidade e a governabilidade)".

Vocês têm diante de si, além da missão dada pelo prefeito:

- um Plano Plurianual do governo anterior que foi extremamente malfeito, apenas para cumprir a exigência legal, quando deveria ser a peça formal de um plano de governo, lastreada financeiramente por uma estimativa de receita para quatro anos;

- uma plataforma eleitoral que o prefeito deseja transformar em plano de governo (e que, evidentemente, deve ser o ponto de partida para um bom Plano Plurianual, como é sabido), mas que é uma carta de intenções, com imperfeições e lacunas típicas de um documento produzido para disputar a disputa eleitoral;
- uma equipe de secretários bem alinhada politicamente, disposta ao trabalho, mas com pouca experiência para conceber o Plano Plurianual (BRASIL, 2013) como instrumento articulador das decisões e ações governamentais;
- uma comunidade local que, ao longo da última década, se organizou para participar da vida política, atuando pelo recorte regional (bairros) ou temático (saúde, educação, segurança, habitação etc.), pronta para o diálogo com o governo, que se elegeu com seu apoio, mas que atua por um mote basicamente reivindicacionista, sem visão de conjunto dos problemas da cidade e sem distinguir os papéis do município, do Estado e da União nas políticas públicas;
- "carta-branca" do prefeito para agir e recursos suficientes para isso (pessoal, dinheiro, infraestrutura física).

Vocês têm um mês para apresentar ao prefeito um documento executivo com uma proposta para produzir um Plano Plaurianual de verdade, nos próximos quatro meses, que:

- tenha por base uma estimativa realista da receita para quatro anos, um cálculo do valor que estará disponível para gastos incrementais no período (ou seja, gastos além daqueles já comprometidos com a estrutura atual da prefeitura e dos serviços públicos);
- inclua entre as prioridades (hierarquizando-as) as promessas de campanha, além de fazer um diagnóstico de temas e problemas existentes, mas que não foram considerados na plataforma eleitoral;
- conte com a participação efetiva de todas as secretarias, além da liderança do governo na Câmara dos Vereadores, a fim de que cada área traga seu diagnóstico e propostas para o Plano de Governo, preferencialmente envolvendo os funcionários públicos;
- dialogue com a comunidade organizada, com a finalidade de se ter um Plano Plurianual representativo dos anseios, mas sem prometer o impossível.

O documento deve ser entregue na forma de relatório executivo, a ser apresentado para toda a equipe de governo (sendo, portanto, conveniente preparar material de apresentação para projeção na reunião).

Bibliografia utilizada para a construção do minicaso

BRASIL. Ministério do Planejamento, Orçamento e Gestão. Secretaria de Planejamento e Investimentos Estratégicos. *Programa de Apoio à Elaboração e Implementação dos PPAs Municipais 2014-2017*. Agendas de Desenvolvimento Territorial. Ministério do Planejamento, Orçamento e Gestão. Brasília: MPOG-SPIE/ENAP, 2013. Disponível em: <http://bibspi.planejamento.gov.br/bitstream/handle/iditem/324/PPA%20munic%C3%ADpios.pdf?sequence=1>. Acesso em: 2 set. 2016.

PIRES, V. *Orçamento participativo*: o que é, para que serve, como se faz. Barueri: Manole, 2000.

SECCHI, L. *Análise de políticas públicas*: diagnóstico de problemas, recomendação de soluções. São Paulo: Cengage Learning, 2016.

Questões do minicaso

1. Planejamento e Finanças são áreas-meio da atuação governamental de fundamental importância para a interação entre as políticas públicas e a orçamentação. Mas a concepção e o traçado de cada política pública, em particular, ficam a cargo das secretarias-fim (Saúde, Educação, Meio Ambiente etc.). De que modo é possível articular todas essas instâncias para uma boa gestão de políticas públicas?
2. A participação popular nos processos de gestão de políticas públicas e da orçamentação, se bem conduzida, traz benefícios ao funcionamento do governo e à democracia. Mas torna mais complexa a gestão das políticas públicas e da orçamentação. Levante razões explicativas para esse fenômeno.
3. Escolha uma das fases do ciclo da política pública e discuta a sua interface com o ciclo orçamentário. Levante sugestões para melhorar essa interface.
4. Reflita criticamente sobre a importância da elaboração de programas para a política pública e aponte sugestões para que os programas se tornem um instrumento de gestão, ao invés de apenas um tópico no orçamento plurianual.
5. Os governos municipais de cidades a partir de 50 mil habitantes são uma pequena proporção do total de municípios no Brasil. Qual sua opinião a respeito da possibilidade de virem a praticar uma gestão de políticas públicas integrada à orçamentação? (Responda após dialogar com pessoas que vivam o dia a dia da gestão municipal.)

7.6 EXERCÍCIOS DE FIXAÇÃO

1. Detenha-se sobre o diagrama da Figura 7.1, para aprofundar a compreensão a respeito da interação possível e necessária entre os ciclos da política pública e o ciclo orçamentário. Aperfeiçoe o diagrama acrescentando-lhe novos elementos ou redesenhando-o conforme sua percepção ampliada.
2. "A fase de implementação da política pública coincide com as três primeiras fases do processo orçamentário anual: a cada ano o governo elabora uma proposta orçamentária (planejamento), esta é aprovada (discussão e votação legislativa) e, em seguida, executada. Esta execução transcorre de acordo com as disponibilidades financeiras que vão se materializando com o avançar da receita pública. Ou seja, é na fase da sua execução que o orçamento (um conjunto de autorizações legislativas para realizar dispêndios em diversas políticas públicas, além de despesas administrativas) se torna gasto público, efetivamente, transpondo as políticas públicas do planejamento governamental para a solução de problemas da sociedade" (p. 222). Certifique-se de ter compreendido essa afirmativa em toda sua extensão e profundidade. Explique-a amparando-se nos diagramas das figuras 7.1 e 7.2.
3. Desde que haja uma integração adequada entre a gestão de políticas públicas e a gestão orçamentária, o orçamento plurianual se torna importante documento balizador da execução e da avaliação, tanto orçamentária como das políticas públicas. Por quê?

7.7 PERGUNTAS DE MÚLTIPLA ESCOLHA PARA REVISÃO CONCEITUAL

1. A gestão de políticas públicas e a gestão orçamentária são áreas de atuação governamental:
   (a) que se desenvolveram autonomamente e convergiram para métodos comuns de trabalho
   (b) que se desenvolveram simultaneamente, mas desenvolveram métodos autônomos de trabalho
   (c) que se desenvolveram autonomamente, mas necessitam convergir para métodos colaborativos de trabalho
   (d) que se desenvolveram simultaneamente, mas não necessitam atuar concatenadamente
   (e) Nenhuma das anteriores
2. São fases do ciclo orçamentário:
   (a) elaboração, aprovação, execução, avaliação

(b) projeção, discussão, monitoramento, avaliação
(c) pluarianual, anual, trimestral
(d) estimativa da receita, fixação da despesa, execução, prestação de contas
(e) nenhuma das anteriores

3. O orçamento público pode ser considerado o *locus* onde:
   (a) os conflitos entre Executivo e Legislativo são resolvidos por meio de barganhas
   (b) a Contabilidade impõe limites ao Plano de Governo
   (c) a técnica se revela superior à política
   (d) ocorre a compatibilização entre as prioridades e metas das políticas públicas e a restrição financeira com que o governo se depara
   (e) nenhuma das anteriores

4. A aprovação do orçamento plurianual corresponde à seguinte etapa do ciclo da política pública:
   (a) Identificação do problema
   (b) Formação de agenda
   (c) Formulação de alternativas
   (d) Implementação
   (e) Nenhuma das anteriores

5. No processo de estimativa da receita, tanto anual como plarianual, a tendência é:
   (a) Os técnicos orçamentários se mostrarem conservadores e os técnicos de políticas públicas se oporem a restrições financeiras
   (b) Os técnicos de políticas públicas se mostrarem conservadores e os técnicos orçamentários se oporem a restrições financeiras
   (c) Os técnicos de ambas as áreas – orçamentária e de finanças públicas – se revelarem conservadores
   (d) Os técnicos de ambas as áreas – orçamentária e de finanças públicas – se oporem a restrições financeiras
   (e) Nenhuma das anteriores

6. A execução orçamentária, que finalmente materializa a política pública,
   (a) é precedida pelos processo licitatório
   (b) transcorre de acordo com as disponibilidades financeiras que vão se materializando de acordo com o avançar da receita pública
   (c) depende de receitas extraorçamentárias, já que as orçamentárias geralmente estão comprometidas
   (d) todas as anteriores
   (e) nenhuma das anteriores

7. Realizadas as despesas, espera-se que os problemas que deram origem à política pública, e justificaram as dotações orçamentárias alocadas nos programas a ela correspondentes, sejam:
   (a) solucionados total ou parcialmente
   (b) discutidos com o público-alvo
   (c) objeto de deliberação legislativa
   (d) todas as anteriores
   (e) nenhuma das anteriores
8. Toda política pública se reveste de uma dimensão orçamentária, que consiste em:
   (a) apresentar a política pública segundo uma lógica contábil
   (b) transformar a política pública em programas, projetos e atividades
   (c) proceder à análise custo-benefício para escolher entre projetos
   (d) todas as anteriores
   (e) nenhuma das anteriores
9. Nas políticas públicas levadas a cabo por entidades não governamentais, os recursos aportados complementarmente pelo governo devem:
   (a) receber, quanto à orçamentação e à licitação, tratamento idêntico ao dados aos recursos gastos por entidades governamentais
   (b) obedecer a planos de gastos aprovados previamente pelo governo
   (c) receber aprovação legislativa trimestral, para liberação, sob pena de serem gastos de uma só vez no ano
   (d) todas as anteriores
   (e) nenhuma das anteriores

7.8 QUESTÕES DE CONCURSOS PÚBLICOS E EXAMES NACIONAIS

1. (Vunesp – APDO/Município de São Paulo, 2015) Sobre o PPA como instrumento de planejamento no setor público brasileiro, é correto assegurar que:
   (a) os programas no âmbito do PPA constituem a dimensão estratégica do plano como instrumentos de organização da ação dos governos e das organizações públicas, com exceção dos programas de apoio administrativo.
   (b) como um instrumento de planejamento tático e indicativo no sistema de planejamento-orçamento previsto na Constituição Federal, o PPA dispensa o estabelecimento de diretrizes e de prioridades estratégicas para os governos e as organizações públicas.

(c) em relação ao horizonte temporal do PPA, trata-se de um instrumento de planejamento de longo prazo, pois intenta relacionar o ciclo de gestão entre dois mandatos de governo e garantir a continuidade administrativa.

(d) as metas constantes no PPA buscam consubstanciar a lógica da gestão por resultados nas ações da administração pública e correspondem obrigatoriamente à quantidade limite ou máxima para o cumprimento dos objetivos do plano.

(e) no que se refere à integração entre os instrumentos de planejamento governamental no nível municipal, é desejável que o PPA tenha um alinhamento com as macro-orientações do Plano Diretor e de outros planos municipais setoriais de longo prazo existentes.

2. (Esaf – Diversos Cargos/Funai, 2016 – modificada) O Ciclo de Gestão de Políticas Públicas no Governo Federal engloba as funções de planejamento-orçamento, execução e controle, cada qual com seus instrumentos normativos. No que concerne ao planejamento governamental e o instrumento do Plano Plurianual (PPA), pode-se afirmar que:

(a) PPA tem um papel fundamental no planejamento do Governo Federal e, diferente do que ocorre majoritariamente na ambiência da gestão municipal brasileira, vai muito além de um documento elaborado apenas para cumprir obrigações meramente legais.

(b) PPA no Governo Federal é um instrumento de planejamento governamental de médio prazo (4 anos) que se encerra no mandato do presidente que o elabora e, portanto, prescinde de uma orientação estratégica de longo prazo.

(c) PPA, elaborado no primeiro ano de governo, define as diretrizes, os objetivos e metas da administração pública federal para as despesas de capital e outras dela decorrentes, bem como para as despesas relativas às ações de duração continuada, encerrando-se no último ano do mandato.

(d) PPA é um plano cujo processo é técnico-normativo da área de planejamento, orçamento e gestão do Governo Federal e, dessa forma, não se faz necessário considerar os mecanismos de participação social na sua elaboração.

(e) A Lei Orçamentária Anual (LOA) deve ser harmonizada com o Plano Plurianual e a unidade de integração entre PPA e LOA é o indicador de políticas públicas.

3. (Vunesp – APDO/Município de São Paulo, 2015 – modificada) A Lei de Diretrizes Orçamentárias (LDO) configura-se como um dos instrumentos do sistema de planejamento e orçamento no setor público brasileiro. Sobre a LDO é correto afirmar que:

(a) Dispõe sobre alterações na legislação tributária e estabelece as metas e prioridades para o exercício financeiro corrente.

(b) Estabelece as metas e prioridades para o exercício financeiro dos dois anos subsequentes.

(c) Estabelece as metas e prioridades para o exercício financeiro seguinte e orienta a elaboração do Orçamento.

(d) Define as metas e prioridades contidas no Plano Plurianual para o exercício financeiro dos próximos quatro anos.

(e) Estabelece a política de aplicação das agências financeiras de fomento, mas não dispõe sobre alterações na legislação tributária.

4. (Vunesp – APDO/Município de São Paulo, 2015 – modificada) No Sistema de Planejamento e Orçamento no Brasil, a elaboração da Lei de Orçamento Anual (LOA) deve ser orientada pela Lei de Diretrizes Orçamentárias (LDO), considerando que esse processo:

(a) é de caráter facultativo, caracterizando apenas uma formalidade legal

(b) exige atenção às metas fiscais e aos riscos fiscais previamente estabelecidos

(c) define as ações para os gastos governamentais de longo prazo

(d) prevê a realização de audiências públicas deliberativas com a sociedade civil

(e) orienta as prioridades da administração pública para o orçamento do ano corrente

5. (Vunesp – EPP/Estado de São Paulo promoção interna, 2017 – modificada) A LOA orça a receita e fixa a despesa do ente para um exercício financeiro e viabiliza, assim, a execução das políticas públicas planejadas no PPA. Nesse contexto, uma das maneiras de avaliar cada ação planejada é averiguar se os recursos orçamentários destinados ao financiamento dessas ações foram seguidos conforme preconiza a legislação. Este tipo de avaliação tem uma conotação:

(a) técnico-orçamentária

(b) de controle estratégico das políticas públicas

(c) de monitoramento socioeconômico

(d) de auditoria operacional

(e) político-partidária

6. (Vunesp – EPP/Estado de São Paulo promoção interna, 2017 – modificada) O método utilizado em alguns governos estaduais brasileiros para monitorar e avaliar o PPA, nos últimos ciclos de gestão, foi estruturado a partir da metodologia do Orçamento por Resultados (OpR), com a tentativa de alinhar os programas a uma cadeia de desempenhos esperados. Dessa maneira, busca-se uma forma de análise sobre os insumos, processos, produtos, resultados e o impacto esperado para cada programa governamental. Considerando os tipos de indicadores que podem ser aferidos a partir deste método e os objetivos de um dado programa de Gestão Fiscal e Tributária – qual seja: prover e gerir recursos financeiros de modo a assegurar a prestação de serviços públicos e os investimentos estaduais –, assinale a alternativa correta.

(a) O coeficiente entre a receita tributária e o PIB estadual pode ser considerado um indicador de resultado do programa.
(b) O valor da dívida pública pode ser considerado um indicador-produto do programa.
(c) O valor da receita tributária pode ser considerado um indicador-resultado do programa.
(d) O número de débitos inscritos na dívida ativa pode ser considerado um indicador de impacto do programa.
(e) Todas as alternativas anteriores estão corretas.

Glossário de termos de políticas públicas

Accountability: termo em inglês que corresponde à capacidade de imprimir transparência, controlar e responsabilizar o agente por suas ações e omissões.

Advocacy: ativismo na formação da agenda da mídia política e institucional e influência da opinião pública quanto a problemas públicos e alternativos de políticas públicas.

Agenda: conjunto de problemas ou temas entendidos como relevantes.

Agenda da mídia: conjunto de problemas ou temas que recebem especial atenção dos diversos meios de comunicação.

Agenda formal: conjunto de problemas ou temas que o poder público já decidiu enfrentar. Também é conhecida como agenda institucional.

Agenda política: conjunto de problemas ou temas que a comunidade política percebe como merecedor de intervenção pública.

Agente: aquele que tem a incumbência ou o poder para agir. No modelo principal-agente, o agente é aquele que tem a incumbência de realizar ações em nome do principal.

Análise: estudo de um fenômeno complexo por meio da fragmentação de suas partes, e estudo das inter-relações das partes, para assim fazer aproximações de como funciona o todo.

Análise de políticas públicas: atividade e método de pesquisa preocupados em criar conhecimento sobre o processo de política pública. Uma análise de política pública pode ter objetivo descritivo, explicativo ou prescritivo. Tem objetivo descritivo quando busca mostrar as características processuais de um fenômeno, desmascarar reducionismos e esclarecer como esses fenômenos se desenvolvem em sua complexidade. Em outras palavras, busca mostrar *como as coisas acontecem*. Tem objetivo explicativo quando busca entender as relações causais entre fenômenos de políticas públicas. Ou seja, busca descobrir *por que as coisas acontecem*. Tem objetivo prescritivo quando pretende servir como subsídio para a prática política. Em outras palavras, busca mostrar *como as coisas deveriam acontecer*, com base em valores, justificativas e pressupostos éticos.

Analista de políticas públicas: profissional ou acadêmico que pratica a análise de políticas públicas.

Arena: lugar onde acontece a disputa política.

Ator: indivíduos, grupos ou organizações que desempenham um papel na arena política. Exemplos: os políticos, os partidos políticos, os burocratas, os grupos de interesse, os movimentos sociais, a mídia, as organizações não governamentais, as empresas, as redes de políticas públicas.

Avaliação da política pública: fase do ciclo de políticas públicas em que o processo de implementação e o desempenho da política pública são examinados com o intuito de conhecer melhor o estado da política e o nível de redução do problema que a gerou.

Avaliação de políticas públicas: tipo de estudo de políticas públicas de cunho mais prático, e com forte implicação prescritivo-normativa (ARRETCHE, 2001).

Avaliação orçamentária: última fase do ciclo orçamentário (*veja* **Orçamento público**) que tem por finalidade a análise e aprovação das contas, pelo Poder Legislativo que, nesse processo, é auxiliado pelo Tribunal de Contas. Além dessa avaliação *a posteriori*, como fase do ciclo orçamentário, há também a avaliação concomitante, levada a efeito pelos órgãos envolvidos quotidianamente na execução da receita e da despesa, geralmente sob liderança de sistemas de controle interno.

Blame shifting: processo de deslocamento da culpa, ou seja, acusar outro ator para esquivar-se da responsabilidade pelo baixo desempenho de uma política pública.

Burocracia (corpo burocrático): conjunto de burocratas.

Burocracia (disfunção procedimental): problema gerado pelo excesso de formalidade, impessoalidade ou profissionalismo. Por exemplo, lentidão decisória e de comunicação, procedimentalismo, divisão excessiva de atribuições em uma organização etc.

Burocracia (modelo organizacional): *veja* **Modelo burocrático**.

Burocrata: funcionário público de carreira que tem a responsabilidade primordial de transformar intenções políticas em ações, ou seja, implementar políticas públicas.

Burocratas de linha de frente (*street level bureaucrats*): categoria de atores que se refere aos funcionários da estrutura burocrática da administração pública que têm contato direto com o público e que possuem, informalmente, alto grau de liberdade de decisão (discricionariedade) (LIPSKY, 1980).

Ciclo de políticas públicas (*policy cycle*): esquema interpretativo derivado da teoria dos sistemas que organiza a vida de uma política pública em fases sequenciais e interdependentes: identificação do problema, formação da agenda, formulação de alternativas, tomada de decisão, implementação, avaliação e extinção da política pública. Também é conhecido como processo de política pública (*policy-making process*).

Coalizões de defesa (*advocacy coalitions*): conjuntos de atores públicos e privados que compartilham padrões normativos e modelos causais, e que se engajam na defesa de políticas públicas coerentes com suas crenças básicas (SABATIER; JENKINS-SMITH, 1999).

Comunidade de política pública: *veja* **Policy community**.

Comunidade epistêmica: rede de pessoas, em geral ligadas à Academia, que acreditam no método científico de pesquisa e compartilham os mesmos quadros interpretativos, linguagem e modelos causais de dado tema (GIULIANI, 2005b).

Comunidade política: conjunto de pessoas, em geral ligadas a um território, que compartilham as mesmas instituições políticas.

Cultura: predisposições coletivas interiorizadas que legitimam as práticas sociais.

Cultura política: predisposições coletivas interiorizadas que legitimam o comportamento político dos atores em um processo político.

Deliberação: processo de tomada de decisão coletiva no qual os atores fazem um intercâmbio de razões e argumentos na tentativa de homogeneizar as preferências individuais.

Deliberação orçamentária: fase do ciclo orçamentário (*veja* **Orçamento público**) na qual o Poder Legislativo discute e aprova (com ou sem alterações) a proposta orçamentária anual a ele submetida pelo Poder Executivo. A lei orçamentária aprovada contém os chamados créditos orçamentários, que estabelecem os limites de gastos a serem obedecidos ao longo da execução orçamentária.

Designados politicamente: pessoas indicadas pelo político eleito para servir em funções de chefia, direção e assessoramento na administração pública.

Destinatários da política pública: *veja* **Policytakers**.

Economicidade: critério de avaliação que trata do nível de utilização de recursos (*inputs*).

Efetividade: critério de avaliação que verifica os resultados sociais (*outcomes*), com a redução do problema e a geração de valor para a população.

Eficácia: critério de avaliação que trata do nível de alcance de metas ou objetivos preestabelecidos.

Eficiência administrativa: critério de avaliação que trata do seguimento de prescrições, ou seja, do nível de conformidade da execução aos métodos preestabelecidos.

Eficiência econômica: critério de avaliação que trata da relação entre *outputs* (produtividade) e *inputs* (recursos utilizados).

Empreendedor de política pública (*policy entrepreneur*): indivíduo que lidera a promoção de uma política pública. O empreendedor de política pública aproveita as janelas de oportunidade para propor ou implementar uma política pública (SECCHI, 2010).

Equidade: critério que verifica a homogeneidade de distribuição de benefícios (ou punições), tomando-se em conta características de partida, ou justiça social, entre os destinatários de uma política pública.

Elitismo: existência de um ou poucos grupos políticos dominantes.

Estilos de políticas públicas (*policy styles*): "procedimentos operacionais padrão de elaborar e implementar políticas" (RICHARDSON; GUSTAFSSON; JORDAN, 1982, p. 2).

Estudos de políticas públicas (*policy studies*): campo abrangente de pesquisa que trata de temas de políticas públicas, independentemente de escopo ou método. Dentro desse grande conjunto encontram-se a análise e a avaliação de políticas públicas, a *policy inquiry*, os estudos do *policy-making* e a *public choice* (REGONINI, 2001).

Execução orçamentária: fase do ciclo orçamentário (*veja* **Orçamento público**) que consiste em destinação de recursos financeiros (na medida em que vão ingressando nos cofres públicos) às despesas especificadas nos créditos orçamentários aprovados pelo Poder Legislativo. Nesta fase, a despesa pública obedece à fase de empenho (comprometimento de dotação para despesa que se decidiu realizar), liquidação (realização da despesa, com a entrega do bem ou serviço pelo fornecedor) e paga (extinção do compromisso financeiro assumido mediante crédito em benefício do credor). Ao longo da execução orçamentária os créditos inicialmente aprovados podem ser alterados por meio de créditos adicionais, conforme as necessidades e mediante aprovação legislativa.

Extinção da política pública: última fase do ciclo de política pública que representa o término da política.

Feedback: retroalimentação informativa de um processo, geralmente utilizado como insumo para ajustes no processo.

Formulação de alternativas: fase do ciclo de política pública em que são construídas e combinadas soluções para os problemas públicos. Idealmente, a formulação de soluções passa pelo estabelecimento de objetivos e estratégias, e o estudo das potenciais consequências de cada alternativa de solução.

Governança pública: forma de interação horizontal entre atores estatais e não estatais no processo de construção de políticas públicas (KOOIMAN, 1993; RICHARDS; SMITH, 2002).

Grupo de interesse (ou grupo de pressão): conjunto de atores que se organizam e utilizam seus recursos para influenciar as políticas públicas de acordo com seus interesses.

Igualdade: critério que verifica a homogeneidade de distribuição de benefícios (ou punições), sem levar em conta características de partida, ou justiça social, entre os destinatários de uma política pública.

Impacto: efeito sistêmico de uma política pública nas esferas política, econômica, social, cultural, organizacional etc.

Implementação: execução de uma decisão. No ciclo de políticas públicas, a implementação representa a fase em que a política pública é colocada em prática. Incrementalismo: veja Modelo incremental.

Input: recurso utilizado em um processo.

Instituições: organizações, regras e práticas socialmente construídas e aceitas, que têm a capacidade de disciplinar o comportamento individual.

Instrumentos de política pública (*policy instruments*): meios disponíveis para transformar as intenções em ações políticas. Exemplos de instrumentos são as leis, os programas, as dotações orçamentárias, a informação ao público etc.

Issue network: *veja* **Rede temática**.

Janela de oportunidade (*policy window*): um momento especial para o lançamento de soluções em situações políticas favoráveis. Essas janelas de oportunidade são consideradas raras e permanecem abertas por pouco tempo.

Meios de comunicação: *veja* **Mídia**.

Mídia: conjunto de atores relevantes do processo de política pública por serem detentores dos meios de comunicação e, por consequência, serem capazes de influenciar fortemente a opinião pública.

Modelo *bottom-up*: modelo ideal-típico de implementação de políticas públicas, caracterizado pela liberdade de decisão e ação dos implementadores e pela posterior legitimação de suas práticas na esfera política.

Modelo burocrático: modelo organizacional baseado na formalidade, na impessoalidade e no profissionalismo.

Modelo da lata do lixo (*garbage can model*): modelo interpretativo do processo de tomada de decisão em que as decisões são consideradas meros encontros casuais dos problemas, das soluções e das oportunidades de tomada de decisão (COHEN; MARCH; OLSEN, 1972).

Modelo de racionalidade absoluta: modelo interpretativo de tomada de decisões, em que estas são consideradas atividades puramente racionais, nas quais o melhor meio é escolhido para alcançar um fim (*the one best way*).

Modelo de racionalidade limitada: modelo interpretativo de tomada de decisões, em que estas são consideradas atividades racionais, mas restringidas pelas limitações cognitivas e informativas dos tomadores de decisão. A tomada de decisão, portanto, torna-se um esforço de escolha de uma opção satisfatória, não necessariamente ótima.

Modelo dos fluxos múltiplos (*multiple streams model*): modelo interpretativo da área de políticas públicas sobre tomada de decisão em que o nascimento das políticas públicas é considerado dependente do encontro dos problemas, das soluções e das condições políticas favoráveis. Nesse modelo, os *policymakers* primeiro criam soluções para depois correr atrás de um problema para solucionar (KINGDON, 1984).

Modelo elitista: modelo interpretativo das ciências políticas que acredita na existência de um grupo político dominante e na incapacidade de influência de amplo espectro de atores no processo político.

Modelo gerencial: modelo organizacional da administração pública que transfere princípios, métodos e ferramentas da administração privada para a administração pública. Enquadram-se como modelos gerenciais a Nova Gestão Pública (*New Public Management*) e o Governo Empreendedor (*Entrepreneurial Government*). Entre os princípios do modelo gerencial estão a eficácia, a liberdade de decisão do gestor, a orientação a resultados, a orientação às necessidades dos usuários dos serviços públicos e a competição intra e interorganizacional (SECCHI, 2009).

Modelo incremental: modelo interpretativo sobre a tomada de decisões que considera as decisões presentes dependentes das decisões tomadas no passado, e que os limites impostos por instituições formais e informais são barreiras à tomada de decisão livre por parte do *policymaker*. Nesse modelo, problemas e soluções são definidos, revisados e redefinidos simultaneamente e em vários momentos, e a decisão depende de um processo de construção de consensos e ajuste mútuo de interesses. Segundo esse modelo, grandes saltos ou rupturas de política pública são raridades (LINDBLOM, 1959).

Modelo pluralista: modelo interpretativo das ciências políticas que não acredita na existência de um grupo político dominante, mas sim na capacidade de influência de amplo espectro de atores no processo político.

Modelo principal-agente: modelo interpretativo da relação entre um contratante (principal) e um contratado (agente), ambos autointeressados, em que o primeiro contrata o segundo para fazer coisas ou tomar decisões em seu nome.

Modelo *top-down*: modelo ideal-típico de implementação de políticas públicas caracterizado pela separação estrita entre tomadores de decisão e implementadores, em que os primeiros definem os objetivos e as estratégias, e os últimos transformam, de forma obediente, as intenções em ações.

Opinião pública: julgamento coletivo de uma comunidade política sobre determinado tema, que é capaz de influenciar as escolhas políticas.

Orçamento público: instrumento de gestão financeira do governo, que estima a receita e fixa a despesa, geralmente na forma de lei anual, fazendo uso de linguagem contábil baseada em classificações orçamentárias que especificam detidamente a receita e a despesa, com a finalidade de manter o equilíbrio entre elas e de monitorar a evolução das contas e do patrimônio públicos. Funciona como fonte de meios para a implementação das políticas públicas. Funciona com base em ciclo anual, composto das seguintes fases: planejamento orçamentário, deliberação orçamentária, execução orçamentária, avaliação orçamentária. No Brasil é regido pela Lei n. 4.320/64 e pela Lei Complementar n. 101/00 (Lei de Responsabilidade Fiscal).

Outcome: *veja* **Resultado da política pública.**

Output: produto ou valor gerado por um processo.

Padrão: meta quantitativa ou qualitativa de uma política pública que serve como referência comparativa para os indicadores.

Parâmetro: *veja* **Padrão.**

Partidos políticos: organizações formalmente constituídas em torno de um projeto político, que buscam influenciar ou ser protagonistas no processo de decisão pública e administração do aparelho governamental, por meio da formação e canalização de interesses da sociedade civil.

Planejamento orçamentário: fase do ciclo orçamentário (*veja* **Orçamento público**) em que é feita uma estimativa da receita e, com base nela, são fixadas as despesas do governo para um período (geralmente um ano), considerando-se as despesas correntes (para manutenção das atividades) e as despesas de capital (para expansão da infraestrutura física de que o governo necessita para funcionar). Nessa fase o governo calcula as disponibilidades para investimentos e aumento das despesas de custeio subtraindo os compromissos fixos (como despesa com pessoal, por exemplo) da receita que se espera obter. Isso feito, são definidas as prioridades governamentais para o destino dos recursos ainda não comprometidos.

Pluralismo: inexistência de um grupo político dominante.

Policy cycle: *veja* **Ciclo de políticas públicas.**

Policy community **(comunidade de política pública):** rede de atores organizados em torno de uma área de políticas públicas, que se reconhecem reciprocamente e compartilham uma linguagem e um sistema de valor.

Policymakers **(fazedores de política pública):** atores que protagonizam a elaboração de uma política pública.

Policytakers: destinatários de uma política pública, ou seja, aqueles atores para os quais a política pública foi elaborada.

Política (*policy*): diretriz ou orientação para a ação.

Política (*politics*): atividade humana ligada à obtenção e manutenção dos recursos necessários para o exercício do poder sobre o homem (BOBBIO, 2002).

Política (*polity*): ambiente institucional da política, a comunidade política, suas regras, cultura e práticas que moldam as relações sociais.

Política constitutiva: tipo de política da tipologia de Lowi que se caracteriza por definir as competências, jurisdições e regras da disputa política e da elaboração de políticas públicas.

Política distributiva: tipo de política da tipologia de Lowi que se caracteriza por gerar benefícios concentrados para alguns grupos de atores e custos difusos para a coletividade/contribuintes.

Política governamental: política pública estabelecida por ator governamental dos poderes Legislativo, Executivo ou Judiciário.

Política pública (*public policy*): diretriz elaborada para enfrentar um problema público.

Política redistributiva: tipo de política da tipologia de Lowi que se caracteriza por conceder benefícios concentrados a algumas categorias de atores, implicando custos concentrados sobre outras categorias de atores.

Política regulatória: tipo de política da tipologia de Lowi que se caracteriza por estabelecer padrões de comportamento, serviço ou produto para atores públicos e privados.

Política simbólica (*symbolic policy*): tipo de política da tipologia de Gustafsson, em que o *policymaker* possui conhecimento para a elaboração e implementação, mas não tem intenção de colocá-la em prática.

Político: ator responsável por aglutinar e promover interesses dos cidadãos. Quando investido de cargo executivo ou legislativo, o político tem o papel primordial de estabelecer objetivos políticos, ou seja, identificar os problemas públicos e decidir quais políticas públicas são adequadas para combatê-los.

Principal: aquele que contrata uma pessoa ou organização para que ela faça coisas em seu nome. Veja também Modelo principal-agente.

Problema: diferença entre o *status quo* e uma situação ideal possível.

Problema público: diferença entre o que é e aquilo que se gostaria que fosse a realidade pública.

Processo de política pública (*policymaking process*): *veja* **Ciclo de políticas públicas.**

Processo político: série de funções e atividades com objetivo de transformar demandas políticas em respostas políticas.

Produtividade: critério de avaliação que trata do nível de saídas de um processo produtivo (*outputs*).

Pseudopolítica: tipo de política da tipologia de Gustafsson, em que o *policymaker* possui intenção de colocá-la em prática, mas não tem conhecimento para a sua elaboração e implementação.

Racionalidade: adequação de meios a fins.

Rede temática (*issue network*): rede que se forma em torno de um assunto específico (*issue*), no interior de uma área de política pública.

Rede de políticas públicas (*policy network*): estrutura de interações, predominantemente informais e não hierárquicas, entre atores públicos e privados envolvidos na formulação e implementação de políticas públicas. Uma rede de políticas públicas também pode ser considerada uma modalidade específica de organização de atores públicos e privados dentro de uma área de políticas públicas.

Resultado da política pública (*policy outcome*): efeito da política pública sobre os seus destinatários e sobre a capacidade de resolução ou mitigação do problema para a qual havia sido elaborada.

***Stakeholders*:** todos os portadores de interesses nas atividades de uma organização (uso nas ciências da administração), ou nos impactos de uma política pública (uso na área de políticas públicas).

Tomada de decisão: escolha de um curso de ação. No ciclo de políticas públicas representa a fase em que os interesses dos atores são equacionados, e as intenções (objetivos e métodos) de enfrentamento de um problema público, explicitadas.

***Think tank*:** organização de pesquisa e aconselhamento em políticas públicas (SOARES, 2009).

Triângulos de ferro (*iron triangles*): modelo interpretativo sobre as relações e o predomínio de grupos de interesses, políticos parlamentares e funcionários públicos (burocratas) em alguns setores de políticas públicas. Segundo tal modelo interpretativo, os interesses da população em geral e do Poder Executivo são reféns daqueles três grupos de atores.

Referências bibliográficas

ADAMS, G. *The iron triangle*: the politics of defense contracting. New Brunswick: Transaction Press, 1981.

ALIGICA, P. D.; TARKO, V. Polycentricity: from Polanyi to Ostrom, and beyond. *Governance*, v. 25, n. 2, p. 237-262 abr. 2012.

ALMOND, G. A.; VERBA, S. *The civic culture*: political attitudes and democracy in five nations. Princeton, NJ: Princeton University Press, 1963.

ANDERSON, C. W. The place of principles in policy analysis. *American Political Science Review*, v. 73, n. 3, p. 711-723, set. 1979.

ARRETCHE, M. T. da S. Tendências no estudo sobre avaliação. In: RICO, E. M. (Org.). *Avaliação de políticas sociais*: uma questão em debate. 3. ed. São Paulo: Cortez, 2001.

ARRUDA, F. Trem de gravidade: como chegar a qualquer lugar da Terra em menos de uma hora. 2012. *Tecmundo*. Disponível em: <http://www.tecmundo.com.br/ciencia/17542-trem-de-gravidade-como-chegar-a-qualquerlugar-da-terra-em-menos-de-uma-hora.htm#ixzz1tf3R3Evx>. Acesso em: 1º maio 2012.

AVRITZER, L. Teoria democrática e deliberação pública. *Lua Nova*, n. 49, p. 25-46, 2000.

BACHRACH, P.; BARATZ, M. S. Two faces of power. *The American Political Science Review*, v. 56, n. 4, p. 947-952, dez. 1962.

BAIRRAL, M. A. C.; SILVA, A. H. C.; ALVES, F. J. S. Transparência no setor público: uma análise dos relatórios de gestão anuais de entidades públicas federais no ano de 2010. *Revista de Administração Pública*, v. 49, n. 3, p. 643-675, maio-jun., 2015.

BARDACH, E. *A practical guide for policy analysis*: the eighfold path for more effective problem solving. 3. ed. Washington: CQ Press, 2009.

BAUMGARTNER, F. R., JONES, B. D. *Agendas and instability in American politics*. Chicago: University of Chicago Press, 1993.

BEMELMANS-VIDEC, M.; RIST, R. C.; VEDUNG, E. *Carrots, sticks and sermons*: policy instruments and their evaluation. New Brunswick, NJ: Transaction, 1998.

BINGHAM, L. B.; NABATCHI, T.; O'LEARY, R. The new governance: practices and processes for stakeholder and citizen participation in the work of government. *Public Administration Review*, v. 65, n. 5, p. 547-558, set.-out. 2005.

BOBBIO, L. Política. In: BOBBIO, N.; MATEUCCI, N.; PASQUINO, G. *Dicionário de Política*. 12. ed. Brasília: Editora da UnB, 2002. v. 2.

_____. Decisione. In: CAPANO, G.; GIULIANI, M. *Dizionario di Politiche Pubbliche*. Roma: Carocci, 2005.

BÖRZEL, T. A. What's so special about policy networks? An exploration of the concept and its usefulness in studying European governance. *European Integration Online Papers*, v. 1, n. 16, p. 1-28, 1997.

BOZEMAN, B.; PANDEY, S. K. Public management decision making: effects of decision content. *Public Administration Review*, v. 64, n. 5, p. 553-565, 2004.

BRESSER-PEREIRA, L. C. Da administração burocrática à gerencial. *Revista do Serviço Público*, v. 47, n. 1, 1996.

BREWER. G. D. The policy sciences emerge: to nurture and structure a discipline. *Policy Sciences*, v. 5, n. 3, p. 239-244, 1974.

BUCCI, M. P. D. O conceito de política pública em direito. In: BUCCI, M. P. D. *Direito administrativo e políticas públicas*. São Paulo: Saraiva, 2002.

BURKHEAD, J.; MINER, J. *Public Expenditure*. 3. imp. Chicago: Aldine Publishing Co., 1974.

CABOPEC. Conhecendo melhor os cabos de aço. Disponível em: <http://www.cabopec.com.br/portal/node/8>. Acesso em: 31 dez. 2009.

CAPELLA, A. C. N. Perspectivas teóricas sobre o processo de formulação de políticas públicas. In: HOCHMAN, G. et al. (Orgs.). *Políticas públicas no Brasil*. Rio de Janeiro: Fiocruz, 2007.

COBB, R. W.; ELDER, C. D. *Participation in American politics*: the dynamics of agenda-building. Baltimore: Johns Hopkins University Press, 1983.

COBB, R.; ROSS, J., ROSS, M. H. Agenda building as a comparative political process. *The American Political Science Review*, v. 70, n. 1, p. 126-138, mar. 1976.

COELHO, F. S. Campo de Públicas. In: BOULLOSA, R. de F. (Org.). *Dicionário para a formação em gestão social*. Salvador: Ciags/UFBA, 2014. p. 28-30.

COHEN, J.; SABEL, C. Directly-deliberative poliarchy. *European Journal of Law*, v. 3, n. 4, p. 313-342, dez. 1997.

COHEN, M. D.; MARCH, J. G.; OLSEN, J. P. A Garbage can model of organizational choice. *Administrative Science Quarterly*, v. 17, n. 1, p. 1-25, 1972.

COMPARATO, F. K. Ensaio sobre o juízo de constitucionalidade de políticas públicas. In: BANDEIRA DE MELLO, C. A. (Org.). *Estudos em homenagem a Geraldo Ataliba*. São Paulo: Malheiros, 1997. v. 2.

COSTA, F. L. da; CASTANHAR, J. C. Avaliação de programas públicos: desafios conceituais e metodológicos. *Revista de Administração Pública*, v. 37, n. 5, set.-out. 2003.

COTTA, M.; DELLA PORTA, D.; MORLINO, L. *Fondamenti di scienza política*. Bologna: Il Mulino, 2001.

CURINI, L. Vox populi – Vox Dei? (alcuni) limiti e (alcuni) paradossi della pratica deliberativa. *Rivista Italiana di Scienze Politiche*, v. 2, p. 231-257, 2006.

DAHL, R. A. *Who governs?* Democracy and power in an American city. New Haven: Yale University Press, 1961.

_____. *Polyarchy*: participation and opposition. New Haven/London: Yale University Press, 1971.

DAHL, R. A.; LINDBLOM, C. E. *Politics, economics, and welfare*. 2. ed. New York: Harper and Brothers, 1976.

DANIELS, M. R. *Terminating public programs*: an American political paradox. New York: ME Sharpe, 1997.

DeLEON, P. Public policy termination: an end and a beginning. *Policy Analisys*, v. 6, n. 1, p. 1-38, 1977.

_____. A theory of policy termination. In: MAY, J. V.; WILDAVSKY, A. B. (Orgs.). *The policy cycle*. Beverly Hills: Sage Publications, 1978.

_____. Policy evaluation and program termination. *Policy Studies Review*, v. 2, n. 4, p. 631-647, 1982.

DENHARDT, R. B. *Teorias da administração pública*. São Paulo: Cengage Learning, 2012.

DOUGLAS, M.; WILDAVSKY, A. B. *Risk and culture*: an essay on the selection of technical and environmental dangers. Berkeley: University of California Press, 1982.

DOWNS, A. *An economic theory of democracy*. New York: Harper, 1956.

_____. *Inside bureaucracy*. Boston: Little, Brown & Co., 1967.

DROR, Y. *Design for policy sciences*. New York: American Elsevier Pub. Co., 1971.

DULLES RESEARCH. *Lucid/illicid network analysis*: the network is the force multiplier. 5. ed. Disponível em: <http://www.dullesresearch.com/>. Acesso em: 2 fev. 2010.

DUNN, W. N. *Public policy analysis*: an introduction. 2. ed. Englewood Cliffs: Prentice-Hall, 1993.

DYE, T. R. *Understanding public policy*. Englewood Cliffs: Prentice-Hall, 1972.

EASTON, D. *The political system*: an inquiry into the state of Political Science. New York: Alfred A. Knopf, 1953.

ESPAÇO DO PRODUTOR. *Abate religioso cresce nas agroindústrias*. 2011. Disponível em: <https:// www2.cead.ufv.br/espacoProdutor/scripts/verNoticia.php?codigo=812& acao=exibir>. Acesso em: 1º maio 2012.

FARIA, C. A. P. de. Ideias, conhecimento e políticas públicas: um inventário sucinto das principais vertentes analíticas recentes. *Revista Brasileira de Ciências Sociais,* v. 18, n. 51, p. 21-29, fev. 2003.

_____. A política da avaliação de políticas públicas. *Revista Brasileira de Ciências Sociais.* v. 20, n. 59, p. 97-109, out. 2005.

FERNANDES, M. M. A. *Políticas públicas*. São Paulo: Publifolha, 2010.

FERRERA, M. *Le trappole del welfare*. Bologna: Il Mulino, 1998.

FISCHER, F. In pursuit of usable knowledge: critical policy analysis and the argumentative turn. In: FISCHER, F. et al. *Handbook of critical policy studies*. Cheltenham: Edgar Elgar, 2015.

FREDERICKSON, H. G. The repositioning of American public administration. *PS: Political Science & Politics*, p. 701-711, dez. 1999.

FREY, K. Políticas públicas: um debate conceitual e reflexões referentes à prática da análise de políticas públicas no Brasil. *Planejamento e Políticas Públicas*, Brasília: Ipea, n. 21, p. 212-259, jun. 2000.

FUNG, A. Varieties of participation in complex governance. *Public Administration Review*, ed. esp., p. 66-75, dez. 2006.

GAETANI, F. Políticas de gestão pública e políticas regulatórias: contrastes e interfaces. *Anais do IX Congreso Internacional del CLAD sobre la Reforma del Estado y de la Administración Pública*. Madrid, nov. 2004. Disponível em: <http://www.bresserpereira.org.br/Documents/MARE/Terceiros-Papers/05Gaetani_dic.pdf>. Acesso em: 21 jan. 2010.

GEVA-MAY, I. Cultural theory: the neglected variable in the craft of policy analysis. *Journal of Comparative Policy Analysis: Research and Practice*, v. 4, p. 243-265, 2002.

GIULIANI, M. Livello del gioco. In: CAPANO, G.; GIULIANI, M. *Dizionario di Politiche Pubbliche*. Roma: Carocci, 2005a.

_____. Policy networks. In: CAPANO, G.; GIULIANI, M. *Dizionario di Politiche Pubbliche*. Roma: Carocci, 2005b.

_____. Policy termination. In: CAPANO, G.; GIULIANI, M. *Dizionario di Politiche Pubbliche*. Roma: Carocci, 2005c.

GOODIN, R. E.; REIN, M.; MORAN, M. The public and its policies. In: MORAN, M.; REIN, M.; GOODIN, R. E. *The Oxford handbook of public policy*. Oxford: Oxford University Press, 2008.

GORMLEY JR., W. T. Regulatory issue networks in a Federal system. *Polity*, v. 18, n. 4, p. 595-620, 1986.

GUSTAFSSON, G. Symbolic and pseudo policies as responses to diffusion of power. *Policy sciences*, v. 15, n. 3, p. 269-287, 1983.

HAAS, P. M. Epistemic communities and international policy coordination. *International Organization*, v. 46, n. 1, p. 1-35, inverno 1992.

HABERMAS, J. Participação política. In: CARDOSO, F. H.; MARTINS, C. E. *Política e sociedade*. São Paulo: Nacional, 1983.

_____. *Consciência moral e agir comunicativo*. Rio de Janeiro: Tempo Brasileiro, 1989. p. 236.

HAJER, M. Policy without polity? Policy analysis and the institutional void. *Policy Sciences*, n. 36, p. 175-195, 2003.

HALVORSEN, K. E. Assessing the effects of public participation. *Public Administration Review*, v. 63, n. 5, p. 535-543, set.-out. 2003.

HAVEMAN, R. H.; MARGOLIS, J. *Un análisis del gasto y las políticas gubernamentales*. México: Fondo de Cultura Económica, 1992.

HECLO, H. Policy analysis. *British Journal of Political Science*, v. 2, n. 1, p. 83-108, jan. 1972.

_____. Issue networks and the executive establishment. In: KING, A. (Org.). *The new american political system*. Washington, DC: American Enterprise Institute, 1978. p. 87-124.

HEIDEMANN, F. G. Do sonho do progresso às políticas de desenvolvimento. In: HEIDEMANN, F. G. (Orgs.). *Políticas públicas e desenvolvimento*. Brasília: Editora da UnB, 2009a.

HEIDEMANN, F. G.; SALM, J. F. (Orgs.). *Políticas públicas e desenvolvimento*. Brasília: Editora da UnB, 2009b.

HERSEY, P.; BLANCHARD, K. H. *Management of organizational behavior*. 6. ed. Englewood Cliffs: Prentice-Hall, 1993.

HOGWOOD, B. W., GUNN, L. A. *Policy analysis for the real world*. New York: Oxford University Press, 1982.

HOWLETT, M.; RAMESH, M; PEARL, A. *Política pública*: seus ciclos e subsistemas, uma abordagem integral. Rio de Janeiro: Elsevier, 2013.

INGLEHART, R.; WELZEL, C. W. Changing mass priorities: the link between modernization and democracy. *Perspectives on Politics*, v. 8, n. 2, p. 551-567, jun. 2010.

JACOBS, L. R.; SHAPIRO, R. Y. Studying substantive democracy. *PS: Political Sciences and Politics*, v. 27, n. 1, p. 9-17, mar. 1994.

JANN, W., WEGRICH, K. Theories of the policy cycle. In: FISCHER, F., MILLER, G. J., SIDNEY, M. S. (Orgs.). *Handbook of public policy analysis*: theory, politics, and methods. Boca Raton: Taylor & Francis, 2007.

JONES, C. O. *An introduction to the study of public policy*. Monterey: Brooks/Cole Pub. Co., 1984.

JORDAN, A. G. Iron triangles, woolly corporatism and elastic nets: images of the policy process. *Journal of Public Policy*, v. 1, n. 1, p. 95-123, fev. 1981.

JOSEPH, S. Social media, political change, and human rights. *Boston College International and Comparative Law Review*, v. 35, n. 1, p. 145-188, jan. 2012.

KAPLAN, A. M.; HAENLEIN, M. Users of the world, unite! The challenges and opportunities of social media. *Business Horizons*, v. 53, n. 1, p. 59-68, 2010.

KEYNES, J. M. A. *Teoria geral do emprego, do juro e da moeda*. São Paulo: Abril Cultural, 1983.

KINGDON, J. W. *Agendas, alternatives, and public policies*. Boston: Little, Brown and Company, 1984.

KINZO, M. D. G. Partidos, eleições e democracia no Brasil pós-1985. *Revista Brasileira de Ciências Sociais*, v. 19, n. 54, fev. 2004.

KLIJN, E.-H. Redes de políticas públicas: una visión general. Trad. do original de KLIJN, E.-H. Policy networks: an overview. In: KICKERT, W. J. M.; KOPPENJAN, J. F. (Orgs.). *Managing complex networks*. London: Sage, 1998. Disponível em: <http://revista-redes.rediris.es/webredes/textos/Com plex.pdf>. Acesso em: 15 jan. 2010.

KOOIMAN, J. *Modern governance*: new government-society interactions. London/California: Newbury Park/Sage, 1993.

KOPPENJAN, J. F. M.; ENSERINK, B. Public private partnerships in urban infrastructures: reconciling private sector participation and sustainability. *Public Administration Review*, v. 69, n. 2, p. 284-296, 2009.

LANZALACO, L. Istituzioni. In: CAPANO, G.; GIULIANI, M. (Orgs.). *Dizionario di Politiche Pubbliche*. Roma: Carocci, 2005.

LASSWELL, H. D. *The decision process*: seven categories of functional analysis. College Park: University of Maryland Press, 1956.

LERNER, D.; LASSWELL, H. D. *The policy sciences; recent developments in scope and method*. Stanford: Stanford University Press, 1951.

LIGHT, P. C. *The President's agenda*. 3. ed. Baltimore: The John Hopkins University Press, 1999.

LINDBLOM, C. E. The science of "muddling through". *Public Administration Review*, v. XIX, n. 2, p. 79-88, 1959.

_____. *The policy-making process*. Englewood Cliffs: Prentice-Hall, 1968.

_____. *Politics and markets*: the world's political economic systems. New York: Basic Book, 1977.

LIPSKY, M. *Street-level bureaucracy*: dilemmas of the individual in public services. New York: Russell Sage Foundation, 1980.

LOTTA, G. O papel das burocracias do nível da rua na implementação de políticas públicas: entre o controle e a discricionariedade. In: FARIA, C. A. (Org). *Implementação de Políticas Públicas*. Teoria e prática. Belo Horizonte: Editora PUC Minas, 2012.

LOWI, T. J. American business, public policy, case studies, and political theory. *World Politics*, v. 16, n. 4, p. 677-715, 1964.

_____. *The end of liberalism*: ideology, policy, and the crisis of public authority. New York: W. W. Norton, 1969.

_____. Four systems of policy, politics, and choice. *Public Administration Review*, v. 32, n. 4, p. 298-310, jul.-ago. 1972.

_____. The state in politics: the relation between policy and administration. In: NOLL, R. G. (Org.). *Regulatory policy and the social sciences*. Berkeley: University of California Press, 1985. p. 67-105.

LUHMANN, N. *Ecological communication*. Chicago: University of Chicago Press, 1989.

MAGNO, R. C. Pensão militar: a legalidade da concessão às filhas maiores de 21 anos e capazes e a controvérsia da ordem de prioridades para seu deferimento. In: *Jus Navigandi*. Nov. 2010. Disponível em: <http:// jus.com.br/revista/texto/18104/ pensao-militar-a-legalidade-da-concessao-asfilhas-maiores-de-21-anos-e-capazes-e-a-controversia-da-ordem-de-prioridades-para-seu-deferimento#ixzz1w1Pou4MU>. Acesso em: 26 maio 2012.

MARCH, J. G.; OLSEN, J. P. Institutional perspective on political institutions. *Governance: An International Journal of Policy and Administration*, v. 9, n. 3, jul. 1996.

MARQUES, E. C. Redes sociais e poder no Estado brasileiro: aprendizados a partir das políticas urbanas. *Revista Brasileira de Ciências Sociais*, v. 21, n. 60, p. 15-41, fev. 2006.

MASSA-ARZABE, P. H. Dimensão jurídica das políticas públicas. In: BUCCI, M. P. D. *Direito administrativo e políticas públicas*. São Paulo: Saraiva, 2002.

MAY, J. V.; WILDAVSKY, A. B. *The policy cycle*. Beverly Hills: Sage Publications, 1978.

McCUBINS, M. D.; NOLL, R. G.; WEINGAST, B. R. Structure and process, politics and policy: administrative arrangements and the political control of agencies. *Virginia Law Review*, v. 75, n. 2, p. 431-448, 1989.

McGANN, J. G. Think tanks and policy advice in the U.S. Working paper. Foreign Policy Research Institute (2005). Disponível em: <http://www. kas.de/wf/doc/kas_7042-1522-1-30.pdf?050810140452>. Acesso em: 31 maio 2012.

MELO, M. A. Estado, governo e políticas públicas. In: MICELI, S. (Org.). *O que ler na Ciência Social Brasileira (1970-1995)*: Ciência Política. São Paulo: Sumaré, 1999.

MENY, Y.; THOENIG, J. C. *Le politiche pubbliche*. Bologna: Il Mulino, 1991.

MICHELS, R. *Sociologia dos partidos políticos*. Brasília: Editora da UnB, 1982.

MOON, M.-J.; INGRAHAM, P. Shaping administrative reforms and governance: an examination of the political nexus triad in three Asian countries. *Governance*, v. 11, n. 1, p. 77-100, 1998.

MPF. 10 medidas contra a corrupção. 21 nov. 2017. Disponível em: < http://www.dez medidas.mpf.mp.br/>. Acesso em: 11 mar. 2019.

NOELLE-NEUMANN, E. *The spiral of silence*: public opinion our social skin. Chicago: University of Chicago Press, 1984.

OLENSCKI, A. R. B. et al. Densidade macroestratégica na gestão pública municipal no Brasil: uma abordagem analítico-metodológica de PPAs e de variáveis político-administrativas. *RACE: Revista de Administração, Contabilidade e Economia*, v. 16, n. 3, p. 911-932, 2017.

OLLAIK, L. G.; MEDEIROS, J. J. Instrumentos governamentais: reflexões para uma agenda de pesquisas sobre implementação de políticas públicas no Brasil. *Revista de Administração Pública*, v. 45, n. 6, p. 1943-1967, nov.-dez. 2011.

OLSON, M. *A lógica da ação coletiva*: os benefícios públicos e uma teoria dos grupos sociais. São Paulo: Edusp, 1999.

O'TOOLE JR., L. J. Interorganizational relations in implementation. In: PETERS, B. G.; PIERRE, J. (Orgs.). *Handbook of public administration*. London/California: Thousand Oaks/Sage Publications, 2003.

PAGE, B. I. *Who deliberates?* Mass media in modern democracy. Chicago: University of Chicago Press, 1996.

PANEBIANCO, A. *Modelos de partidos*. Madrid: Alianza, 1990.

PETERS. B. G. *The politics of bureaucracy*. 5. ed. London/New York: Routledge, 2001.

PETERS, B. G.; HOGWOOD, B. W. In search of the issue-attention cycle. *The Journal of Politics*, v. 47, n. 1, p. 238-253, fev. 1985.

PIGNATO, C., OSTETTI, V. Quantos são os fumantes no Brasil e no mundo: dados de 1980 e de 2015. *Nexo*. 7 ago 2017. Disponível em: <https://www.nexojornal.com.br/grafico/2017/08/07/Quantos-s%C3%A3o-os-fumantes-no-Brasil-e-no-mundo-dados-de-1980-e-de-2015>. Acesso em: 17 mar. 2019.

PIRES, V. *Orçamento público*: abordagem tecnopolítica. São Paulo: Cultura Acadêmica, 2010.

PIRES, V. et al. Dossiê Campo de Públicas no Brasil: definição, movimento constitutivo e desafios atuais. *Administração Pública e Gestão Social*, v. 6, n. 3, p. 110-126, 2014.

PRAXEDES, S. F. Políticas Públicas de Economia Solidária: novas práticas, novas metodologias. *Boletim Mercado de Trabalho – Conjuntura e Análise*, Brasília: Ipea, n. 39, 2009.

PRESSMAN, J. L.; WILDAVSKY, A. B. *Implementation*: how great expectations in Washington are dashed in Oakland: or, why it's amazing that federal programs work at all, this being a saga of the Economic Development Administration as told by two sympathetic observers who seek to build morals on a foundation of ruined hopes. Berkeley: University of California Press, 1973.

PUTNAM, R. *Comunidade e democracia, a experiência da Itália moderna*. Rio de Janeiro: Editora FGV, 1996.

REGONINI, G. *Capire le politiche pubbliche*. Bologna: Il Mulino, 2001.

_____. Paradossi della democrazia deliberativa. *Stato e Mercato*. n. 73, p. 3-31, 2005.

RETCHE, M. T. da S.; MARQUES, E. C. (Orgs.). *Políticas públicas no Brasil*. Rio de Janeiro: Fiocruz, 2007.

REZENDE, F. da C. Razões da crise de implementação do Estado gerencial: desempenho *versus* ajuste fiscal. *Revista de Sociologia e Política*, v. 19, p. 111-121, nov. 2002.

RHODES, R. A. W. The new governance: governing without government. *Political Studies*, XLIV, p. 652-667, 1996.

_____. *Understanding governance*: policy networks, governance, reflexivity, and accountability. Buckingham/Philadelphia: Open University Press, 1997.

RIBEIRO, W. A. *Cooperação Federativa e a Lei de Consórcios Públicos*. Brasília: CNM, 2007.

RICHARDS, D.; SMITH, M. J. *Governance and public policy in the United Kingdom*. Oxford/New York: Oxford University Press, 2002.

RICHARDSON, J.; GUSTAFSSON, G.; JORDAN, G. The concept of policy style. In: RICHARDSON, J. *Policy styles in Western Europe*. London/Boston: Allen & Unwin, 1982. p. 1-16.

RODRIGUES, L. M. Partidos, ideologia e composição social. *Revista Brasileira de Ciências Sociais*, v. 17, n. 48, fev. 2002.

RUA, M. das G.; AGUIAR, A. T. A política industrial do Brasil, 1985-1992: políticos, burocratas e interesses organizados no processo de *policymaking*. *Planejamento e políticas públicas*, n. 12, jun.-dez. 1995.

SABATIER, P. A. Top-down and bottom-up approaches to implementation research: a critical analysis and suggested synthesis. *Journal of Public Policy*, v. 6, n. 1, p. 21-48, 1986.

_____. Policy change over a decade or more. In: SABATIER, P. A.; JENKINSSMITH, H. C. *Policy change and learning*: an advocacy coalition approach. Boulder: Westview Press, 1993.

SABATIER, P. A.; JENKINS-SMITH, H. C. The advocacy coalition framework: an assessment. In: SABATIER, P. A. (Orgs.). *Theories of the policy process*. 2. ed. Boulder, CO: Westview Press, 1999.

SARAIVA, E. Política pública: dos clássicos às modernas abordagens. Orientações para leitura. In: SARAIVA, E.; FERRAREZI, E. (Orgs.). *Políticas públicas, coletânea*. Brasília: Enap, 2007. v. 1.

SCHATTSCHNEIDER, E. E. *The semisovereign people*: a realist's view of democracy in America. New York: Holt, Rinehart and Winston, 1960.

SCHMITTER, P. Still the century of corporatism? *Review of politics*, v. 36, n. 1, p. 85-131, 1974.

SEAL, W.; BALL, A. Regulating corporate performance and the managerialization of local politics. *International Public Management Review*, v. 6, n. 1, p. 117-137, 2005.

SECCHI, L. Modelos organizacionais e reformas da administração pública. *Revista de Administração Pública*, v. 43, n. 2, p. 347-369, mar.-abr. 2009.

_____. Entrepreneurship and participation in public management reforms at the local level. *Local Government Studies*, v. 36, n. 4, p. 511-527, ago. 2010.

_____. Formação da agenda: método de *policy advocacy* para ensino de políticas públicas. *Administração Pública e Gestão Social*, v. 4, n. 1, p. 32-47, 2012.

_____. Políticas públicas: conceitos, esquemas de análise, casos práticos. 2. ed. São Paulo: Cengage, 2013.

_____. Instrumentos de políticas públicas. In: BOULLOSA, R. de F. (Org.). *Dicionário para a formação em gestão social*. Salvador: Ciags/UFBA, 2014. p. 103-105.

_____. *Análise de políticas públicas*: diagnóstico de problemas, recomendação de soluções. São Paulo: Cengage, 2016.

SECCHI, L.; ITO, L. E. Think tanks e universidades no Brasil: análise das relações na produção de conhecimento em política pública. *Planejamento e Políticas Públicas*, n. 46, p. 333-354, 2015.

SECCHI, L.; FEIJÓ, J. K.; ITO, L. E. Efeitos da urgência sobre o nível de participação em processos deliberativos. *Revista de Administração, Contabilidade e Economia (RACE)*, v. 14, n. 3, p. 905-924, 2015 [on-line]. Disponível em: <http://editora.unoesc.edu.br/index.php/race>. Acesso em: abr. 2019.

SILVA, C. A. Promotores de justiça e novas formas de atuação em defesa e interesses sociais e coletivos. *Revista Brasileira de Ciências Sociais*, v. 16, n. 45, p. 127-144, fev. 2001.

SIMON, H. A. *Administrative behavior*: a study of decision-making processes in administrative organization. New York: Macmillan, 1947.

SJÖBLOM, G. Problemi e soluzioni in politica. *Rivista Italiana di Scienza Politica*, v. 14, n. 1, p. 41-85, 1984.

SMITH, J. A. *The idea brokers*: think tanks and the rise of the new policy elite. New York: The Free Press, 1991.

SOARES, J. R. *Think tanks*: organização sistêmica de conhecimentos relevantes a política pública no Brasil. 2009. Dissertação (Mestrado) – Programa de Pós-Graduação em Administração, Universidade do Estado de Santa Catarina (Udesc), Florianópolis, 2009.

SOARES, R. P.; CAMPOS NETO, C. A. da S. Parcerias público-privadas do Plano Plurianual: proposta de um conceito. *Texto para Discussão IPEA*, n. 924, publicado em dezembro de 2002. Disponível em: <http://desafios.ipea.gov.br/pub/td/2002/td_0924.pdf>. Acesso em: 1º fev. 2010.

SOUZA, A. Filhas de militares recebem pensões que superam R$ 5 bilhões. 28 maio 2018. *O Globo*. Disponível em: <https:// oglobo.globo.com/brasil/filhas-de-militares--recebem-pensoes-que-superam-5-bilhoes-22724085>. Acesso em: 11 mar. 2019.

SOUZA, C. Estado da arte em políticas públicas. In: HOCHMAN, G.; AR

SOUZA, Y. H., SECCHI, L. Extinção de políticas públicas: síntese teórica sobre a fase esquecida do policy cycle. *Cadernos de Gestão Pública e Cidadania*, São Paulo, v. 20, n. 66, jan.-jun. 2015.

SUBIRATS, J. *Análisis de políticas públicas y eficacia de la administración*. Madrid: Inap, 1989.

STIGLITZ, J. E. *La economia del sector público*. 2. ed. Barcelona: Antoni Bosch, 1995.

SWEDLOW, B. Toward cultural analysis in policy analysis: picking up where Aaron Wildavsky left off. *Journal of Comparative Policy Analysis*, v. 4, p. 267-285, 2002.

TEIXEIRA, E. C. As dimensões da participação cidadã. *Cadernos CRH*, Salvador, n. 26/27, p. 179-209, jan.-dez. 1997.

_____. O papel das políticas públicas no desenvolvimento local e na transformação da realidade. Working paper (2002). Disponível em: <http://www.dhnet.org.br/dados/cursos/aatr2/a_pdf/03_aatr_pp_papel.pdf>. Acesso em: 15 jan. 2010.

TEIXEIRA, T. Brazilian think tanks: between the past and the future. In: VAITSMAN, J.; RIBEIRO, J. M.; LOBATO, L. (Eds.). *Policy analysis in Brazil*. Bristol: Policy Press, 2013.

TCU. *Técnicas de auditoria*: indicadores de desempenho e mapa de produtos. Brasília: Coordenadoria de Fiscalização e Controle, 2000. Disponível em: <http://portal2.tcu.gov.br/portal/pls/portal/docs/206 3230.PDF>. Acesso em: 19 maio 2002.

THOMPSON, M.; ELLIS, R.; WILDAVSKY, A. B. *Cultural theory*. Boulder: Westview Press, 1990.

TRUMAN, D. B. *The governmental process; political interests and public opinion*. New York: Alfred A. Knopf, 1951.

VROOM, V.; JAGO, A. *The new leadership*: managing participation in organizations. Englewood Cliffs: Prentice-Hall, 1988.

WEBER, M. *Ciência e política*: duas vocações. 2. ed. 1. reimp. (2008). São Paulo: Martin Claret, 1918.

WEIMER, D. L.; VINING, A. R. *Policy analysis*: concept and practice. 5. ed. Upper Saddle River, N.J: Pearson, 2011.

WILDAVSKY, A. B. *Speaking truth to power*: the art and craft of policy analysis. Boston: Little, Brown, 1979.

WILDENMANN, R. *The future of party government*. Berlin/New York: W. de Gruyter, 1986.

WILSON, J. Q. *American government*: institutions and policies. Lexington: Heath & Co., 1983.

WILSON, W. The study of administration. *Political Science Quarterly*, v. 2, n. 2, p. 197-222, 1887.

WRIGHT, E. O. *Class counts*: comparative studies in class analysis. Cambridge: Cambridge University Press, 1997.

WRIGHT, M. Policy community, policy network and comparative industrial policies. *Political Studies*, v. 36, p. 592-612, 1988.